JN060982

自動車の社会的費用・再考

JIDOSHA NO SHAKAITEKI HIYO・SAIKO

上岡直見

NAOMI KAMIOKA

緑風出版

はしがき

「自動車の社会的費用」から半世紀

二〇一九年四月に東京都の東池袋で暴走車が自転車に乗った親子に衝突して死傷させる事故が発生した。大都市の街路でありながら一〇〇km／時近い速度で走行していたという。統計としては交通事故死傷者は漸減の傾向にあるが、今なお小学生の通学の列に車が突入したり、飲酒運転やひき逃げが後を絶たない。人身傷害に至らないまでも店舗への突入などが繰り返し報じられる。高齢者の免許返上も奨励されているが、運転者の年齢によらず信じられないような事故が発生する。日本の車社会は「車は一流、マナーは三流」と言われている。工業製品としての自動車は優秀だが、それを適切に使う文化が伴っていない。

日常の移動手段となるべき公共交通は、大都市圏でさえ必ずしも便利とはいえない上に、新型コロナの影響もあり減便や路線の廃止が続く。「最後の公共交通」とされるタクシーも大都市圏以外では存続が危ぶまれている。年齢を問わず「車を運転せざるをえない社会」が作り出されている状況で、交通事故を運転者個人の責任だけに帰してよいであろうか。自動運転も期待されているが、日常の移動に供される一般道や生活道路ほど、交差点や歩行者・自転車との混在など複雑な要素が増えて技術的なハードルが高くなる。現状はまだ運転アシストの段階にとどまり、人間の介在を不要とする機能にはほど遠い。

一方で気候変動対策が強調され、自動車のエネルギー転換、ことに電気自動車（ＥＶ）の導入が強力に推進されようとしている。ＥＶに消極的と目されていたトヨタも二〇二一年初頭に方針転換しＥＶへの注力を表明した。しかしＥＶが大量に普及した場合にその電力をどのように供給するのかの議論は不透明である。もし日本のエネルギー基本政策が現状の延長線上で推移するなら、ＥＶの大量普及は原子力発電の温存・推進に直結する。

「車社会」がこれからどのような方向に進むのか混沌とした状況にある。車に過度に依存した社会がもたらす負の側面は、世界に先がけてモータリゼーションが展開した米国で一〇〇年前から指摘されていた。日本のモータリゼーションは一九六〇年代以降であるが、当時から多くの論者が車社会の負の側面を指摘し警鐘を鳴らしていた。中でも著名な論説は宇沢弘文著『自動車の社会的費用』（一九七四年）[注1]である。

宇沢は、自動車の所有者・使用者が負担すべき費用を負担せず、外部に転嫁していることが無秩序な自動車依存が拡大する理由であるとして、その額は自動車一台あたり年額で約二〇〇万円に及ぶことを示した。当時は大卒初任給が七〜八万円の時代である。この数字は多くの議論を呼んだが、その後も自動車と道路の増加は止まらなかった。その行き着く先として八〇歳を過ぎても車を運転しなければ日常生活も困難となる車社会が形成された。宇沢著書から半世紀が経過したいま、改めて宇沢ほか先人の指摘を振り返るとともに、車に依存した社会の転換について現状を反映して考えたい。

本書の構成

本書の第1章では、現実の社会が自動車を前提として作り変えられてしまったため、車の利用がむしろ「強制」に近い状態に至っていること、それが格差を作り出し人々の暮らしや地域に影響を及ぼしている現状を述べる。第2章では宇沢ほか社会的費用の議論を振り返るとともに、以後の半世紀で自動車と道路の推移の状況を数字で確認する。本質的な論点は「社会的共通資本」である。むしろそれは「自動車の社会的費用の概念を明確にするために考え出されたもの」[注2]と宇沢自身が言及している。次に第3章では、人々の住み方・動き方を整理する。交通とは移動自体が目的でなく、本来の目的（就業・就学・生活全般）を達成するために行われる。このため自動車の問題を考えるにあたって人々の住み方・動き方を起点として考える必要がある。第4章では道路を取り上げる。自動車は道路がなければその機能は存在しないから、自動車と道路あるいはそれに関連する政策は不可分である。道路の状況や政策の推移と今後を整理する。第5章では、自動車がもたらすさまざまな負の側面の中でも、直接的かつ深刻な被害をもたらす交通事故について特に章を設けて検討する。

　第6章では、宇沢著書以後の社会的費用の議論や具体的な試算の進展と成果、政策的な応用について紹介する。第7章では、最近注目される自動運転、気候変動対策として急速に推進されている電気自動車（EV）、さまざまな移動手段をネットワーク化するＭａａＳ（マース）などの新しい技術が、自動車の社会的費用の緩和・軽減に貢献しうるかを考える。第8章では、新型コロナが今後の交通や車社会にどのような影響を及ぼすかを考える。自動車と道路に依存した経済すなわち「クルマノミクス」「ドウロノミクス」から脱却し、社会的共通資本の整備が必要であることを述べる。第9章では、交通の議論の中でも取り上げられる機会が少ない物流について考える。マイカーを保有していない個人・世帯であっても平均的な生活を営んでいるかぎり自動車による物流に依存している。消費生活が発生させる社会的費用について考察し、その緩和・軽減の対策を検討する。第10章では、宇沢が強調した「社会的共通資本」に関して、交通分野で重点となる公共交通の維持・利用に関する論点を提供する。

用語と資料

宇沢は社会的費用について「本来、自動車の所有者あるいは運転者が負担しなければならないはずであったこれらの社会的費用を、歩行者や住民に転嫁して自らはわずかな代価を支払うだけで自動車を利用する」[注3]と説明している。通常、経済学の教科書では社会的費用を「内部費用（所有者・使用者など直接の当事者が負担する分）」と「外部費用（第三者に転嫁している分）」の合計と説明している。この意味では宇沢のいう費用は外部費用にあたるが、一般には社会的費用を外部費用の意味で論じているケースも多い。本書でもその慣習に従うが、特に必要な場合は説明を設けた。

また自動車に関する用語として「車」「クルマ」「マイカー」「自動車」などさまざまな表記がみられる。片仮名で「クルマ」という場合はいわゆるマイカーを指す場合が多い。技術的には乗用車だけでなくバス・貨物車・二輪車も自動車の一種であるが、公的統計でも「自動車」を「乗用車の私的利用」の意味で使用している場合がある。本書で引用した文献・資料でもさまざまな表記がみられ、特段に定義せず文脈上の解釈に任せているのが現実である。このため本書全体として用語の統一は難しいので、必要に応じて説明を付した上で記述する。

本書では多くの先人の文献・資料を引用させていただいたが、各著者の所属・専攻は執筆当時のものである。引用に際して漢数字への変換や工学的な単位を片仮名書きにするなど便宜的な統一を施した。インターネット上の引用はURLを記したが、削除・変更される場合があるのでご了解いただきたい。また交通関係の大規模な調査の多くは五年おき（西暦末尾が〇・五の年）に行われるが、新型コロナの影響による調査延期や、過去のデータとの連続性が保てない可能性もある。このため最新データとして二〇一五年までしか参照できない場合があるのでご了解いただきたい。

注

1 宇沢弘文『自動車の社会的費用』岩波新書B47。同著に先立ち『公害研究』第三巻二号、一九七三年、『中央公論』一九七四年一月号に同趣旨の論稿が掲載されている。

2 宇沢弘文『社会的共通資本』岩波新書（新赤版六九六）、二〇〇〇年、一〇五頁。

3 宇沢弘文『自動車の社会的費用』（前出）七八頁。

自動車の社会的費用・再考◉目次

6. 現代の社会的費用論 125

7. 技術は社会的費用を解決しない 157

8. ポストコロナのクルマ社会 193

1．クルマ社会は何をもたらしたか

車は人間を解放したか

自動車によって実現される移動の自由が人間を解放するという期待が語られた時代がある。折口透（自動車ジャーナリスト）は自動車の黎明期のエピソードを紹介している。[注1]

〝社会派〟の文豪エミール・ゾラは一九世紀の末、当時まだ危険視されていた自動車にはじめて乗った後、感想を求められてこう答えた。「未来は自動車のものだ——それは人間を解放するからだ」。アンチ自動車の立場をとる質問者がその危険を未練がましく指摘すると、ゾラは言った。「それならブレーキを改良すればよいでしょう」。まことにもっともな話で、その後の自動車の技術史の流れは、エンジンとブレーキの改良が中心となった。

自動車の黎明期からアンチ自動車派が登場することも興味深いが、それから百数十年後にどうなっただろうか。部分的な改良はあっても自動車の本質的な危険性は全く改善されていない。日本の交通事故死者は減少傾向にはあるものの、一九四九年〜二〇二〇年の累積で六四万人の死者と四〇〇〇万人の負傷者が発生した。現在でも登校の小学生の列にトラックが飛び込むとか、横断歩道を渡っていても暴走車にはねられるなどの事故が絶えない。WHO（世界保健機構）の二〇二一年の報告書[注2]によれば世界中で年間一三五万人が交通事故で死亡しており五〜二九歳の年齢層では死因の第一位である。その陰で一〇倍前後の負傷者も発生している。同じくWHOの推計によれば、自動車だけが要因ではないが大気汚染により年間四二〇万人が死亡（屋外汚染に起因する分）しており、ことに低・中所得国を中心に世界の人口のほぼ全員（九九％）がWHOのガイドライン制限を超える汚染に曝露されている。[注3]これは新型コロナによる死者が世界で累計五五〇万人（二〇二二年一月まで）と推定されていることに比較しても看過できない数である。

日本では歴史的に人の移動手段として「車輪」を使う文化がなかった。平安時代に牛車の例外があるのみである。森江健二（武蔵野美術大学・工業デザイン）は、ギリシャ神話のアポロンは白馬のひく車に乗って天界から地上に下りてきたが、日本武尊は移動手段としても兵器としても車を使った形跡がないと指摘している。[注4]徳川家康は「御遺状百ヶ条（ごゆいじょう）」で大海道（だいかいどう）六間（一〇・八m）、小海道三間（五・四m）、横道・馬道二間（三・六m）、歩行路一間（一・八m）という規格を定めた。[注5]「歩行道」は歩行専用で車馬を通さない前提があったと考えられる。街中では人力で曳く荷車以外の車両（車輪を使用した交通手段）の通行を禁止していた。

西洋では馬車が常用されていたが、日本では明治時代になって馬車（車両）を想定していない街路に馬車が走るようになりトラブルが続出した。一八七三（明治六）年、司法省達で『違式詿違條令（いしきかいい）』が布告された。その条文に「狭隘ノ小路ヲ馬車ニテ馳走スル者」（第四三条）、「斟酌ナク馬車ヲ疾駆セシメテ行人ニ迷惑ヲ掛ケシ者」（第四五条）の記述があり歩行者への迷惑だけでも罪にあたるとしている。井上善雄（弁護士）は江戸時代や帝国憲法下のほうが歩行者を保護する思想がみられるのに対して、現代こそ歩行者の権利が軽視されていると指摘している。[注6]

「クルマ強制社会」の形成

現在では、大都市を除けば車の利用を前提として地域と人々の生活が組み替えられてしまったことにより、多くの人にとって車の使用は強制に近くなっている。自動車への依存は原子力発電の必要性の比喩として用いられるほどである。「交通事故があるから自動車をやめろという議論は聞かれないのだから、事故のリスクがあるから原子力をやめろという議論は成り立たない」という詭弁が福島第一原発事故前からも、事故後にも繰り返し主張されている。茅陽一（地球環境産業技術研究機構・エネルギー工学）は福島原発事故の一年後に、原発事故の被害を「コスト」とみなして国民一人あたり年間一五〇〇〇円、同じく交通事故では二五〇〇円と推定した上で、次のように述べている。

上記にあげた数字はもちろん幅があっていろいろ変わり得る。だが、原子力の損失が自動車利用の損失とさほど違わないものであることはたしかだろう。しかし、交通事故で人が死ぬから自動車の使用を止めろ、といった意見はおよそ聞いたことがない。これは人々が自動車を必要だ、と認識し、この程度の損失はその必要性にくらべて仕方がない、と考えているからだろう。それなら、原子力を人々に受け入れてもらうためには、原子力を自動車と同じように重要だ、と理解してもらうことが必要である。[注7]

公共交通のサービスが乏しい地域では、自動車の保有・利用に困難な制約があると、生活上の不便にとどまらず就業の機会・選択が狭められる。生活保護を受けながら生活支援施設で暮らしていた栃木県の母子家庭の例を見てみよう。母親はパートの職が得られたものの、通勤から保育園の送迎まで自転車では限界に達し、やむなく生活保護を抜けて車を所有した。しかし移動の自由に伴う費用負担の増加で、さらに困窮に追い込まれた。[注8] また別の例では、他人の車を借りて運転していたところ、このことを理由として生活保護の廃止処分を受けた受給者による処分取消し訴訟（一九九八年）の判例で、生活保護を受けていても私的な車の運転は不合理でないという裁判所の判断が示されている。訴訟を原告側で担当した平田広志（弁護士）は、地方都市の自家用車普及率の現状に照らして、今日（現時点からみれば四半世紀前）の車社会においては、必要に応じて自動車を利用することができなければ「健康で文化的な最低限度の生活」は成り立ち得ないと解説している。[注9] また二〇一〇年に日本弁護士連合会は生活保護世帯でも生活必需品としての車の保有を認めるべきとの意見書を厚労省に対して提出している。[注10]

自動車は弱者の緊急避難先（シェルター）にさえなっている。「道の駅」は一般道の周辺に設けられる国土交通省公認の休憩施設であるが、登録を申請する際に二四時間無料の駐車場・トイレなどが必要条件とされている。この道の駅の駐車場に滞在して車上生活を続ける人々がいる。テレビ局の取材によると三割超の道の駅でこうした車上生活者がみられたという。[注11] 失職に伴い収入・住居を失ったケースが多いが、他にもさまざまな事情があり、年齢・性別も多様で家族帯同の人もいる。生活保護を申請しようとしても車を所有していることを理由に拒否されるという。インタビューに応じた人は「車がなかったら野宿するしかない。雨露をしのげる唯一の場所」と答えており、まさにシェルターである。

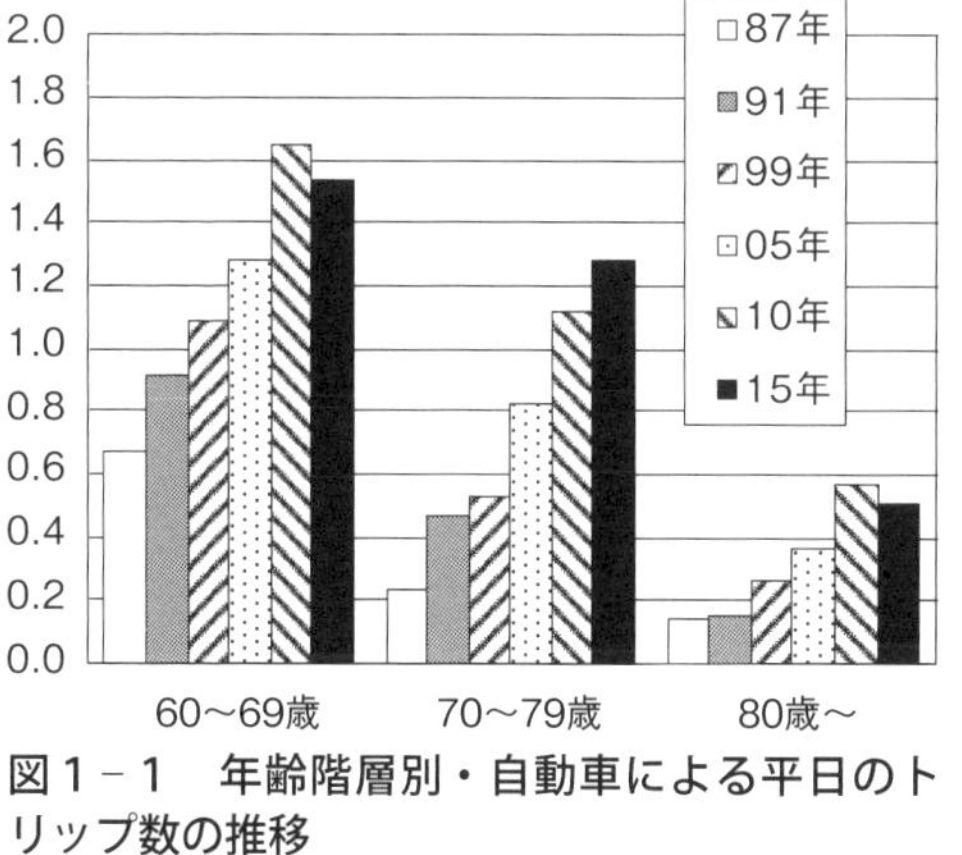

図1－1　年齢階層別・自動車による平日のトリップ数の推移

図1－1は全国都市交通特性調査[注12]より、約三〇年間の地方都市における年齢階層別の自動車による平日トリップ数（自身で運転＋同乗）の推移を示す。年齢層が上がるにつれ全体としてトリップ数が減少してゆくことは自然であるが、年齢層ごとの経年変化でみると自動車による移動が年々増加している。特に地方都市圏・町村部において、高齢者の移動は実態として自動車によって担われるようになった状況を示している。データは男女別にも集計されているが省略する。

図1－2は全国の都道府県所在地および政令指定都市におけるDID（Densely Inhabited District・人口集中地区）[注13]人口密度と家計消費支出に占める自動車関連支出[注14]の比率の関係を示す。DID人口密度が低い、すなわちスプロール化が進展しているほど消費支出に占める自動車関連支出の比率が高く、自動車に依存せざるをえない生活が示されている。東京二三区は

例外的としても、住んでいる地域によって自動車関連支出の負担が数倍も違う。卑近な例であるが、飲酒を伴う会合の後、大都市ならば公共交通で帰宅できるが、中小都市や農村部では代行運転を依頼する等の負担がある。

図1－3は年収分位と世帯支出に占める自動車など維持費の比率（全国平均）を占めす。高収入世帯では消費支出に占める自動車等維持費の比率がむしろ右下がりになる、いわば「エンゲル係数」的な性格を示しており、車は奢侈品ではなく生活必需品化していることを示している。かつて世界一の自動車大国で

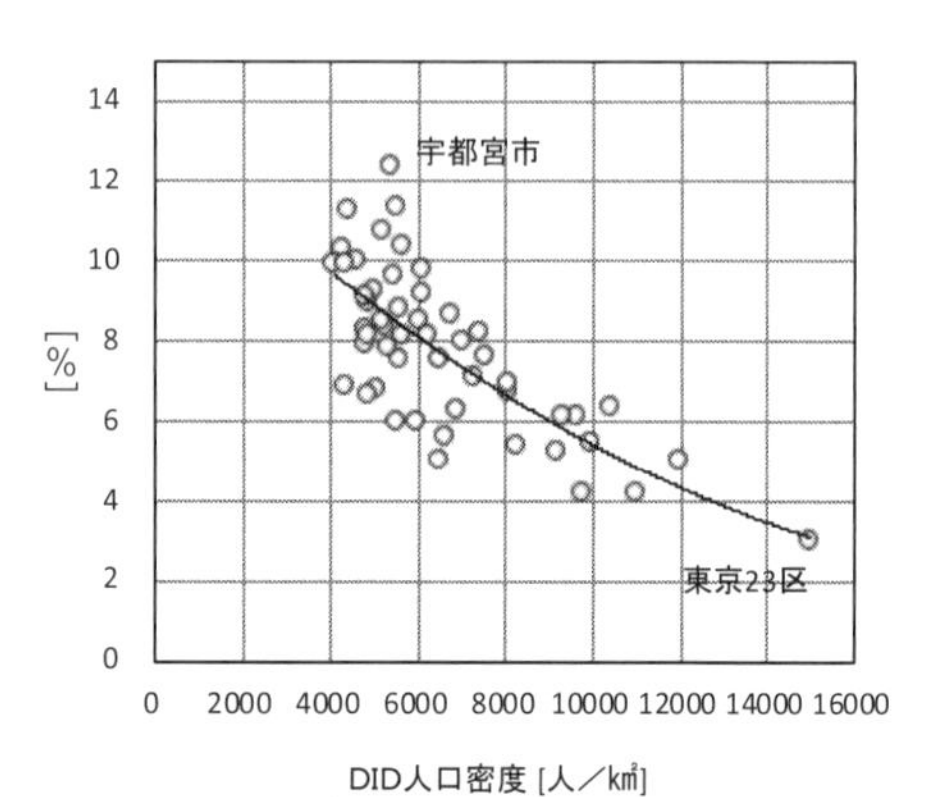

図1－2　DID人口密度と家計消費支出に占める自動車関連支出の比率

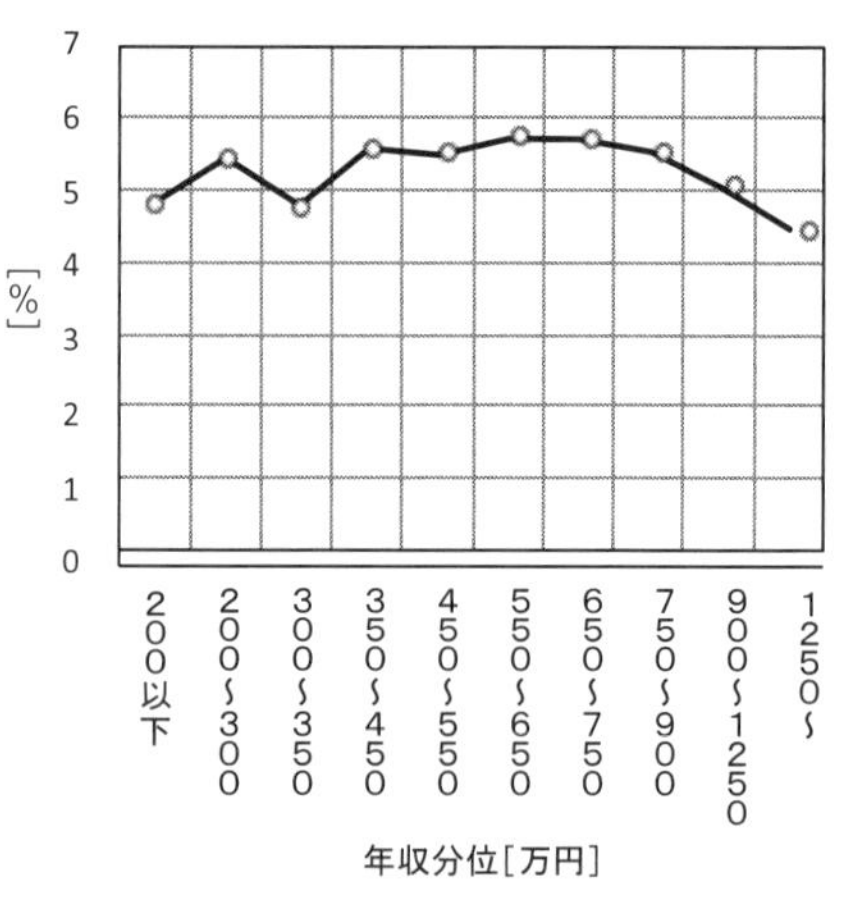

図1－3　年収と世帯消費支出に占める自動車関係費の割合

あった米国では、日本より先行してモータリゼーションが進展したために、その負の側面が日本よりもむしろ増幅された形であらわれた。「牛乳を一リットル買うのに、ガソリンを五〇〇cc使う」と比喩されるほどである。[注15]

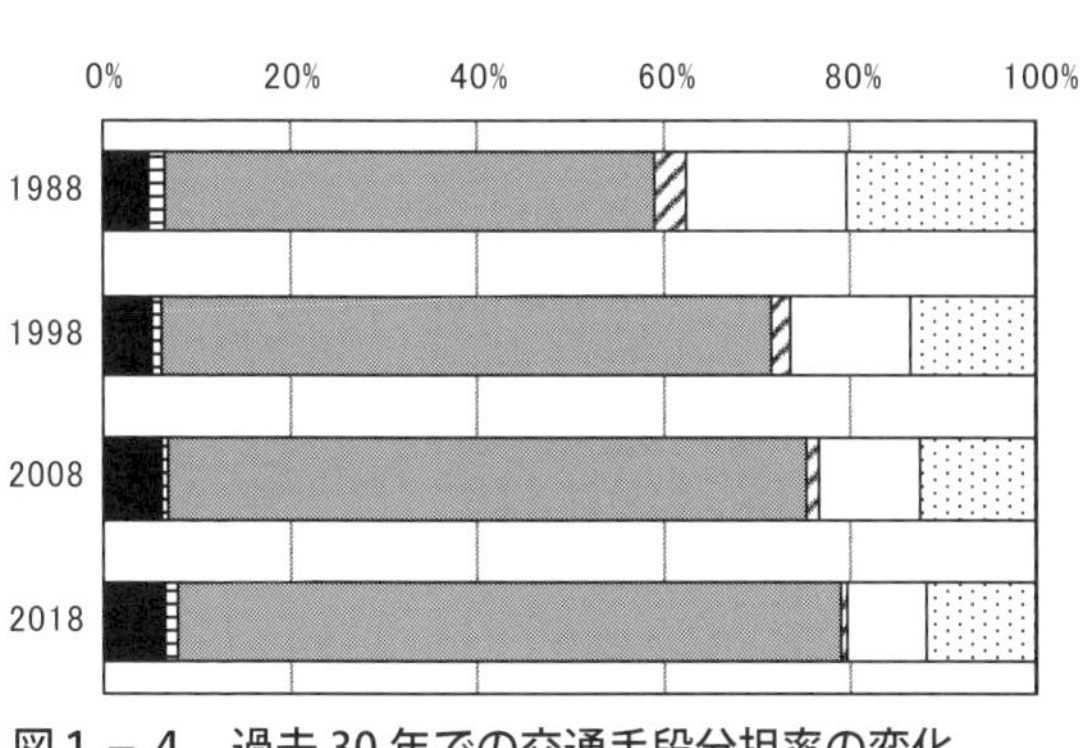

図1－4　過去30年での交通手段分担率の変化

増田悦佐（著述業）は「そう遠くない将来に、米国の一般大衆のかなりの部分が自家用車を持たない生活に適応せざるを得なくなる。ところが、単純かつ明白な事実として、米国社会はクルマなしでも生活できるようにはできていない」[注16]という。米国の乗用車保有台数はすでに中国に抜かれている。国民一人あたり普及率では旧東欧圏に抜かれている。これは米国内での経済格差が原因と考えられる。中国は人口が多いので国民一人あたりの普及率はまだ低いが、家電製品なみの価格で購入できるような安価なＥＶ（電気自動車）の普及が本格化すればいずれ国民一人あたりでも米国を抜くだろう。

歩かなくなった人々

徒歩・自転車の移動実態に関する統計は全国的・定期

的には得られていないが、一例として**図1－4**は東京都市圏パーソントリップ調査から、茨城県南部について交通手段の分担率（鉄道・バス・自動車・二輪車・自転車・徒歩）の過去三〇年間の変化を示す。年々自動車の分担率が増える一方で自転車・徒歩の分担率が減っている。各種の調査によると人々が「抵抗なく歩ける」と許容する距離は気象条件や移動の目的によっても異なるが、内閣府の世論調査では約半数の人が一〇〇〇m（一km）としている。[注17] 極端な例では一五〇〇mという数値もある。[注18] これは山手線の電車の長さ（二二〇m）より短い。

積極的な歩行は身体的にも精神的にも健康レベルの増進に効果があり、逆に移動に体を使わなくなることは健康レベルの低下につながると指摘されている。[注19] 国別にみると自動車への依存度が高いほど肥満度が大きい。[注20] 肥満の原因は他にもあるので直接の因果関係は断定できないが、自動車への依存度が高まると、短距離でも歩かずに自動車を利用する習慣を招く。モータリゼーション先進国である米国ではすでに二十世紀半ばからこの問題が指摘されてきた。増田（前出）は米国の事例として「多数の米国人が自動車に乗り始めたために歩くことが不得意になってきた一九三〇年から一九六〇年にかけて、心臓の冠状動静脈疾患を原因とする死者が二〇倍にも増加したことは、決してたんなる偶然ではない」「米国で肥満と関連して人命を奪う病気としては、心臓疾患とともに糖尿病が非常に大きなシェアを占めている」[注21] と紹介している。また子どもの肥満は先進国では共通の課題となっておりパンデミックにたとえられるまでになっている。食生活の変化が指摘されているが、子どもの場合は食生活よりも活動量との相関が強いという。これは車社会の進展により子どもが日常的に屋外で活動できる空間が減少したことが関与している。[注22]

日本でも同様の関係がみられる。**図1－5**は日本国内について、自動車への依存度をあらわす指標とし

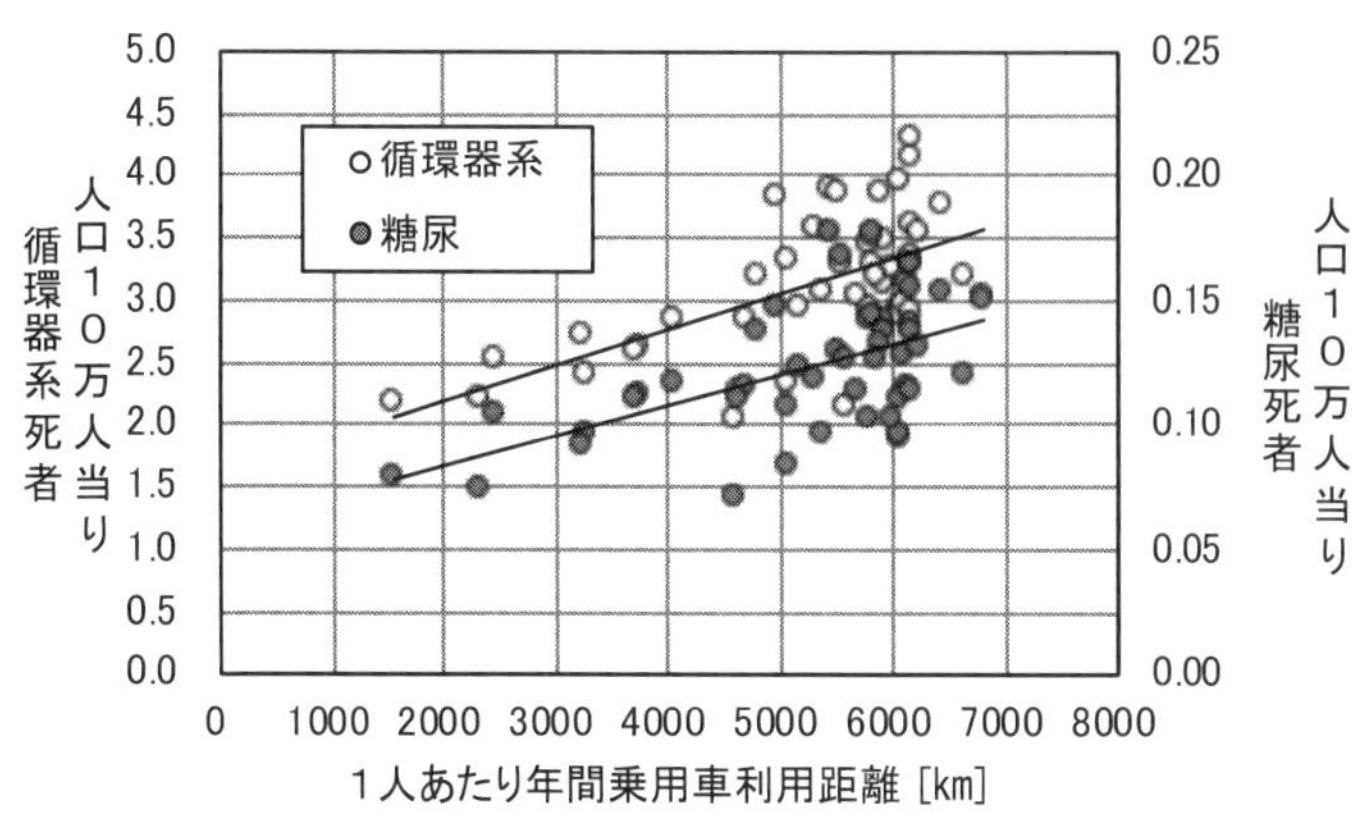

図1－5　都道府県別の自動車依存度と原因別死者

て二〇一九年度の都道府県別の「一人あたり年間乗用車利用距離[注23]」に対する「人口一〇万人あたり原因別の死者数[注24]」との関係を示したものである。もとより糖尿と循環器系の原因による死者は自動車の利用量がゼロであっても存在するので縦軸との交点はゼロではないが、自動車への依存度の増加につれて死者数が増加する、統計的に有意な関係がみられる。

公共交通の縮小

自動車の普及は、鉄道・バスなど特に地域の日常の移動に必要な公共交通を破壊してきた。自動車は一つでも利用価値のある要素が見いだせれば、その他の要素がいかに不合理でも利用が正当化される。逆に公共交通は一つでも利用を敬遠する要素が存在すれば「利用しない」という選択が正当化される。二〇二〇年以降のコロナ拡大下における公共交通の利用者激減はその典型である。車保有に関する調査によると、「車を使用する理由」として「電車・バスの利用が不便」を挙げる者が一六・〇%（乗用車単数保有世帯）と二〇・八%（同・複数保有世帯）

図1－6　戦後から現在までに廃止された鉄道

である。その一方で「車を手放す可能性」では「公共交通の利便性が向上したら」という設問に対して、二・二％（単）と一・七％（複）であり、ほとんどないに等しい。[注25]すなわち「公共交通が不便だから」という理由はいわば口実であり、ひとたび車を保有したら、公共交通が便利になっても車を手放すという可逆的な関係はない。さらに「使用する理由」では、単数保有世帯より複数保有世帯のほうが「公共交通の不便」を挙げる理由が増えている。ひとたび車を持つと公共交通を不便と感ずる割合が増えると考えられる。

図1－6は戦後から現在までの鉄道の廃止状況である。黒線が廃

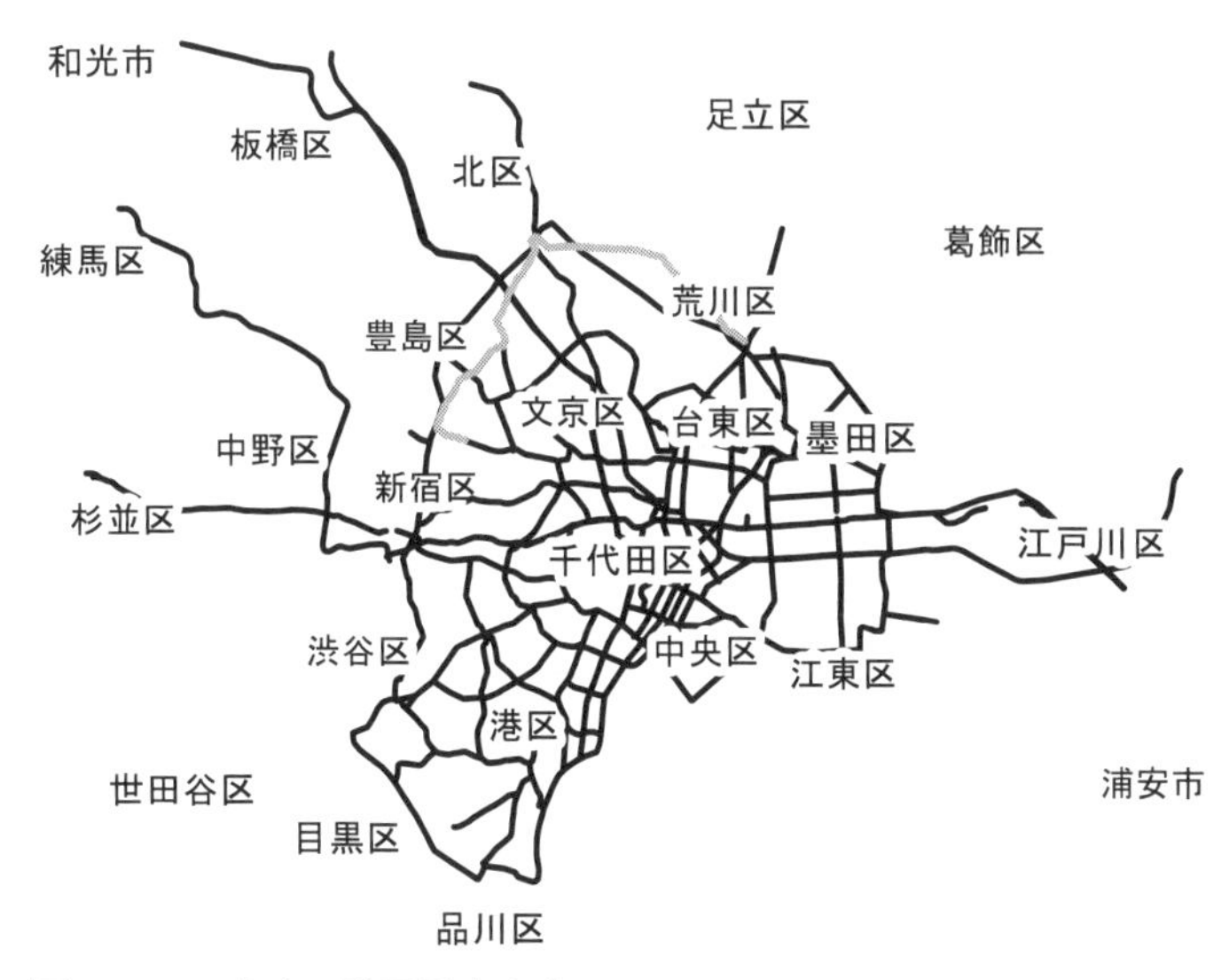

図1－7　東京の路面電車廃止

止された路線であり、グレー線は国鉄の分割民営前後に第三セクターに継承された路線である。輸送量が少ない鉄道路線はバス転換が合理的との意見がみられるが、転換するとさらに利用者の減少を招き、バス路線も減便・廃止に至る例が多い。北海道に関しては炭鉱の閉山など、モータリゼーションの影響とはいえない廃止もあるが、一九八〇年代から広範囲に鉄道網の廃止が続き、道内は鉄道消滅の危機にある。全国のバス路線は数が多いのでこの地図には表記できないが、一九七〇年代に比して国民一人あたり利用回数は三分の一に減少し、毎年多数の路線が休止・廃止されている。[注26]

かつて国内で約七〇の都市（圏）で路面電車が運行されていたが、おおむね一九七〇年代前半までに撤去された。**図1－7〜1－8**は東京都・大阪市の撤去された路面電車網である。東京都では荒川線（図のグレー線）のみが残存してい

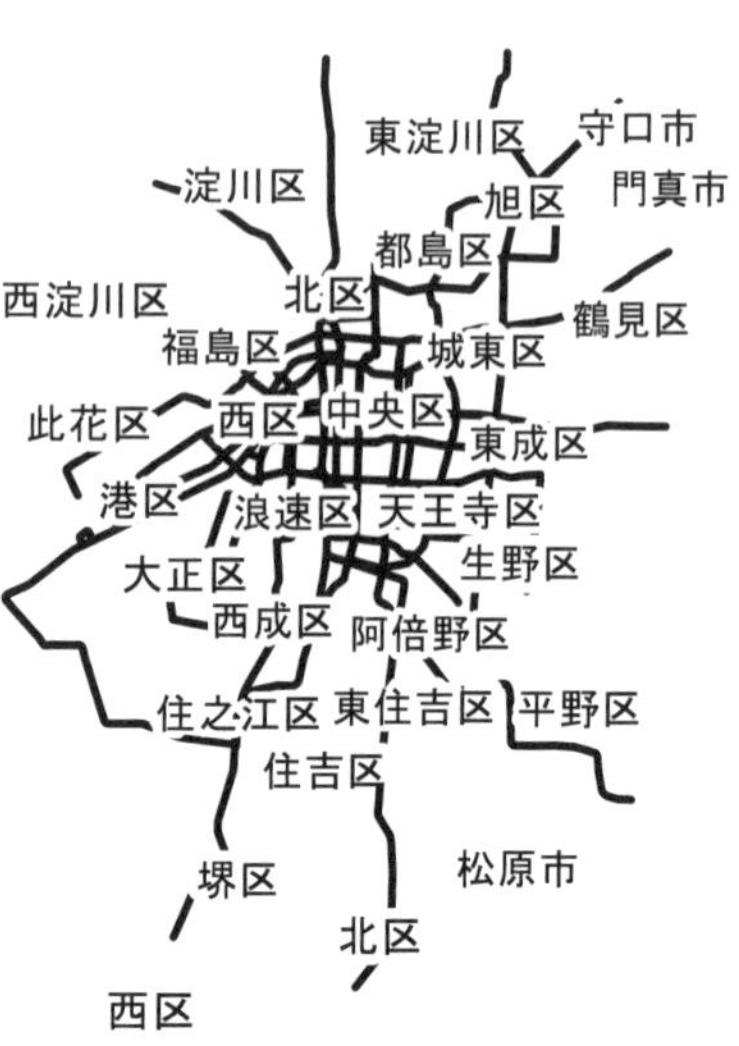

図１－８　大阪の路面電車廃止

る。二〇〇〇年台以降から路面電車復権の議論は高まっているが、本書執筆時点までに具体化した事例は宇都宮市（新設）と富山市（JR西日本の廃止路線を継承し富山地方鉄道軌道線と合体）のほか、数都市での小規模な移設・延伸のみである。

災害と車〜被害を拡大する車社会

前述のように車はシェルターの性格も有するが、その特性が災害時にはリスクの要因にもなりうる。この問題は今から半世紀近く前の一九六八年に湯川利和（奈良女子大学・住環境）の『マイカー亡国論』で予言されていた。マイカーを前提として無計画に拡散した住宅や生産施設が太平洋沿いに連なる都市群が形成された状態で震災が発生した場合を想定すると、大規模災害時には車を使用しないように国や自治体がいかに呼びかけても、人々は車で逃げようとして深刻な渋滞が発生し誰もが動けなくなるだろうと警告している。[注27]

二〇一一年三月の東日本大震災の際に東北地方の多くの人が車で避難を試みて渋滞が発生し、車列ごと津波に巻き込まれた事例が報告されている。中小都市・町村部では日常は大都市のような渋滞は発生しないが、「一人に一台」と比喩されるように自動車保有率は高く、地域の車が一斉に道路に出てくると予期しない渋滞が発生する。二〇一五年五月の口永良部島（鹿児島県熊毛郡）新岳噴火では人口百数十人の島内でも避難渋滞が発生した。[注28] そうした経験がありながら、二〇二二年一月のトンガ諸島噴火による潮位変動による避難では南西諸島で再び避難渋滞が発生した。[注29]

大都市の地震災害では、発災直後の緊急活動、初期の物資輸送や救援、中期的な復興など、地震対策のかなりの部分は自動車をどう扱うか」が大きな課題となる。

この問題は筆者自身も以前から懸念していたものの、阪神・淡路大震災（一九九五年一月）が起きるまで現実的なイメージはなかった。阪神・淡路大震災は東日本大震災に比べると被害範囲が限定的であったが、日常は運転しない人々も車で道路に乗り入れ、特に東西方向の幹線道路に深刻な渋滞が発生し緊急車両の通行を妨げる影響が生じた。

東日本大震災（二〇一一年三月）では、首都圏の道路網で物理的破壊はほとんどなかったが多くの交差点でグリッドロック（「にらみ合い」でどの方向にも動けなくなる）」が発生した。災害時に車を利用するとしても、東北地域ではガソリンが入手困難となった。福島市で東日本大震災に遭遇した市民の記録では、「ガソリンがないと水も手に入らない都市」と指摘している。[注30] 給水所も車の使用を前提とした場所に設置されたためである。

車に乗ると、徒歩や自転車では移動できない距離の克服ができる一方で、トラブルに遭遇した時の危険性はより大きくなる場合がある。田中公雄（東京都都市計画局）は、東京から車で富山県の黒部に旅行した家族が豪雨による増水に巻き込まれて立ち往生し、救助隊が出動する結果を招いた事例を挙げている。[注31] 車が鉄とガラスで囲まれた密室であるために周囲の状況に無頓着となり判断を誤った可能性も指摘されている。

東北地方の小都市（青森県平川市・調査当時は平賀町）で「自動車を自由に利用できる人」と「利用できない人」について、一人あたり一週間の行先地数と買い物のための移動の平均移動距離を調査したところ。自由に使える人は、そうでない人の約二・六倍の行先地に出かけ、買い物のための移動距離でも約二・七倍の差があった。[注32] ある地域に住んでいる人にとって、外出のニーズそのものは誰でもそれほど差がないはずであるが、自動車の利用可能性によって行動の自由あるいは選択の格差が生じている。

格差・分断を助長するクルマ社会

日本の大都市が海外の多くの大都市よりも治安が良いのは、移動の手段として公共交通を利用する人の比率が高いことが要因として指摘されている。公共交通の利用率が高いことは公共の場所に通行人が多いことを意味し、犯罪を企てる者がいても人目につきやすいので犯罪の実行が抑制される。これに対して自動車が主な移動の手段であると、人々は車外のできごとには無関心になり、犯罪が蔓延する余地が作り出される。車は市民の孤立・分断を深め、都市生活のレベル向上にはつながらない。その関係はボゴタ市（コロンビア）のエンリケ・ペニャロサ元市長（一九九八〜二〇〇一年在任）の政策によって実証された。

ボゴタ市は犯罪都市として認識されていた。ペニャロサ元市長は「先進的な都市とは、貧しい人でも車を使う都市ではなく、むしろ裕福な人でも公共交通を使う都市のことである」[注33] との理念を示し、公共交通や自転車道路の整備を進めることによって治安の改善がみられたため国際的に注目された。車の中と外で富者と貧者が対立する社会ではなく、誰もが隣り合って公共交通の座席に座ることが安心・安全な社会に向かう一つの要素であることを示した。

ところが先進国であるはずの日本では、三大都市圏以外では「マイカーがないと基本的な生活のニーズも満たせない」状況が拡大してきた。公共交通のサービスが乏しい地域ではマイカーは日常生活に不可欠ではあるが、それは必ずしも普遍的に人々の移動の自由に寄与しているとはいえない。経済的条件によっても移動の自由に関する格差が発生するからである。人々の生活圏（就職、就学、その他）の拡大や、核家族化の進展にともなって、私的・個別的で多様な移動のニーズが増えている。これと連動して、社会のさまざまなしくみが車の利用を前提として組みかえられてしまった。かつては主に鉄道の駅を中心として徒歩や自転車で日常の用が足りる生活圏で完結していた日常の暮らしが郊外へスプロール化し、車が必需品となった。車の普及は、一見すると人々の移動が多様になったように見えながら現実には車以外の移動手段が選べず、選択の余地が限定された交通体系が形成された。

企業で従業員の採用に際して免許の保有を条件としたり、鉄道や路線バスなど公共交通が不便な地域でもそのダイヤと無関係に会合のスケジュールが組まれたりなど、社会のさまざまな分野で、車を利用しない人を排除とまでは言わないにしても、不便・不快を強要する仕組みができている。公共交通は大都市圏の鉄道による通勤・通学輸送がかろうじて現状を維持しているのを除けば縮小の一途をたどっており、それがますます車の必要性を高めて循環的に互いを促進する関係に陥っている。車社会の影響は、人の移動にとどまらず思わぬ分野にまで及んでいる。京都の名刹の周辺に大型ごみが多数投棄されているという。[注34]各地で同様の行為を見かけるが、大型ごみは車でなければ持ち込みは不可能であり、車に依存した社会の負の側面の一つである。

車を使わない者に対する排除はさまざまな局面で現われる。新型コロナに関連して検査などで指定された施設に行こうとすると「公共交通を使わずに来るように」と指示されることがあった。自分自身で車を保有・運転できない人は、感染の可能性を考えれば他人の車に同乗もできないが、どのように移動するのか。筆者が聞いた例では大都市である神奈川県横浜市でさえ八km歩いたという人がいる。二年目の二〇二〇年以降になると厳重な対応は緩んできたが、地方都市や農山村では指定された施設自体がごくまばらにしか存在しない。実質的な利用排除である。

交通手段の制約によって基本的人権が侵害されている具体例が他にもある。近年は若者の投票率低下が指摘されてきたが、調査によると都道府県別の高齢化率が高いほど棄権率の増加がみられる。北海道のある町では、二〇一六年には一二箇所開設された投票所が、二〇一九年には半減した。このため有権者の中には投票所が家から五kmというケースが生じた。[注35] 自身の運転あるいは同乗により車が利用できれば五kmは大きなハードルではないが、その条件がなければ、投票という最も基本的な権利が侵害される。

注

1 折口透『自動車の世紀』岩波新書五二三、一九九七年、二五頁。
2 World Hearth Organization, Fact Sheets “Road traffic injuries” https:// news-room/fact-sheets/detail/road-traffic-injuries
3 同 “Global status report on road safety 2018” https://www.who.int/violence_injury_prevention/road_safety_status/2018/en/
4 WHO “Air Pollyution” https://www.who.int/health-topics/air-pollution#tab=tab_1
森江健二『カー・デザインの潮流』中公新書、一九九二年、三七頁。

5 国土交通省関東地方整備局「東海道への誘い」。http://www.ktr.mlit.go.jp/yokohama/tokaido/02_tokaido/03_sisetu/11index.htm

6 井上善雄「安全に快く歩く権利と違法自動販売機をなくす運動」『交通権』第一三号、一九九五年、二八頁。

7 茅陽一「原子力と自動車の安全性」『日本原子力学会誌』五四巻八号、二〇一二年、一頁。

8 下野新聞子どもの希望取材班『貧困の中の子ども　希望って何ですか』二〇一五年三月、一一二頁。

9 平田広志「車使用による生活保護廃止処分取り消しを命じた福岡地裁判決」『住民と自治』一九九八年八月、四六頁。

10 日本弁護士連合会「生活保護における生活用品としての自動車保有に関する意見書」二〇一〇年六月。

11 NHKクローズアップ現代「車上生活　社会の片隅で…」二〇一九年一一月二一日。https://www.nhk.or.jp/gendai/articles/4355/

12 国土交通省「全国都市交通特性調査」データ提供ページ。https://www.mlit.go.jp/toshi/tosiko/toshi_tosiko_fr_000024.html

13 DIDとは、人口密度約四〇〇〇人/平方km以上の国勢調査地区がいくつか隣接し、合わせて五〇〇〇人以上を有する地区をいう。全国のDIDの存在状況とそのデータは、たとえば国土交通省『国土数値情報』を参照のこと。https://nlftp.mlit.go.jp/ksj/

14 総務省「家計調査年報」より。二〇二〇年以降は新型コロナの影響による特殊状況の可能性があるので二〇一九年を使用。http://www.e-stat.go.jp/SG1/estat/List.do?lid=000001135066

15 デービッド・カラハン著、小林由香利訳『うそつき病がはびこる米国』日本放送出版協会、二〇〇四年、二九六頁。

16 増田悦佐『クルマ社会・七つの大罪（増補改訂版）』土曜社、二〇二一年、四〇頁。

17 内閣府「歩いて暮らせるまちづくりに関する世論調査」二〇〇九年七月。https://survey.gov-online.go.jp/

h21/h21-aruite/index.html
18 『日本経済新聞』特集記事「常識に挑む③」一九九七年五月二八日。
19 国土交通省都市局「健康・医療・福祉のまちづくりの推進ガイドライン」二〇一四年八月。https://www.mlit.go.jp/common/001049464.pdf
20 太田勝敏「ＥＳＴの意義と最近の内外の取組み」ＥＳＴ普及推進フォーラム、二〇〇七年二月。原資料 S.Hanson and G.Giuliano(ecls) 2004, *The Geography of Urban Transportation: Third Edition*, The Guilford Press
21 増田悦佐『クルマ社会・七つの大罪（増補改訂版）』土曜社、二〇二一年、二一二〜二一三頁。
22 仙田満・上岡直見編著『子どもが道草できるまちづくり 通学路の交通問題を考える』（今井博之担当・クルマ社会が子供にもたらす害）三七頁。
23 国土交通省「自動車燃料消費量調査」。https://www.e-stat.go.jp/stat-search/files?page=1&layout=dataset&toukei=00600370
24 厚生労働省「人口動態統計」。https://www.e-stat.go.jp/stat-search/files?page=1&toukei=00450011&tstat=000001028897
25 （社）資源協会『原子力エネルギー等社会システム基本情報調査』、一九九四年三月、一六七頁、（財）日本エネルギー経済研究所ＩＥＥ─ＳＲ─２４８『自家用乗用車の走行実態調査─乗用車の複数保有は走行距離に影響を与えるか？─』一九九二年等より。
26 国土交通省『数字で見る自動車２０２０』。https://www.mlit.go.jp/jidosha/jidosha_fr1_000047.html
27 湯川利和『マイカー亡国論』三一書房、一九六八年、二五六頁。
28 ＮＨＫ Ｎｅｗｓ Ｗｅｂ「突然バリバリバリとすごい音」二〇一五年五月二九日。
29 ＡＮＮ Ｎｅｗｓ「徒歩での避難も考えて！奄美市の県道は避難する車で渋滞」二〇二二年一月一六日。

30 個人ウェブサイト「東日本大震災後の福島市民生活」。http://abej.sakura.ne.jp/ErdB.htm

31 田中公雄『車を捨てた人たち　自動車文明を考える』日経新書№二六八、日本経済新聞社、一九七七年、三八頁。

32 宮崎耕輔・徳永幸之・菊池武弘・小枝昭・谷本圭志・大橋忠広・若菜千穂・芥川一則・喜多秀行「公共交通のモビリティ低下による社会参加の疎外状況」『第二九回土木計画学研究発表会・講演集』二〇〇四年、CD—ROM版。

33 「何故バスが活きた民主主義の象徴なのか」。https://www.ted.com/talks/enrique_penalosa_why_buses_represent_democracy_in_action?language=ja

34 MBS NEWS【特集】［三〇年以上続く不法投棄…世界遺産『仁和寺』の敷地内に「朽ち果てた車」や「ファンヒーター」］。https://www.youtube.com/watch?v=4pNkdwqZFqA

35 『日本経済新聞』「過疎地に消えた五二〇万票　投票所減、高齢者を直撃」二〇一九年七月八日。

2. 社会的費用半世紀

社会的費用半世紀

日本での本格的なモータリゼーションは、一般には一九六四年の東京オリンピック前後からとされる。多くの国民が車（マイカー）を所有・運転できるようになる希望に満ちた未来が語られていた反面で、早くも一九六八年には湯川（前出）が『マイカー亡国論』[注1]を著した。湯川は都市計画の研究者であるが、日本より半世紀先行してモータリゼーションが始まった米国の状況から、自動車に依存した社会がやがて何をもたらすかをシステム的な考察から論じ、「地獄絵」として的確に予想している。それは今になって都市のスプロール化と公共交通の衰退により八〇歳を過ぎても車を運転せざるをえない社会として現実のものとなった。

湯川著書の後も自動車あるいは自動車に依存した社会を批判的に捉える著書は多く刊行されている。中でも一九七四年に宇沢弘文（東京大学・経済学）の『自動車の社会的費用』[注2]が注目され、同書は現在まで増刷を重ねるロングセラーとなっている。宇沢著書では東京都内の道路全体を対象とした試算で自動車一台あたり年額で約二〇〇万円になるとした。宇沢はその後『地球温暖化を考える』[注3]『社会的共通資本』[注4]でも自動車の社会的費用に言及している。

富山和子（公害問題評論家）『自動車よ驕るなかれ　日本自動車文明批判』[注5]、西村肇（東京大学・化学工学）『裁かれる自動車（主に排気ガス対策を論じたもの）』[注6]、田中（前出）『クルマを捨てた人たち　自動車文明を考える』[注7]、川嶋敏正（東京都大田区役所）『路地ウラ開放クルマ止め作戦』[注8]、角橋徹也（都市自治研究所・都市計画）『脱・クルマ社会―道路公害対策のすべて』[注9]なども知られている。少し後になるが継続的に車社会の問題を問う試みとしてムック形式の『脱クルマ21』[注10]が創刊された。筆者も一九九〇年代から直接・間接に自動車の社会的費用（負の外部性）に関連する著書を上梓している[注11]。

日本より半世紀前からモータリゼーションが進展した米国では、自動車に起因する弊害が日本よりはるかに先行して大規模に生起しており、それを批判する言説も多い。古くは湯川（前出）が引用している一九二五年の〝Suburban Nightmare〟（郊外の悪夢）などがある[注12]。これは自動車論でもあるがその背景にある都市論（スプロール化）でもある。同様の問題が日本では二〇〇〇年代になって三浦展（消費社会研究家）の『地方がヘンだ！』[注13]などで同様に指摘されている。三浦は地方の現状を「ファスト風土」と表現し、車がないと生きていけない地域の構造が作られ、生活の選択肢を奪ったという。また連れ去り事件など犯罪の可能性は地方ほど高いことを指摘している。

またブラッドフォード・C・スネル著・戸田清（長崎大学・社会学）他訳『クルマが鉄道を滅ぼした ビッグスリーの犯罪』[注14]（一九九五年）がある。近年の刊行では増田（前出）『クルマ社会七つの大罪』[注15]、ケイティ・アルヴォード『クルマよ、お世話になりました[注16]』等がある。なおアルヴォード著書の原題は"Divorce your Car! Ending the love affair with the automobile"（クルマと別れよう！）という諧謔的な表現である。

敗戦後間もない一九五六年に米国から「ワトキンス調査団」が来日し「日本の道路は信じがたい程に悪い。工業国にして、これ程完全にその道路網を無視してきた国は、日本の他にない。日本の一級国道―この国の最も重要な道路―の七七％は舗装されていない。この道路網の半分以上は、かつて何らの改良も加えられた事がない。道路網の主要部を形成する、二級国道及び都道府県道は九〇ないし九六％が未舗装である。これらの道路の七五ないし八〇％が全く未改良である。しかし、道路網の状態はこれらの統計が意味するものよりももっと悪い。なぜならば、改良済道路ですらも工事がまずく、維持が不十分であり、悪天候の条件の下では事実上進行不能の場合が多いからである[注17]」と報告した。

これ以後、日本の交通研究者の多くは「日本は道路が足りない」という強迫観念の虜となり、地理的・社会的状況や文化的背景を無視した米国型の自動車交通体系を持ち込むことに専念することとなった。戦後すぐに衆議院議員となった田中角栄が主導して議員立法により創設された道路特定財源に象徴されるように、自動車の普及とそれに不可欠な道路建設が国策であったことは、当時の代表的な交通研究者の言説に明瞭に示されている。今野源八郎（東京大学・交通経済学）は次のように主張している[注18]。

可及的多数の国民が自動車を所有すること、そして最高の自動車人口 maximum car popuration をもつことが一国の交通政策上望ましく［中略］次の一連の自動車普及政策を採らなければならない。

（A）高率自動車税の低減、特に一定の大衆車税の減免政策、（B）自動車保険の普及と料率の減免を計る政策、（C）自動車月賦販売の低利金融政策、（D）自動車運転教習普及のため、自動車学校設置の奨励、高校体育教育実習中に運転技術習得を含ましめる（米国の若干の州は自動車運転学習科目を必修科目としている）等モーター・スポーツの奨励政策、（E）自家用運転免許証の簡易交附政策、（F）自動車取締法規の簡素化政策」

すなわち国民の誰もが容易に自動車を保有し、かつ簡単に運転できるように各種政策を総動員すべきだとの主張である。当時の日本の交通研究はワトキンス報告にみられるように米国の影響を強く受けており、日本より半世紀前にモータリゼーションを経験した米国で自動車の外部不経済にすでに多くの知見が存在していたにもかかわらず、それには全く無頓着な議論が展開されていた。こうした自動車交通を推進する論者は外部不経済には無頓着であり、たとえば岡野行秀（東京大学・経済学）らは「ドライバーの意志ひとつで走行の仕方を改善することはできるはずである」「少しでも外部不経済［註・事故、騒音、大気汚染など］の発生量を少なくしようと各人が努めるならば、交通施設、機器としての自動車に変化がなくても、総体としての外部不経済の発生量を小さくできるのである[注19]」などとして個人の意識の問題に帰している。今野や岡野の言説にはもはや経済思想も何もなく、ただ「自動車を増やせ」という固定観念だけがあり、宇沢がいう「思想的遮蔽[注20]」の状態に陥っている。

その結果、実際には道路整備よりも自動車の普及が先行したこともあって、一九七〇年には国内での交通事故死者が過去最大[注21]となり「交通戦争」と呼ばれる事態が出現し、騒音や大気汚染の激化などモータリゼーションの負の側面が表面化した。一九七三年に第一次石油危機が到来し、トイレットペーパー騒動に代表される生活物資の供給不足、物価や公共料金の上昇なども発生した。当時はまだ戦争体験者が現役世代であり、戦時中の耐乏生活や敗戦後のハイパーインフレの再来と不安を抱く人々もみられたが、そうした変動もモータリゼーションを方向転換するには至らず、その後も自動車がもたらす外部不経済は増大を続けた。

宇沢の「自動車の社会的費用」論

宇沢著書以前にも、交通事故・大気汚染・騒音など自動車がもたらす負の影響はすでに覆うべくもない事実であったから、これらを費用として評価する議論は一九七〇年代初頭から始まっていた。運輸省（当時）は五万八三五七〜六万二八六九円（年額）という数字を示し、さらにこれは過大であるとして自動車工業会が六六二二〜八七三六円（同）との修正試算を示している。[注22] ただしいずれも経済学でいう「限界費用」すなわち、ある基準点（年次）で自動車が一台増加した時に追加的に発生する費用の意味である。また両者とも環境に関する社会的費用については、考慮すべきであるがこの当時は推計困難として除いている。

これらの試算に対して、宇沢の年額二〇〇万円という数字は各方面から強い反発を招いた。大石泰彦（東京大学・経済学）は「アルファからオメガまでまったく承認しがたい所説の羅列[注23]」などと感情的な反論を寄せている。単に数字の大小の相違ではなく、運輸省・自動車工業会と宇沢とは推計上の枠組みが全く異なる。宇沢によれば、前二者は伝統的な新古典派の経済理論の枠組みに基づく試算であり、生命・健康・自然環境など、ひとたび損なわれれば回復不可能な要素までも生産要素や資本と同列に扱って評価したものであり、そもそも倫理的に不当であるとしている[注24]。

宇沢の試算は、歩行・健康・居住などに関する市民の基本的権利を侵害しないようにするために道路や自動車を改良した場合にどれだけ投資が必要かを推定し、それが自動車一台あたり一二〇〇万円に相当するとしている。これを自動車利用者が負担するために、この額に対する年々の利息を考慮して自動車一台あたりに賦課すると年額二〇〇万円になるとしている[注25]。なお現在とは利子率など経済指標が大きく異なるので単純には現在価値に換算できない。

いずれにしても運輸省・自動車工業会の「限界費用」とは全く異なる枠組みでの結果である。この市民の基本的権利とは宇沢が強調する社会的共通資本と一体の概念である。宇沢は「もともと、社会的共通資本の考え方は、自動車の社会的費用の概念を明確にするために考え出されたものであった[注26]」としている。さらに年額二〇〇万円とすれば、それを負担して自動車を利用する人はほとんどゼロになると考えられる。そこで自動車の通行が許される道路を限定し、たとえば幅員五・五m以上の道路に限って自動車の通行を認めたとして補正すると年額六〇万円に相当する。これが経済学的には社会的共通資本の利用が最適になる額であるとしている[注27]。

ただし宇沢の方法によるとしてもいくつか難点が見いだされる。自動車が市民的な権利を侵害しない程度に道路を改善する費用から推定された額としているが、その効果は道路上あるいは周辺の局部的な空間にとどまる。各地での道路公害裁判で争われてきたように、道路を走行する自動車からの汚染物質は地域全体、ときには複数の都道府県にまでわたって拡散するなど、広域に及ぶ有害性は道路に緩衝地帯を設ける対策では防ぐことができない。一般に汚染物質は、発生源から離れるにつれて薄まる。しかし汚染物質は雲の中などで複雑な反応を繰り返しながら移動するため、首都圏で発生した窒素酸化物が大気の流れ（夏期）に乗って北上し信州で最大濃度が出現するシミュレーションも報告された[注28]。

また「道路の改善に要する総費用を、自動車の総台数で割る」という前提にも問題がある。これでは、自動車の総台数が増えるほど個々のユーザーが負担すべき費用は割安となってゆく。また自動車全体を一括して「一台あたり」としているので乗用車・貨物車そのほか車種別の相違が反映されない。歩行環境の整備も一方では「自動車が安心して走れる道路」を意味し、ますます自動車の利用を促進する方向に作用する可能性もある。

たとえば一九六〇～七〇年代に「歩道橋」が多数設置された。歩行者の交通事故被害の防止には自動車と歩行者の同一平面での交錯をできるだけ減らすことが有効ではあるが、歩行者に階段の昇降を強いたり、景観や日照を妨げるなどのマイナス面も長らく指摘されてきた。宇沢も「わたくしは、横断歩道橋を渡るたびに、その設計者の非人間性と俗悪さをおもい、このような人々が日本の道路の設計をし、管理をしていることをおもい、一種の恐怖感すらもつのである[注29]」と批判している。

近年は歩道橋にエレベーターを設置したり老朽化した歩道橋の撤去後には新設しないなどの対応もみられる。しかし現代でも駅前広場の設計などに際して、車が最短距離の最も便利な動線を占有する一方で、歩行者が延々と遠回りさせられる設計は随所にみられる。さらに自転車は自動車と歩行者の狭間で交通政策上の位置づけが不明瞭なまま取り残されている。自動車排気ガス規制・騒音規制など、自動車単体に対する規制は宇沢以後格段に強化されているが、一方でこうした規制が自動車の負の外部性を軽減するどころか、さらなる自動車の保有・使用を容認する口実としても作用した。

また宇沢著書の時点（一九七四年）には明確に認識されていなかった影響として、化石燃料の消費に起因するCO_2による気候変動や、自動車用エアコンの冷媒に用いられるフロンによるオゾン層の破壊が指摘されるようになった。気候変動に関して宇沢は『地球温暖化を考える』では「炭素税」と関連づけて言及している。[注30] ただし炭素税を自動車にどれだけ賦課するかについて具体的な数値は提示されていない。自動車の利用をまったくゼロにすることは不可能という制約の一方で、その有害性を人々の権利を侵害しない水準に制御するにはどうしたらよいか、「社会的共通資本の適正利用」という評価での考察が重要な手掛かりとなるであろう。

宇沢以後の主な指標の推移

宇沢の先見の明は評価されるべきだが、社会的費用の議論が現実の交通政策に反映されたかといえば残念ながら疑問と言わざるをえない。「思想的遮蔽」に陥った自動車・道路推進側の政策的影響力のほうが圧倒的に上回ったからである。一九八〇年代終盤からいわゆるバブル経済[注31]の時期があり、自動車依存はますます深度化した。一九九〇年には再び自動車の負の外部性を指摘する論説が浮上し、岩波書店の『世界』で「クルマ社会と人間　第二次交通戦争が始まった」との特集が掲載されている。当時、東京大学から新潟大学に転任した宇沢は、車依存社会の典型である新潟の状況を交えつつ「自動車の社会的費用再

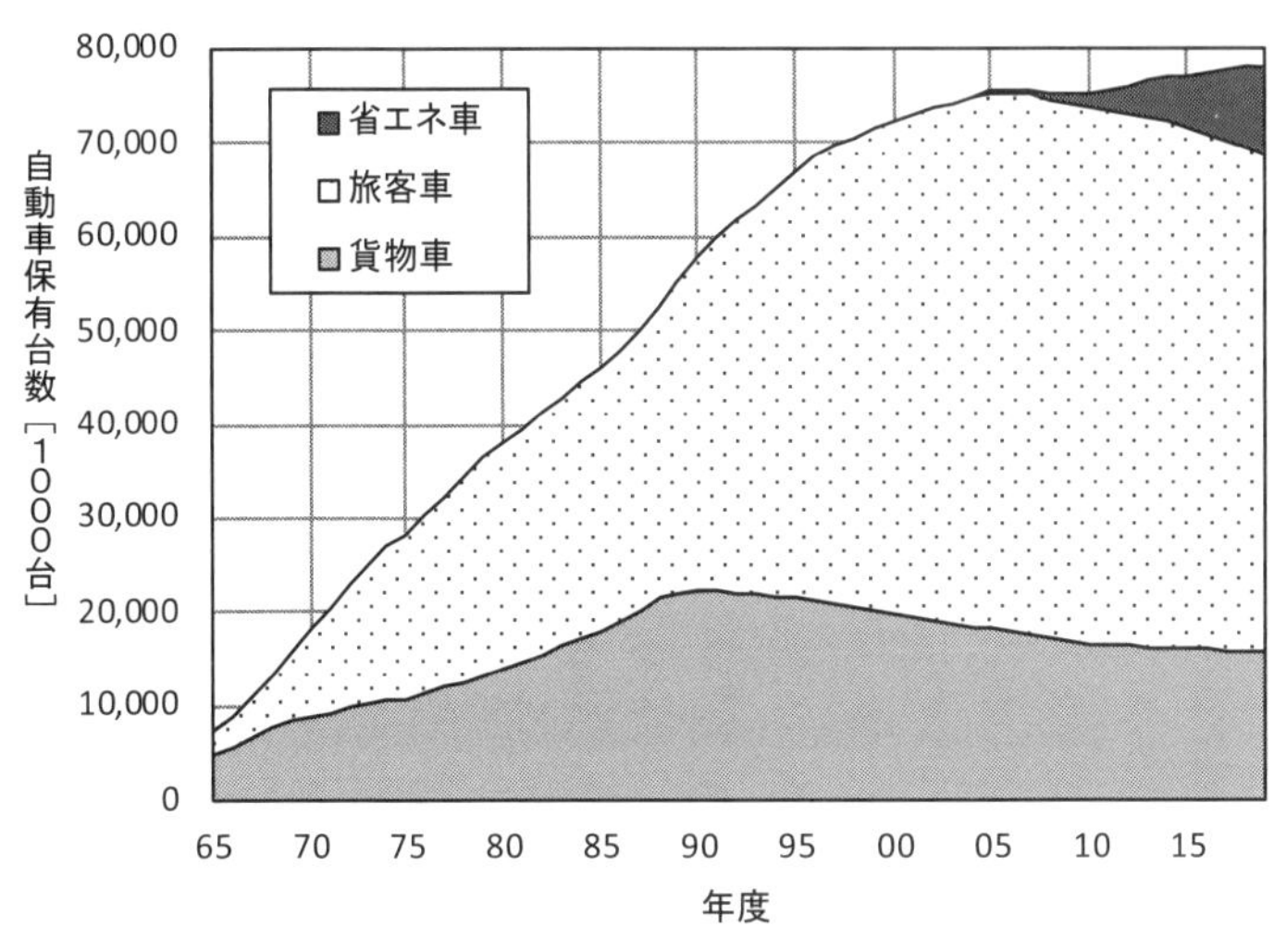

図２－１　自動車保有台数の推移

論」を記している。「その後、日本の経済社会の発展は、私がまったく予想しなかったようなかたちで起こってきたし、自動車の保有台数、都市の形態もまた、私が期待したのとはまったく正反対の方向に進んでしまった」[注32]としている。以後に一九七四年の宇沢著書以降の自動車交通の状況を示す主な指標の推移を要約する。なお交通事故については人命・健康にかかわる重大な問題であるため別章を設けて検討する。

図２－１のように、一九七四年の自動車保有台数は二五二〇万台（乗用車一四五五万台・貨物車その他一〇六五万台）であったが、一九九〇年の「再論」の時点で五五二八万台（乗用車三二九四万台・貨物車その他二二三四万台）、そして二〇二一年には七八三二万台（乗用車六一九二万台・貨物車その他一六四〇万台）となり、一九七四年に対して三・一倍となっている。特に乗用車の伸び率が大きく四・三倍となっている。[注33]図には表示していないが最近の傾向として軽四輪の比率が増加し、それ以外の一般乗用車の比率が減少している。こ

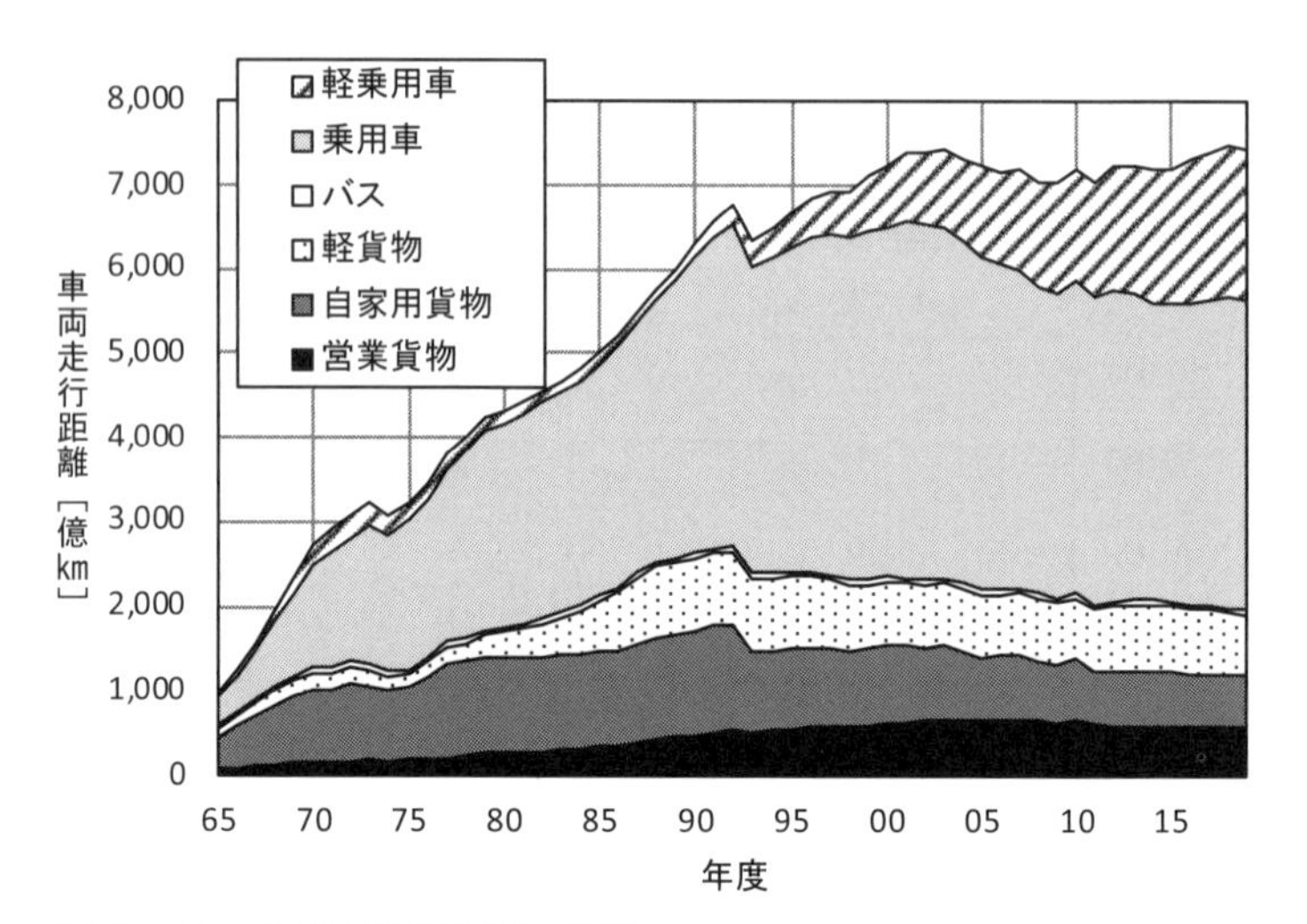

図２－２　自動車走行距離の推移

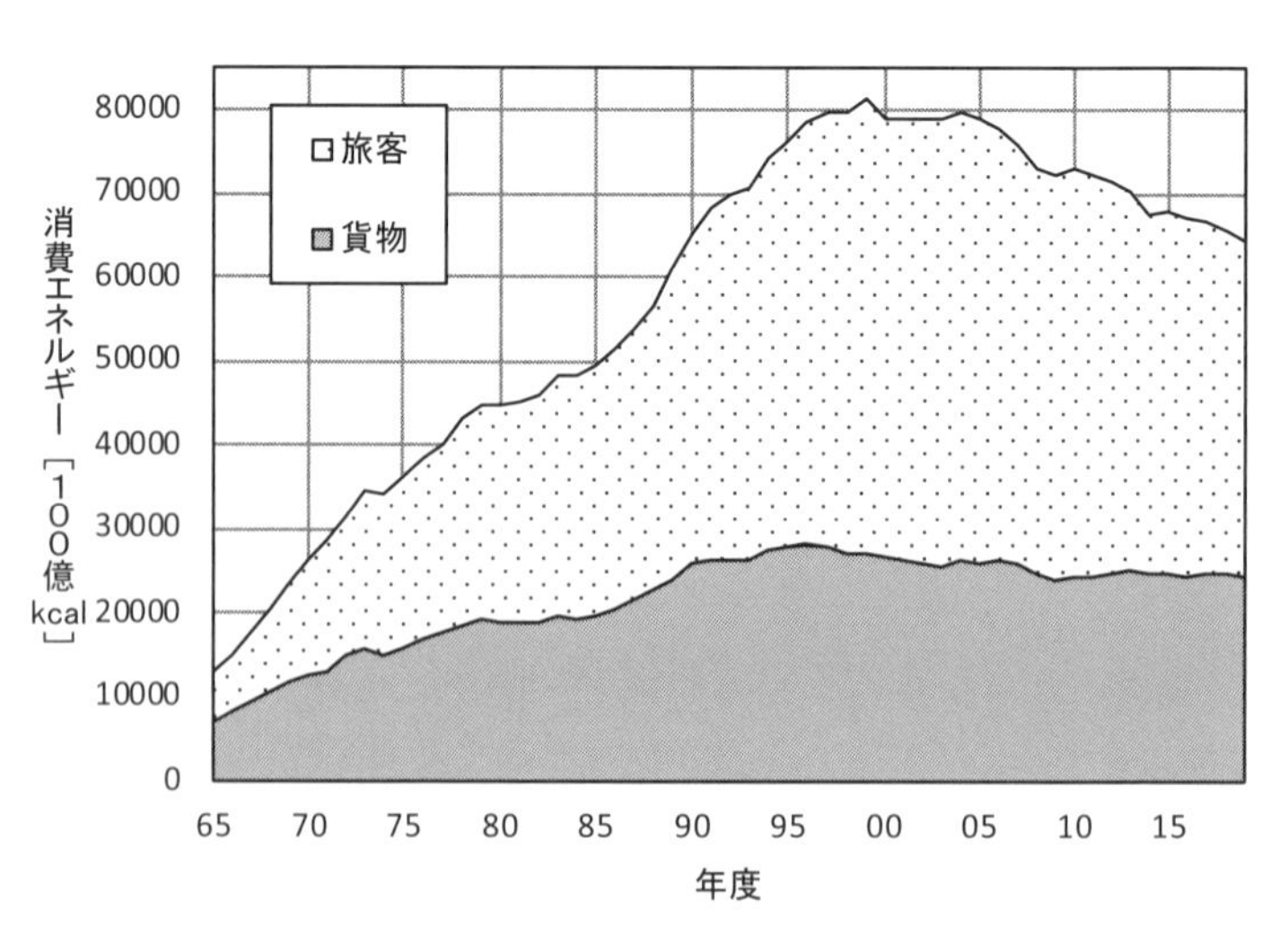

図２－３　自動車消費エネルギーの推移

れは高齢者世帯において軽自動車の買い足しが増加したことによる。[注34] これに伴い**図2―2**のように自動車保有台数と自動車走行距離は急激に増加した。またエネルギー・環境面からみても**図2―3**のように自動車によるエネルギー消費が急増した。

その後、一九九〇年代後半から自動車保有台数の伸び率が鈍化し、特に貨物車の台数は減少している。またハイブリッド車など省エネ車両が増加してきた。近年EV（電気自動車）が注目されているが、図上ではまだ表示に現われるほど幅を持たない。全体として自動車の走行距離は頭打ちとなっている。エネルギー効率も年々改善されている。双方の相乗効果で自動車の燃料消費は**図2―3**にみられるように二〇〇〇年頃から低下傾向に転じている。これは揮発油（ガソリン）税・軽油引取税など燃料課税の収入が減少していることも意味する。

環境規制の経緯

モータリゼーションだけが原因ではないが、日本では一九五〇年代以降に経済の復興・高度成長に伴う環境汚染により健康被害や生活妨害が発生した。当時は「環境」という用語は一般化しておらず「公害」との呼び方が主であったが、一九六七年に「公害対策基本法」が施行され、一九七〇年一一月の第六四回臨時国会では多数の公害関連の法律が制定・改正され後に「公害国会」と通称された。公害対策基本法で「環境基準」が定められ、同法は一九九三年に「環境基本法」に統廃合されている。

環境基準とは、環境基本法第一六条で「政府は、大気の汚染、水質の汚濁、土壌の汚染及び騒音に係る環境上の条件について、それぞれ、人の健康を保護し、及び生活環境を保全する上で維持されることが望ましい基準を定めるものとする」と規定している。ただしその数字さえ守っていれば健康や生活環境に全く問題を生じないとか、そこまでは許容するという意味ではなく、行政上の目標として定められている数値である。環境基本法には数値そのものは記載されておらず、具体的な数値は同法で「政府が定める（政省令）」となっているとおり、政策指標であるだけにさまざまな要因に影響されうる指標でもある。現在は大気・騒音・水質・土壌・ダイオキシンの五分野について定められている。[注35]

一方でこの時期には「経済か、環境か」という論争が起こり、いったん進展した環境対策が押し戻される動きもあった。今野（前出）は「ともあれ、通常行われている環境アセスメント手法のように、環境の悪化度と経済効率の間のトレード・オフという考え方を一切拒否し、公害レベルだけをメルクマールとして、それの最小化だけをねらうような行き方に長く依拠しつづけると、やがては一国の長期的な資源配分を、大きく歪曲する危険がある[注36]」などと述べている。

排気ガス規制と大気環境

本格的な自動車排出ガス規制は一九七三年〜七四年にかけて導入された。逆にいえばそれ以前は自動車（乗用車・貨物車）が急激に普及する一方で、大気汚染は軽視・放任されていた経緯がある。現在の規制対象はＣＯ（一酸化炭素）・ＨＣ（炭化水素：燃料中の燃え残りなど）・ＮＯｘ（窒素酸化物）・ＰＭ（粒子状物質：ディーゼル乗用車の一部と重量車）・黒煙（同前）である。具体的な規制値は汚染物質の種類や車種ごとの組み合わせ

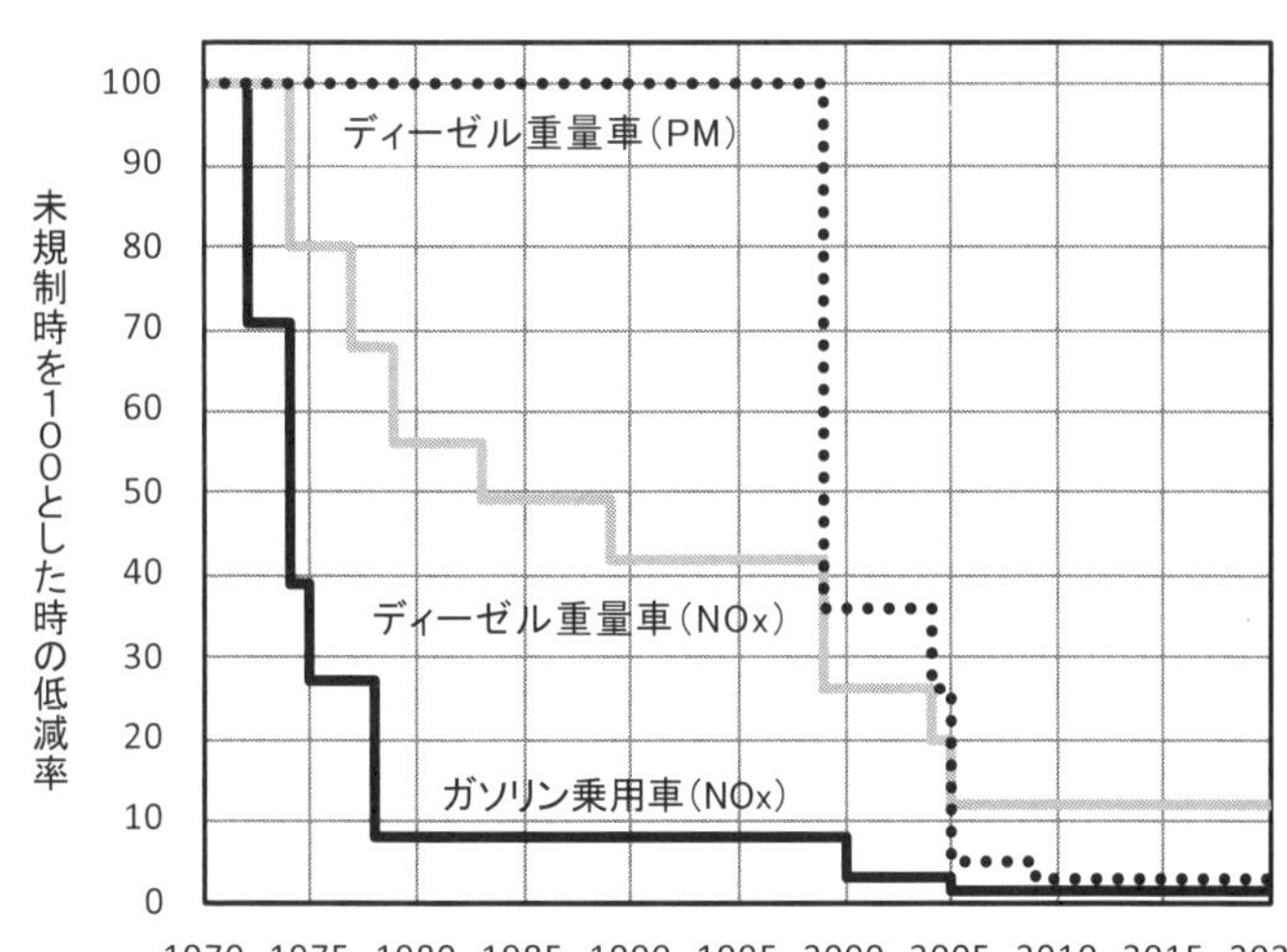

図2－4　自動車排出ガス規制の推移

に加えて測定方法の区分があり複雑であるが、**図2－4**にガソリン乗用車とディーゼル重量車について、未規制時を一〇〇とした場合の低減率として要約した経緯を示す。[注37] 二輪車（二輪自動車・原動機付自転車）にも排出ガス規制が設けられているがここでは表示を省略する。ただしこの値は新車に対しての規制値であり、市中の既存車両が置き換わるには時間を要するため規制の強化が直ちに大気環境の改善に反映されるわけではない。

自動車排出ガス規制に関して特に注目されたのは「五三年（一九七八年）規制」と呼ばれた規制強化であり、自動車メーカーは競争力の低下をもたらすとして激しく抵抗した。この経緯は西村著書（前出）に詳しい。このように車両自体の排出ガスについては未規制時に比べて規制値が格段に厳しくなっているから、環境中の大気汚染物資の濃度も格段に改善されるはずであるが、実際には規制の強化に対応するほどの改善はみられない。

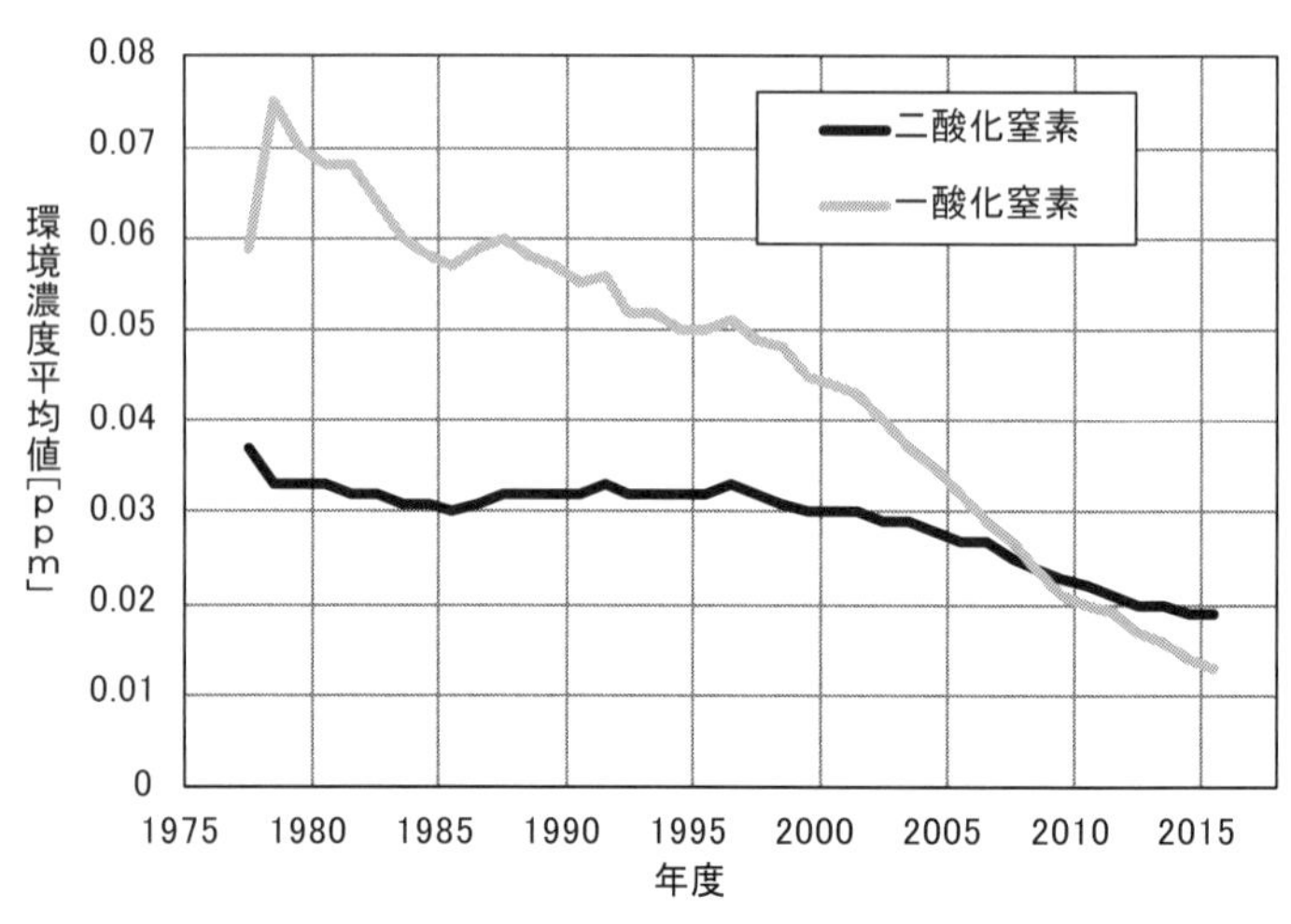

図2－5　NO_2濃度の年平均値の推移

現状ではほとんどの測定局で環境基準はクリアしていると報告されているが、実はこれには一九七八年に環境庁（当時）がNO_2（二酸化窒素）に関する環境基準を、「一時間値の一日平均値が〇・〇二ppm以下」から「一時間値の一日平均値が〇・〇四〜〇・〇六ppmのゾーン内またはそれ以下」に大幅に緩和したことが背景にある。最近でも自動車排出ガス測定局（大気汚染防止法に基づき道路周辺で常時監視するもの）のNO_2濃度の年平均値は緩やかに低下傾向にあるものの、**図2－5**のように〇・〇二ppm前後で推移しており、[注38] 旧基準であれば環境基準を達成していない測定局が多くあることを示している。

またPM2・5（大気中に浮遊する微粒子のうち粒子径が概ね二・五μm以下のもの）など新たな問題も指摘されている。粒子の大きさが非常に小さいため呼吸器の奥深くにまで入り込みやすく、呼吸器系疾患や循環器系疾患などのリスクを上昇させると考えられる。[注39] PM2・5は自動車由来だけではなく各種の発生源があり、西日本では中国大陸からの飛来の影響も指摘されているが、首都圏では主要な道路近辺で環境基準（年平均で一五μg／㎥）を超える値が観測されており、道路交通との関連が推定されている。

そのほか排気ガス由来ではないが、大気環境に関してスパイクタイヤ公害が問題となった時期がある。スパイクタイヤは一九七〇年代以降に普及したが、主に寒冷・降雪地域において粉塵が大気中に浮遊する公害が報告されるようになる。調査により粉塵がスパイクにより舗装が削られて発生したものであることが確認された。単に道路沿いの汚染だけではなく、郊外で発生したスパイクタイヤによる粉塵がヒートアイランドの影響で都市に流入し、汚染を加速しているという報告もなされた。自治体を中心にスパイクタイヤ規制が拡大し、最終的には一九九〇年に「スパイクタイヤ粉じんの発生の防止に関する法律」が施行され製造・販売が停止された。現在はスタッドレスタイヤ（スパイクを使用しない冬季用タイヤ）が使用されている。その後の調査で、降雪地帯での冬季のばい塵降下量は規制前より明確に減っており、スパイクタイヤ禁止の効果が確認できたとしている。注40

燃料規制

自動車の燃料に対する規制も行われている。現在の大部分の自動車はガソリン・軽油・LPGなどの燃料をエンジン内で直接燃焼させる内燃機関である。エネルギーを発生させるのは燃料の炭化水素（炭素と水素の化合物）であるが、前出のNOx（窒素酸化物）はエンジンと排気系統の対策により低減することができるが、SOx（硫黄酸化物）は燃料中の硫黄分に起因して発生するので、対策としては燃料中の硫黄分そのものを低減させる必要がある。一九七六年には軽油中の硫黄分の許容限度が五〇〇〇ｐｐｍであったが、二〇〇七年には一〇ｐｐｍまで強化されている。

一九七〇年には「牛込柳町鉛中毒事件」が注目された。東京都新宿区の牛込柳町交差点付近では渋滞と地形の影響により排気ガスが滞留しやすく呼吸器系疾患の多発が指摘されていた。住民の血液中の鉛濃度が一般的な値よりも高いとの報告があり、当時オクタン価向上剤としてガソリンに添加されていたテトラエチル鉛に由来すると指摘された。高オクタン価ガソリンは軍用機用レシプロエンジンの性能向上のために開発されたが、第二次大戦後はその需要が減少したため自動車に転用された。ほんらい自動車用には高オクタン価ガソリンは必要ではない。呼吸器系疾患との因果関係については疑問とする説もみられたが、テトラエチル鉛自体の有毒性は確実であるので、一九七五年からレギュラーガソリンの無鉛化が始まり一九八六年には加鉛ガソリンが全廃された。

ところがテトラエチル鉛の禁止に代わって、オクタン価向上剤としてベンゼンやＭＴＢＥ（Methyl Tert-Butyl Ether）等の石油系化合物がガソリンに混入されるようになった。これらも人体に有害性が指摘されているため、現在はガソリンでは鉛・硫黄・ベンゼン・ＭＴＢＥ・酸素分について、軽油では、硫黄・セタン価（ディーゼルエンジンのアンチノック性を示す指数）・九〇％留出温度について規制値が定められている。[注41]ガソリン中のベンゼンについては一％以下に規制されている。ベンゼン成分が一％以上の物質は法令によって管理された取扱いが必要と定められているにもかかわらず、自動車用ガソリンにベンゼンが配合されるようになった時期には、高オクタン価ガソリンはベンゼン成分が平均四％程度であったと推定される。それが全く規制外の給油所従業員や一部のセルフ給油によって取り扱われていた。このように自動車に関

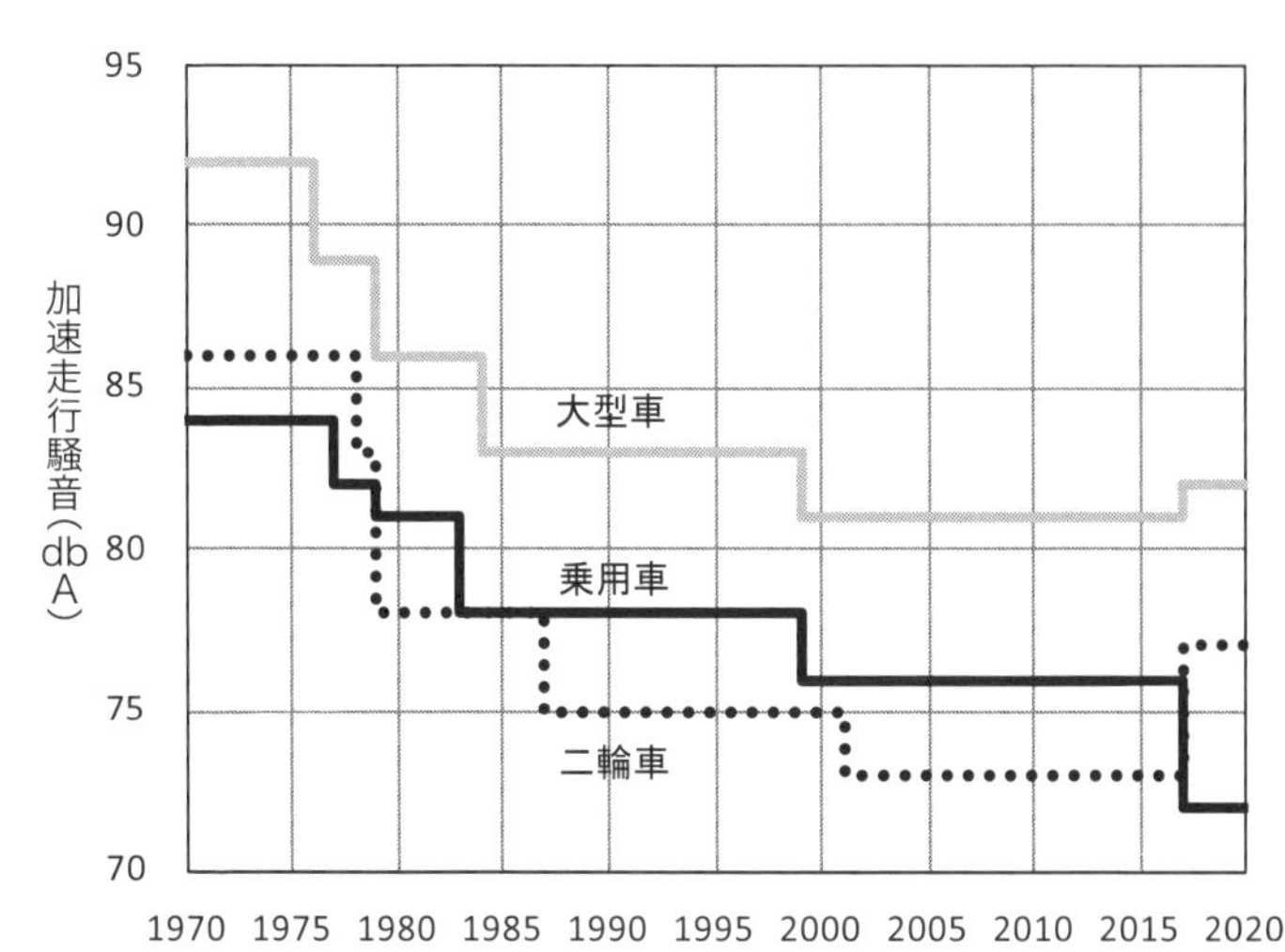

図2－6　自動車騒音規制の推移

しては利便性の裏で人間に健康被害を及ぼす多くの問題が見過ごされていた。

騒音規制

本格的な自動車騒音規制は一九七一年から導入された。それ以前は大気汚染と同様に野放し同然の期間が長く存在し、ここでも環境にいかに無頓着であったかが示されている。騒音規制についても車種や測定方法について細かい区分があり複雑であるが、代表的な規制値の推移を**図2－6**に示す[注42]（dbAの「A」は、測定器のデータを人間の聴感に合うように補正した値）。なお騒音は車両の走行状態によって「定常走行騒音」「加速走行騒音」「近接排気騒音」の異なった規制が存在するが、ここでは加速走行騒音の規制値を示す。騒音に関しては二輪車の影響が大きいため二輪車の騒音規制値の推移も示す。

騒音に関しては規制の強化にもかかわらず現実の環

境としては改善が停滞しており、環境基準未達成の地点がなお多い。騒音の環境基準は、静穏が求められる地域類型に応じて、AA（療養施設、社会福祉施設等が集合して設置される地域など）・A（専ら住居の用に供される地域）・B（主として住居の用に供される地域）・C（相当数の住居と併せて商業、工業等の用に供される地域）に対して昼夜別に基準（デシベル）が定められている。地域類型は都道府県知事（市の区域内の地域については市長）が指定する。ただし「道路に面する地域」ではこの類型によらず基準値が緩和され、さらに「幹線交通を担う道路に近接する空間」についてはさらに緩和した基準値が適用される。これは「うるさくても窓を閉めて生活すればよい」という発想に基づく基準であり、環境基準といいながら結局は現状容認となっているなど、なお課題が残る。**図2-6**はこれら緩和規程を適用する前の本来の環境基準に対する超過について示すものである。その他、道路公害に関しては各種の項目があるが、紙面の制約により省略する。各地域（観測点）における各項目の数値・経年変化・環境基準の達成状況等を一覧するには国立環境研究所「環境GIS[注43]」が有用と思われる。

自動車は汚染のデパート

環境基準としての規制の対象とはなっていないが、自動車からは人の健康に被害を及ぼす多種類の有害な化学物質が排出されており、自動車は汚染のデパートである。給油時あるいは車の付近でガソリン臭気を感ずることがあるが、ガソリン車からは排気ガスに由来する汚染物質以外にも揮発性物質（VOC・Volatile Organic Compound）が大気中に蒸発している。VOCは光化学オキシダントや浮遊粒子状物質の原因物質となる。ＶＯＣは給油時の蒸発や、駐車時（特に気温の高い時）などに自動車の燃料系統からの微細な漏れに起因して発生する。[注44] 個々には微量であっても多数の車からの排出を合計すれば大気汚染に無視できない影響を与えていると考えられる。

前述のとおり加鉛ガソリンは禁止されたが、それ以外にも自動車に由来する重金属の汚染はなお続いている。道路周辺での調査[注45]によると、道路の交通量と、沿道の土壌の重金属汚染の間に一定の関係が認められ、自動車からの重金属汚染が確認された。さらに多くの交通量が集中する都市部での重金属の汚染は、より深刻であることが推定される。これらの重金属は、源をたどれば原油中の成分である。大量の石油を海外から持ち込んでいるかぎり、重金属は国内の環境中に放出されているが、それらが漏出・放出された後の動きは未解明である。断片的な情報をつなぎ合わせて推定すれば、土壌を通じて農作物へ、また雨水とともに流出して河川へ、さらに海洋へ流出して魚介類へなど、いずれにしても食品に伴って戻ってきている可能性が少なくない。

スパイクタイヤ公害は解消したが、通常のタイヤと路面の摩擦による粉塵は常に発生している。車体、タイヤ、道路からのＰＭ（粒子状物質）は呼吸器障害、遺伝子損傷、生態系の破壊が懸念される。排気ガスに起因するＰＭよりも量が多いという報告もある。[注46] また物理的な粉塵には重金属が含まれている。[注47・48] 道路からの流出水[注49]や道路粉塵[注50]を採取して試験したところ、遺伝子への毒性が認められた。

またダイオキシン類についても、廃棄物焼却に起因する量に比べると相対的には少ないものの自動車排気ガスにも存在し、また自動車製造に用いられるアルミニウム製造に由来する分がある。[注51] またエンジンから排出されるＮＯｘ（窒素酸化物）はエンジン自体の燃焼方式では十分に低減させることができないの

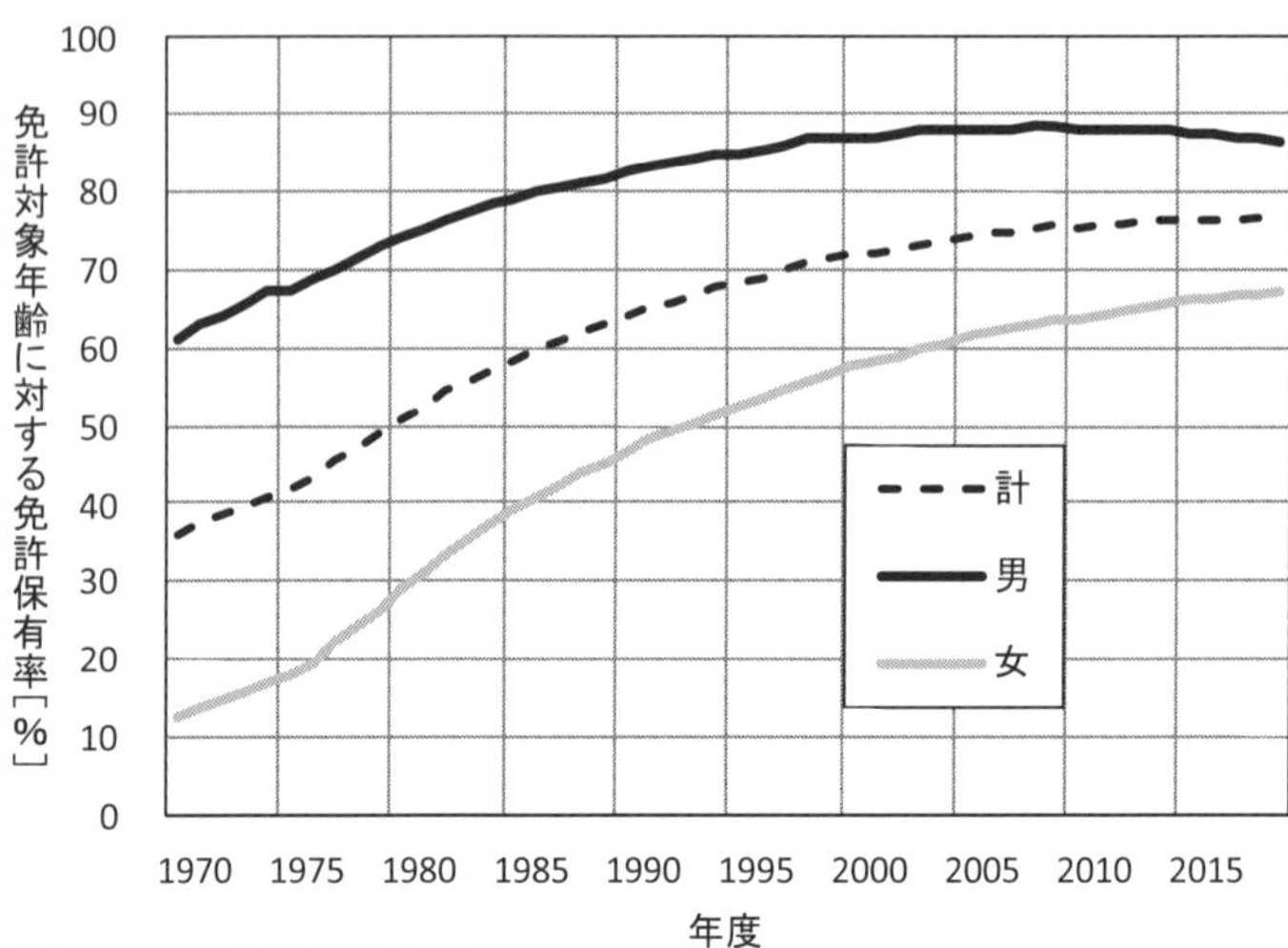

図２－７　免許保有率の推移

で、排気管の途中に触媒装置を設けて化学的にN_2O（亜酸化窒素）に転換してから大気中に排出されるが、N_2OはCO_2の約三〇〇倍の温室効果を有する。またその発生量は触媒の劣化とともに増加する。

運転免許保有状況の変化

自動車の普及は運転免許制度と表裏一体である。今野（前出）が提唱したように、誰もが簡単に運転免許を取得できるように国策として推進された。一九七八年の『警察白書』には「国民皆免許時代の到来」との文言が登場した。[注52]「国民皆免許時代を迎えて世論を形成する国民の約半数が運転者となり、それらの人々の意見を交通行政の上に十分反映させるとともに、無事故、無違反の善良な運転者については社会的にも適正に評価される方策を推進する必要がある」と述べている。一九七八年には免許対象年齢のおよそ五〇％が免許保有者となっていた。

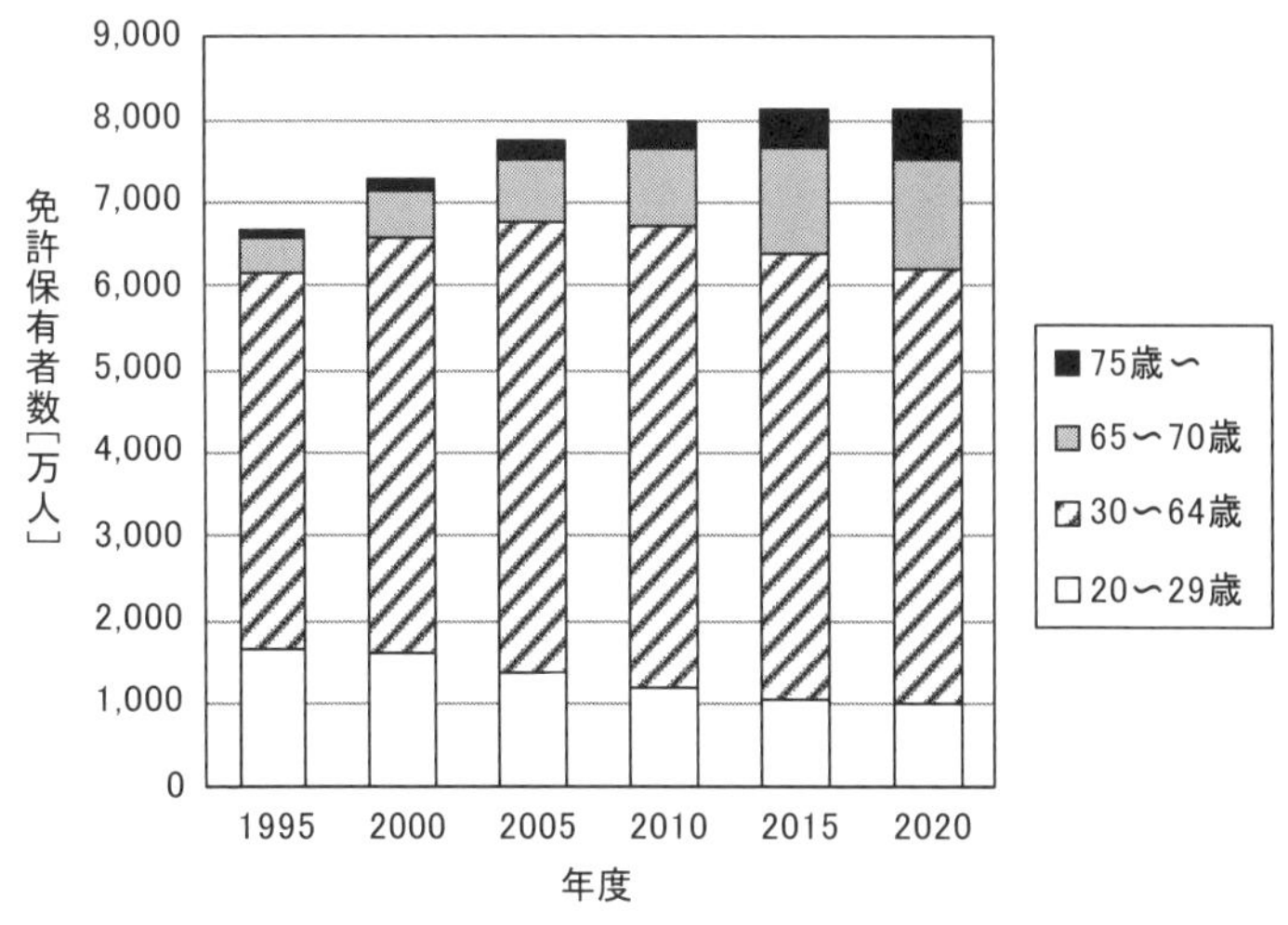

図２－８　年齢階層別の免許保有者数

図２－７は免許対象年齢のうちの免許保有者の比率の推移を示す。なお原動機付自転車（原付）免許および四〇〇cc以下の自動二輪車は一六歳から、それ以上の自動二輪車免許は一八歳から取得可能であるが、表示が煩雑になるため「免許対象年齢」を一八歳以上とした。ただし国民皆免許といっても当初は明確に男女差があり、一九七八年でも女性の免許保有率は三〇％に満たなかった。この当時は、危険なドライバーの典型として「一ヒメ、二トラ、三ダンプ」[注53]という俗説が流布されていた。すなわち女性、飲酒、ダンプ（等の大型車）であるが、これは運転は専ら男性の行為との社会通念からであろう。筆者も学生時代に「男なのになぜ免許を持っていないのか」と女性から言われたことがある。一方で女性の免許保有率の増加が子どもの交通事故を減少させた可能性もある。女性ドライバーは荒い運転を嫌い速度を希求しない傾向があるので、その増加が全体として道路交通全体の速度を低下させることによって子どもの交通事故を減少させたのでは

ないかとの報告がある。[注54]

図2–8は年齢階層ごとの免許保有者数を示す。[注55]六五歳以上の免許保有者数・保有率とも上昇している。これは一九七〇年代からの「国民皆免許」の年齢階層がそのまま繰り上がってきた影響と考えられる。一方で二〇〜二九歳の若年層の免許保有者数が減少しているのは、若年者人口の減少も一因であるが同時に免許取得率も低下しているためである。いわゆる「若者の車ばなれ」である。免許保有率の男女差は現状でもまだ残存しているが、近年問題となっているのは高齢ドライバーの事故である。

対歩行者・自転車の人身事故、道路逆走、店舗への突入、そのほか高齢者が関与する交通事故やトラブルが増加している。高齢者の交通事故は、かつては歩行者（自転車）として被害者の立場が議論の主な対象であったが、近年は加害者となる事故も増加している。成人の大部分が免許を取得してその年齢層が繰り上がる一方で、公共交通のサービスが質的・量的に低下してますます車に頼らざるをえない状況の拡大によってもたらされた結果である。八〇歳過ぎまでゴールド免許を維持していた男性が死亡事故を起こしたり、[注56]八〇歳男性が近隣の九三歳女性を死亡させるなど[注57]悲惨な事故がしばしば発生している。高齢者の免許返納運動も呼びかけられているが、代替の移動手段がない地域では容易に免許返納に応じることもできない。車の運転が高齢者にとって自身の人間像を形成する重要な要素であるとの指摘もみられる。[注58]制度的な対応としては七〇歳以上の免許更新時に講習が義務づけられ、二〇二二年五月以降は七五歳以上は認知機能検査と講習に加えて違反歴のある者には実技試験が課せられる。しかし免許返納を支援する体制も不十分である。警察庁は「運転免許証の自主返納について」というウェブサイト[注59]を提供しているが、雑多な情報が羅列されているだけで、これでは当の対象者である高齢者にはおそらく使えないだろうと指摘され

ている。[注60]

免許保有者の高齢化に関しては別の問題も発生している。路線バスの運転が可能な第二種大型免許の保有者が年々減少しているとともに、高齢者（六五歳以上）の比率が増加している。前述のように一般の高齢運転者の事故が問題になり免許返納が奨励されている時期に、代替の移動手段である路線バスの運行が困難になりつつある。沖縄では県内バス四社が運転手不足を理由に二〇一九年以降に大幅な減便を余儀なくされている。[注61]

「若者の車ばなれ」

一方で二〇〇〇年代以降は若者ごとに「Z世代」と通称される年代の「車ばなれ」が指摘されている。Z世代とは一九九〇年代後半〜二〇〇〇年代に生まれた世代で、生まれた時からデジタル環境が当たり前の暮らしの中で育った世代である。[注62] 車ばなれの原因として定説は存在しないが、ある分析によると車を所有しない積極的な理由として、「①都会では免許や車がなくても困らない、②車に興味がない、③持っていなくても恥ずかしくない、④環境問題に敏感」が挙げられ、逆に消極的理由としては「⑤車が高い、⑥維持費が高い、⑦収入が低い、⑧駐車場がない」を挙げている。[注63]

過去には就職にあたって求人側が運転免許の所持を条件とする場合が多かったが、現在は免許を条件とするとむしろ求職者側の選択肢から外されてしまうという。ただし①・③・⑧の要因については大都市という条件が必要である。しばしば「一極集中」として大都市圏ごとに東京圏への人口集中が否定的に論じられる場合があるが、車を必要としない要因として大都市圏への集中は有利に作用するともいえる。また別の調査で地方（東京圏以外）に在住する二〇一〇年の新成人に対する調査では、車が必要との回答が六九％の一方で、所有していない割合は三六％に達しており、主な要因はやはり経済的制約である。[注64]

米国でも類似した評価がある。[注65] ①高級な消費財を所有しても評価されない、②運転しないほうが時間の節約になる、③運転しないことで他のこと（電子メール処理など）ができる、④車の所有に伴う社会的な手間（駐車場、保険、メンテナンス、飲酒の制約など）を避けられる、⑤自動車所有は費用対効果が悪い（自動車は九五％の時間は使われていない）、⑥「持たない主義（ミニマリズム）」のライフタイルが尊重されるようになった等である。

注

1 湯川利和『マイカー亡国論』三一書房、一九六八年。
2 宇沢弘文『自動車の社会的費用』（前出・はしがき注1）。
3 宇沢弘文『地球温暖化を考える』岩波新書（新赤版四〇三）、一九九五年。
4 宇沢弘文『社会的共通資本』岩波新書（新赤版六九六）、二〇〇〇年。
5 富山和子『自動車よ驕るなかれ　日本自動車文明批判』サイマル出版会、一九七〇年。
6 西村肇『裁かれる自動車』中央公論社、一九七六年。
7 田中公男『クルマを捨てた人たち　自動車文明を考える』日経新書、一九七七年。
8 川嶋敏正『路地ウラ開放クルマ止め作戦』自治体研究社、一九八二年。
9 角橋徹也『脱・クルマ社会―道路公害対策のすべて』自治体研究社、一九九四年。
10 脱クルマ・フォーラム編『脱クルマ21』一号（一九九六年三月）・二号（一九九七年三月）、三号（一九九八年四月）、生活思想社。

11 単著で『交通のエコロジー　地球を壊すクルマ　未来を変える鉄道』学陽書房、一九九二年、『クルマの不経済学』北斗出版、一九九六年、『地球はクルマに耐えられるか　消費のハイウェイから人間の道へ』北斗出版、二〇〇〇年、『自動車にいくらかかっているか』コモンズ、二〇〇二年、『市民のための道路学』緑風出版、二〇〇四年、『脱・道路の時代』コモンズ、二〇〇七年、『新・鉄道は地球を救う』交通新聞社、二〇〇七年、『高速無料化が日本を壊す』コモンズ、二〇一〇年、『「走る原発」エコカー　危ない水素社会』コモンズ、二〇一五年、『自動運転の幻想』緑風出版、二〇二〇年。共編著で仙田満・上岡直見編『子どもが道草できるまちづくり　通学路の交通問題を考える』学芸出版社、二〇〇九年など。

12 湯川利和著・日比野正己編『湯川利和交通・都市著作集』HM研究所、二〇〇〇年、六五頁。原典はFrederick Allen, "Suburban Nightmare", The Independent, vol.1, 114, 1925, p.670-72, in *The American City* (Caldine, 1968)

13 三浦展『地方がヘンだ！地方がファスト風土化し、液状化している！』洋泉社ｍｏｏｋ、二〇〇五年。

14 ブラッドフォード・C・スネル著、戸田清他訳『クルマが鉄道を滅ぼした　ビッグスリーの犯罪』緑風出版、一九九五年。

15 増田悦佐『クルマ社会七つの大罪』土曜社、二〇一〇年（増補改訂版二〇二一年）。

16 ケイティ・アルヴォード著、堀添由紀訳『クルマよ、お世話になりました（原題は"Divorce your Car! Ending the love affair with the automobile"）』白水社、二〇一三年。

17 いくつか訳例があるが、日本交通政策研究会「道路整備の経済分析」日交研シリーズA―３８０、二〇〇五年三月、一二頁（第二章・中里透担当）より。

18 今野源八郎『道路交通政策』東京大学出版会、一九五五年、一二五頁。

19 今野源八郎・岡野行秀『現代自動車交通論』東京大学出版会、一九七九年、二三七頁（岡野行秀・蔵下勝行担当）。

20　宇沢弘文『社会的共通資本』（前出）、一二三頁。

21　当時は二四時間以内の死者を集計した数字。現在は一カ月以内の死者も集計されている。

22　大石泰彦「自動車輸送の便益・費用分析」『日本経済新聞』一九七一年八月十二日〜十六日。連載「やさしい経済学」より。

23　大石泰彦「自動車の社会的費用について—宇沢君の所説に対する批判的覚書」『高速道路と自動車』一七巻五号、一九七四年、二六頁。

24　宇沢弘文『自動車の社会的費用』（前出）、八八頁。

25　宇沢弘文『自動車の社会的費用』（前出）、一六五頁。

26　宇沢弘文『社会的共通資本』（前出）、一〇五頁。

27　宇沢弘文『自動車の社会的費用』（前出）、一六四頁。

28　植田洋匡「酸性雨の発生機構とその防止策」『エネルギー・資源』一二巻一号、一九九一年、五六頁。

29　宇沢弘文『自動車の社会的費用』（前出）、六二頁。

30　宇沢弘文『地球温暖化を考える』岩波新書（新赤版四〇三）、一九九五年、一三二頁。

31　日本のバブル経済は、一般には一九八六年から一九九一年までとされる。

32　宇沢弘文『社会的共通資本』（前出）、一〇五頁。

33　自動車保有台数は（一社）自動車検査登録情報協会「自動車保有台数」。https://www.airia.or.jp/publish/statistics/number.html

34　日本交通政策研究会「自動車の保有と利用に関わる世帯単位の四時点分析」日交研シリーズＡ—７２３、二〇一八年。

35　環境省「環境基準について」。https://www.env.go.jp/kijun/

36 今野源八郎・岡野行秀『現代自動車交通論』東京大学出版会、一九七九年、一三〇頁。
37 国土交通省「新車に対する排ガス規制について」。https://www.mlit.go.jp/jidosha/jidosha_tk10_000002.html
38 環境省「令和元年度大気汚染状況について」https://www.env.go.jp/press/109397.html
39 政府広報オンライン「PM2・5による大気汚染　健康に及ぼす影響と日常生活における注意点」。https://www.gov-online.go.jp/useful/article/201303/5.html
40 大塚尚寛、関本善則「盛岡市における道路粉塵汚染の推移」『安全工学』三四巻一号、一九九五年、二〇頁。
41 環境省「自動車燃料品質規制値」。http://www.env.go.jp/air/car/nenryou/kisei.pdf
42 国土交通省「自動車騒音規制の推移」。https://www.mlit.go.jp/common/001282091.pdf
（一社）日本自動車工業会「自動車単体騒音規制の推移」。https://www.jama.or.jp/eco/noise/noise_01.html
43 国立環境研究所「環境GIS」。https://tenbou.nies.go.jp/gis/#monitor
44 猪俣敏・谷本浩志「ガソリン自動車から駐車時および給油時に蒸発してくる揮発性有機化合物を成分ごとにリアルタイムに分析」（独法）国立環境研究所報告、二〇一五年一一月一一日。https://www.nies.go.jp/whatsnew/2015/20151111/20151111.html
45 尾崎宏和・渡邉泉・久野勝治「中部山岳国立公園上高地周辺における沿道土壌の重金属汚染と自動車走行との関係およびその機作解明」『日本環境学会 第二七回研究発表会予稿集』二〇〇一年、六二頁。
46 ベルナー・ローテンガッター「欧州の交通をグリーン化する—交通の外部費用と内部化戦略—」『国際交通安全学会誌』二六巻、三号、二〇〇一年、一六四頁。（原データ）INFRAS1999: Modellierung der PM10 - Belastung in der Schweiz 'BUWAL - Schriftenreihe' Bern 1999
47 小野芳朗・永留浩・河原長美・谷口守・並木健二・貫上佳則「道路体積塵埃上の物質量と環境因子の相関性」『水環境学会誌』二三巻一二号、二〇〇〇年、七七八頁。
48 尾崎宏和・渡邉泉・久野勝治「中部山岳国立公園上高地周辺における沿道土壌の重金属汚染と自動車走行と

の関係およびその機作解明」『日本環境学会 第二七回研究発表会予稿集』二〇〇一年七月、六二頁。

49 笠文彦・山田憲司・谷口和孝「Rec-assay 法による道路路面粉塵などの評価」『環境技術』二五巻三号、一九九六年、一六七頁。

50 小野芳朗・永留浩・加納佐江子・河原長美・貫上佳則「雨天時路面排水中塵埃の遺伝子毒性・エストロジェン性」『環境技術』二八巻五号、一九九九年、一三頁。

51 環境省「ダイオキシン類の排出量の目録（排出インベントリー）について」二〇二〇年三月。http://www.env.go.jp/press/107882.html

52 警察庁『昭和五三年版警察白書』一九七八年。https://www.npa.go.jp/hakusyo/s53/s53index.html

53 『日本語俗語辞書』Ｗｅｂ版。http://zokugo-dict.com/02i/ichihime_nitora.htm

54 吉田信彌「女性の免許保有者増加はいかにして事故を減少させるか」『交通科学』四六巻二号、二〇一五年、八七頁。

55 警察庁「運転免許統計」各年版より。https://www.npa.go.jp/publications/statistics/koutsuu/menkyo.html

56 『朝日新聞』「八三歳ゴールド免許、二人の命奪う」二〇一八年八月三日（裁判の傍聴記・事故は二〇一六年一一月）。

57 『読売新聞』「軽トラ運転の男「よけきれなかった」、女性はねて死なす」二〇二一年一月四日。

58 中川善典・重本愛美「運転免許を返納する高齢者にとっての返納の意味に関する人生史研究」『土木学会論文集』Ｄ3、七二巻四号、二〇一六年、三〇四頁。

59 警察庁「運転免許証の自主返納について」。https://www.npa.go.jp/policies/application/license_renewal/return_DL.html

60 楠田悦子編著『移動貧困社会からの脱却』時事通信社、二〇二〇年、二九頁。

61 『沖縄タイムス』「運転手不足でバス減便　公共交通守る意識必要（社説）」二〇一九年六月一四日。

62 『現代用語の基礎知識2021』二〇二一年一月、二九〇頁。

63 あかでみっくモーターカレッジ（Academic Motor College）「【Z世代】若者の車離れ問題を深堀解説！現代の運転免許、カーシェア、EVの価値観とは？」。https://www.youtube.com/watch?v=an7qhwz5X30

64 『カルモマガジン』「地方に住む二〇二二年新成人の車所有調査」。https://car-mo.jp/mag/category/news/feature/research_69/

65 ブランドン・片山・ヒル「若者が車を所有しなくなった六つの理由」"Freshtrax"、二〇一七年二月五日。https://blog.btrax.com/jp/car-ownership/

3. 住み方・動き方

人と自動車の動き方

実際に負の外部性を発生させるのは「自動車」という物体であるが、交通の最終の目的は「人」や「物」が動くことである。自動車がもたらす負の外部性を考え、その緩和のための政策を提言する際には、まず人や貨物がどのように動いているのか基本的な状況を把握する必要がある。人の動きと自動車の動きは必ずしも同じではない。たとえば人の移動では、だれ（年齢・性別などの属性）が・いつ・どこから・どこへ・どの手段で・何のために等の条件が伴う。徒歩・自転車から始まり、乗り合わせ（鉄道・バス）もあれば個別に乗用車を利用する場合もある。貨物の場合は大きさや重量・形態（固体・液体・気体）・温度（冷蔵など）が多種多様となる。このため貨物の移動は人の移動よりも難しい要素があり、特定の品目専用のタンク車・ミキサー車もあれば、異なる品目・行先の荷物が積み合わせされ小さな箱ひとつを届ける宅配便もある。こうした人と自動車の動き方を捉える基本的な統計を整理すると次の**表3―1**のようになる。なおこ

表3－1　人・貨物の動きの調査

人の動き	パーソントリップ調査	三大都市圏の人の動き
		他に地域ごとの個別調査もある
	大都市交通センサス	三大都市圏の鉄道・バスの利用者調査
	全国都市交通特性調査	三大都市圏のほか地方中枢都市圏などの人の動き
		2010年のみ町村部調査あり
	全国幹線旅客純流動調査	全国200程度のゾーン相互間の中長距離の人の動き
	国勢調査	通勤・通学先の調査項目がある
貨物の動き	全国貨物純流動調査	都道府県相互間の貨物の品目・輸送手段・発着地など
	物資流動調査	右と同様であるが三大都市圏ごとに行われる

れらの多くは一般的な表計算ソフトで扱えるデータで提供されている。

三大都市圏では「パーソントリップ調査データ」と「大都市交通センサス」が基本データとして知られている。「パーソントリップ調査」は、特定の一日について、誰（性別・年齢別・職業別・障害などの属性）が、いつ・どこからどこへ・何のために（通勤、通学、業務など）・どのように（公共交通・自転車・徒歩、調査によっては車いす等も対象）移動したかの調査である。三大都市圏については一〇年ごとに実施されている。東京都市圏が二〇一八年、中京都市圏が二〇一一年、京阪神都市圏が二〇一〇年が最新である。[注1]二〇二〇年以降に次回が予定されていたがコロナの影響で状況が激変したため、一面では興味深いデータであるが、過去のデータとの連続性が失われデータの利用や解釈は難しくなる。このほか内容はパーソントリップ調査と同じであるが五年おきに「全国都市交通特性調査」がある。[注2]対象は「三大都市圏」「地方中枢都市圏」「地方中核都市圏（中心都市四〇万人以上）」「地方中核都市圏（中心都市四〇万人未満）」「地方中心都市圏」の中から抜粋したいくつかの都市である。なお二〇一〇年のみ町村部も調査対象となっている。

そのほか全国の各地域で個別に実施されているが、[注3]三大都市圏以外では概要データしか公開されない。例外的に福井都市圏（嶺北地域）については公開されている。[注4]また大都市の鉄道とバスに特化した実態調査として「大都市交通センサス」[注5]がある。このセンサスは五年毎に首都圏・中京圏・近畿圏の三大都市圏で旅客の流動量や利用状況（経路・アクセス交通手段、利用時間帯分布など）に関する調査であり、パーソントリップ調査と共通の項目もあるが、より詳細な項目が調査の対象となっている。[注6]センサスは三大都市圏で同時に実施され、現時点では第一二回（二〇一五年）が最新である。[注7]これも同様に二〇二〇年以降に次回が予定されるが、これもコロナの影響が考えられる。各都市圏の「パーソントリップ調査」と「大都市交通センサス」は、大部分の人の動きが都市圏内で完結していることを前提とした調査であり、圏外との行き来は「その他」として一括されている程度である。実際にも圏外との往来が全体に占める比率は数%以下であり、大部分の交通は地域交通であることが示されている。

また新幹線・特急・高速バス・航空機・自動車（高速道路や自動車専用道路、幹線国道）・長距離フェリーを利用した、都市圏（都道府県境）を越える中長距離の移動で「全国幹線旅客純流動調査」[注8]というデータがある。都道府県相互および各都道府県を数個に分割した全国二〇〇余のゾーン間相互の集計である。同様に二〇二〇年以降のコロナの影響が注目される。また補助的には「国勢調査」[注9]で「就業地・通学地」「就業地・通学地までの利用交通手段」等の調査項目があり、参考とする場合もある。「パーソントリップ調査」は国勢調査と異なり全世帯対象ではなく抜き取り調査なので聞いたこともないという人が多いかもしれないが、統計的に拡大（人口あたりなどの倍率で換算）して地域全体のデータを推定している。これらのデータ

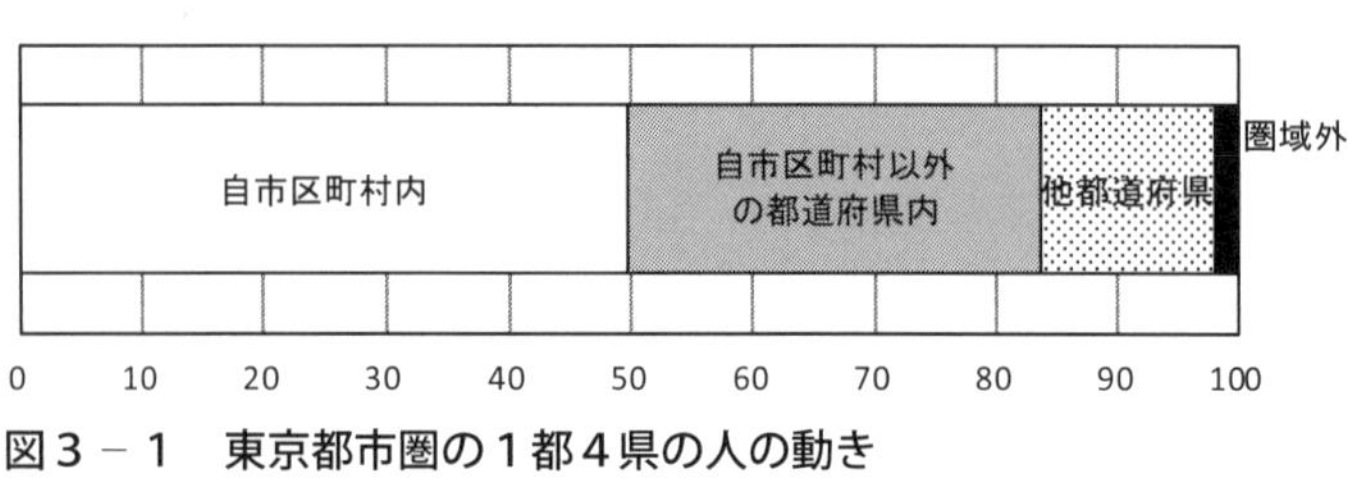

図3－1　東京都市圏の1都4県の人の動き

から集計した例として新型コロナ前の東京都市圏の一都四県の人の動きを図3－1に示す。新型コロナに関して「都府県をまたぐ移動」が議論になったが、東京都市圏でも、全体の人の動きのうち自市区町村内での移動が五〇％、自市区町村以外の都府県内が三五％、都県境を越えるものが一四％である。通勤目的に限っても都県境を超える移動は二三％であり、人の移動は地域内の割合が多いことがわかる。

貨物についても同様に「全国貨物純流動調査（物流センサス）注10」がある。荷主企業など出荷側からみた貨物の品目・輸送手段・発着地などの動きについて、五年おき（二〇二〇年は新型コロナの影響で延期）に全国を対象に輸送手段を調査する。公開されているデータは都道府県相互間である。「物資流動調査注11」も同様であるが三大都市圏を対象に行われ、ゾーン（発着地）が都道府県よりも細分化されている。

自動車はどのように使われているか

自動車の動きに関する主な統計を表3－2に示す。自動車に関する動きには、道路側からみた状況・個々の自動車側からみた状況・国あるいは地域を総体的にみた状況など異なった視点がある。このため統計間での整合性はなく、全国を

表３－２　自動車の動きの調査

<table>
<tr><td rowspan="3">道路側からみたデータ（一般交通量調査）</td><td>道路状況調査</td><td>車線数・車道幅員・交差点数・歩道の有無など道路の現況</td><td>全国対象あるいは地域ごとの個別調査</td></tr>
<tr><td>交通量調査</td><td>道路上の調査地点を通過する車の台数を車種・時間帯・方向別に計数する</td><td rowspan="2">全国対象あるいは地域ごとの個別調査</td></tr>
<tr><td>旅行速度調査</td><td>主として混雑時に実際に自動車で走行し、道路の平均速度を調査</td></tr>
<tr><td rowspan="3">自動車側からみたデータ（自動車起終点調査）</td><td>高速ＯＤ調査</td><td>高速道路の利用者を対象にインターネットによるアンケート調査を行う</td><td rowspan="4">全国対象</td></tr>
<tr><td>路側ＯＤ調査</td><td>一部の県境で自動車を道路脇に停車してもらい利用状況を聞き取り方式で調査する</td></tr>
<tr><td>オーナーインタビューＯＤ調査</td><td>車の使用者及び所有者に対し車の利用状況についてアンケート調査を行う（サンプリング調査）</td></tr>
<tr><td>自動車の動きを総体的にみたデータ</td><td>自動車輸送統計・自動車燃料消費量調査</td><td>自動車の利用実態（走行距離、人や貨物の搭載状況</td></tr>
</table>

集計しても統計ごとに五〇％前後の差がみられる場合さえあり[注12]、自動車がもたらす社会的費用の評価の基礎とするには評価が難しい。これは従来の自動車関連のデータが道路建設の推進に必要な根拠を得る目的に特化していたためである。同時に二輪車・自転車・歩行者のデータもきわめて乏しい。これらがむしろ自動車交通の邪魔あるいは「おまけ」のような位置づけがなされていたことによる。

「一般交通量調査」は道路上の「定点観測」でおおむね五年おきに実施される。ただし一年のうち特定日の測定のため、必ずしも代表的なデータでない可能性があり、対象が主要道路のみで、生活道路・農林道は実際に自動車が走っていても集計の対象にならない。

これに対して、国あるいは都道府県全

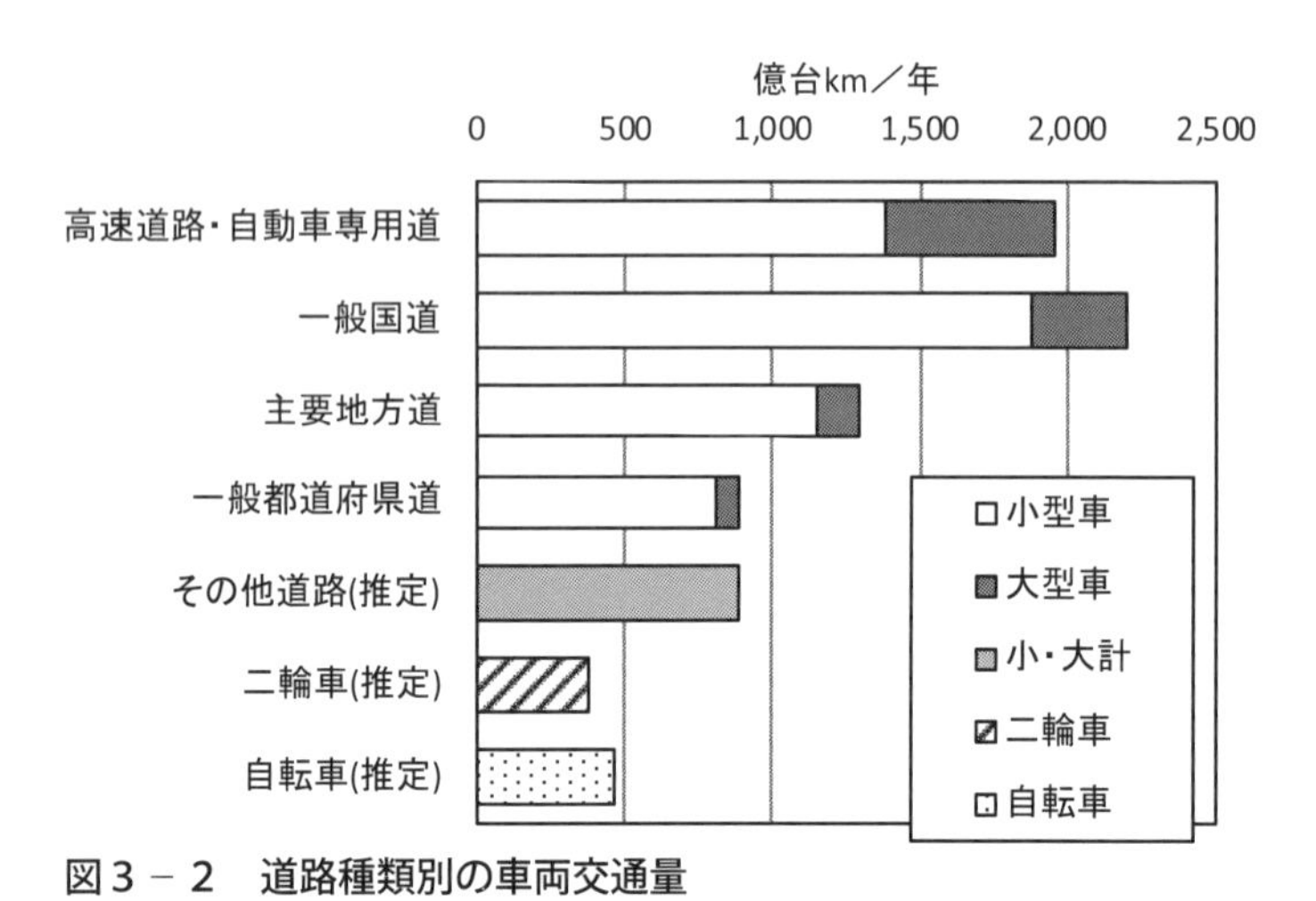

図３－２　道路種類別の車両交通量

体で自動車交通の総量は「自動車燃料消費量年報[注13]」で推定されている。自動車がどこをどのように走行しても燃料を消費するから全体を捕捉していると考えられる。また燃料消費量はCO_2発生量に換算しやすい分析上の利点もある。ただし同調査では市区町村以下の区分が不明であること、今後ＥＶ（電気自動車）が大量導入されると燃料消費量では自動車の走行実態と一致しなくなる等の課題がある。なお二〇一〇年度より「自動車輸送統計」と「自動車燃料消費量調査」の統一が図られている[注14]。また市区町村以下の区分ですべての道路を対象とした走行量（あるいは燃料消費量）を推計するには、起終点調査と組み合わせて間接的に推計する方法があり、国立環境研究所で報告されている[注15]。

二輪車に関しては日本自動車工業会が隔年で「二輪車市場動向調査」を行っており、月別平均走行距離のサンプル調査[注16]より推定した。自転車に関しては、局部的なデータとしては警視庁が東京二三区に流入する全車両を測定しており[注17]、平均して六・五％が自転車であった。地域により異なると考えられるがこれを適用して推計した。各々のデータ

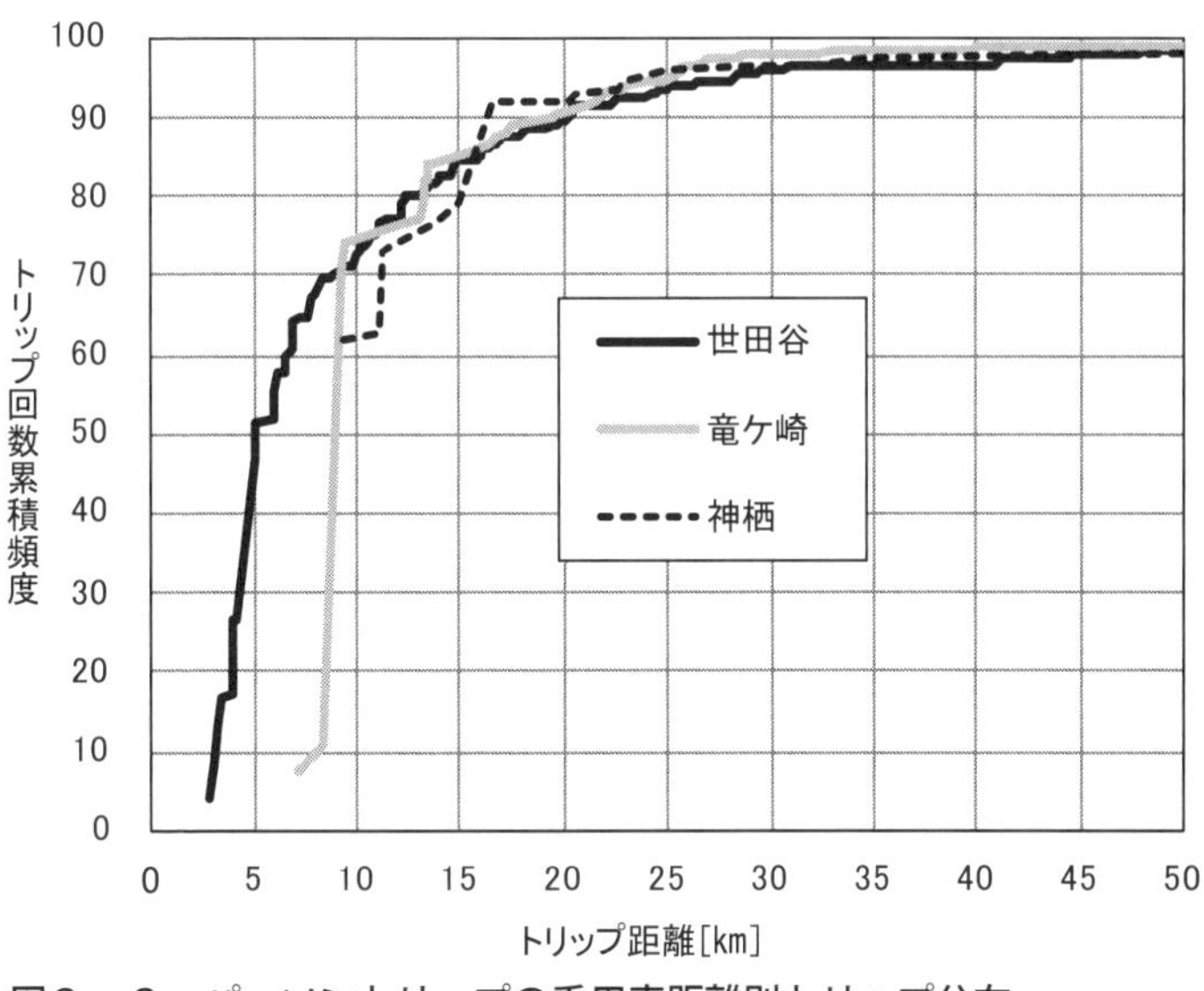

図3－3　パーソントリップの乗用車距離別トリップ分布

は集計基準が異なるデータであるが、二輪車・自転車による交通も決して無視できない量であることがわかる。各種資料から推定して「どの道路を、どの自動車が、どれだけ通行しているか（走行量・台kmとして）」の概略を**図3－2**に示す。

車の使い方は、公共交通の利便性など地域の状況によって大きく異なる。「パーソントリップ調査」について三つのケースすなわち、①公共交通の利便性が高く人口集積が大きいゾーン（例・東京都世田谷区）、②一定の人口集積はあるが公共交通の利便性が低いゾーン（例・茨城県龍ケ崎市）、③公共交通の利便性がほとんどなく人口集積も低いゾーン（例・茨城県神栖市）の三パターンを例として集計する。その結果、車による人の移動は**図3－3**のようにいずれの地域でも二〇km前後までの利用が九〇％以上を占め、高速道路で中・長距離をクルーズする使い方はごく一部である。これはパーソントリップ調査から得られた結果（図3－

1）とも整合的な結果である。

一方で貨物車では異なったパターンがみられる。例として大規模製造業や重要港湾が立地する茨城県ひたちなか市（市街地を除く）の大型貨物車のトリップ長さ分布を自動車ＯＤ調査から求めると、乗用車では前述のように二〇km前後でトリップ距離の分布の累積が九〇％を超えるのに対して、大型貨物車では九〇％を超えるのは一〇〇km以上である。すなわち乗用車よりも大型貨物車のほうが高速道路などを利用する長距離走行の必要性が高い。なおこのエリア発の最長トリップ距離は六〇〇km（京阪神地区など）であった。

都市の構造と人の動き

宇沢は都市のあり方について、ル・コルビュジエとジェーン・ジェイコブズを比較している。[注18] コルビュジエは「輝ける都市」のコンセプトを掲げ、高層ビルが立ち並び、自動車を移動手段として都市高速道路が巡らされ、地区ごとの機能に特化（ゾーニング）された都市を理想とした。しかし宇沢は「輝ける都市」は人間的な要素を無視したものであると批判している。これに対してジェイコブズは、伝統的な都市の構造を残し、自動車は主要な移動手段ではなく、複数の機能が混在したほうが魅力的な都市であるとしている。

高度成長期の日本の大都市は一見「輝ける都市」を目指したようでもあるが徹底せず、都市高速道路の脇に古くからの木造の街並みが残るなど、コルビュジエ型の地区とジェイコブズ型の地区が今も混在している。東京では今も木造住宅密集地域が数多く存在し防災上の問題が指摘されるほどである。三大都市圏

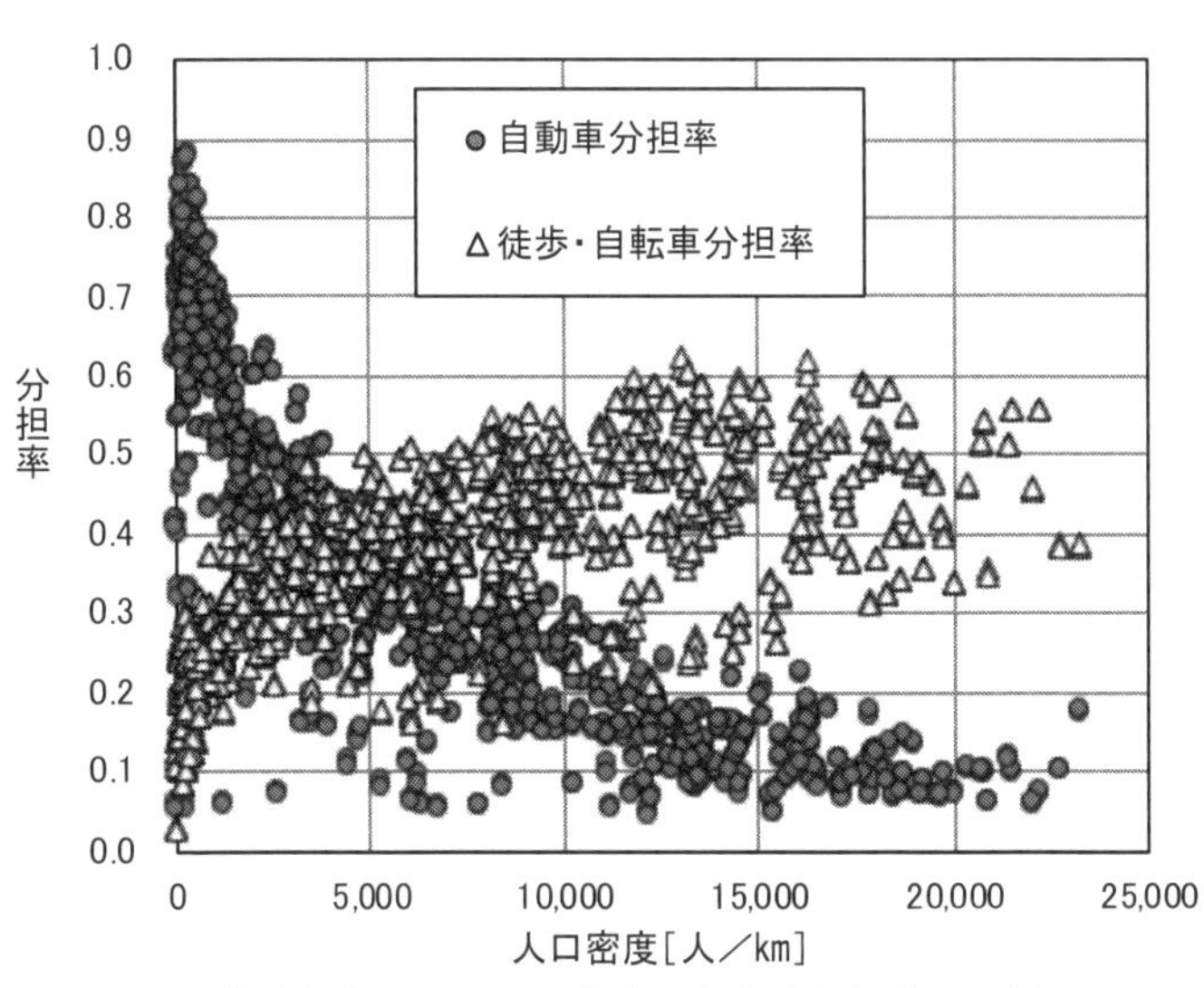

図3－4　東京都市圏での人口密度と自動車分担率の関係

では、路面電車が各都市で廃止されたものの公共交通は主要な役割を果たしている。

これらはいずれも一九六〇年代の議論であるが、都市の空間的な制約に関する内容であるから、自動車の技術がいかに進歩してもその関係は変わることがない。車への依存の拡大は、都市の構造、雇用、居住（住宅）のあり方と不可分である。日本ではコルビュジエ型でもジェイコブズ型でもなく、郊外への拡散（スプロール化）が自動車との関連で大きな問題となる。**図3―4**は東京都市圏パーソントリップ調査から、人口密度と自動車あるいは徒歩・自転車の手段分担率を示す。人口密度が低いと公共交通が成立しにくいので、それがますます自動車への依存を促すという循環的な作用もあり急速に左上がりになる関係を示している。

図3―5は茨城県水戸市周辺で、一九六五年から二〇一五年まで五〇年間のＤＩＤ（人口集中地区・第1章参照）の変化を示す。ＤＩＤが拡大しているの

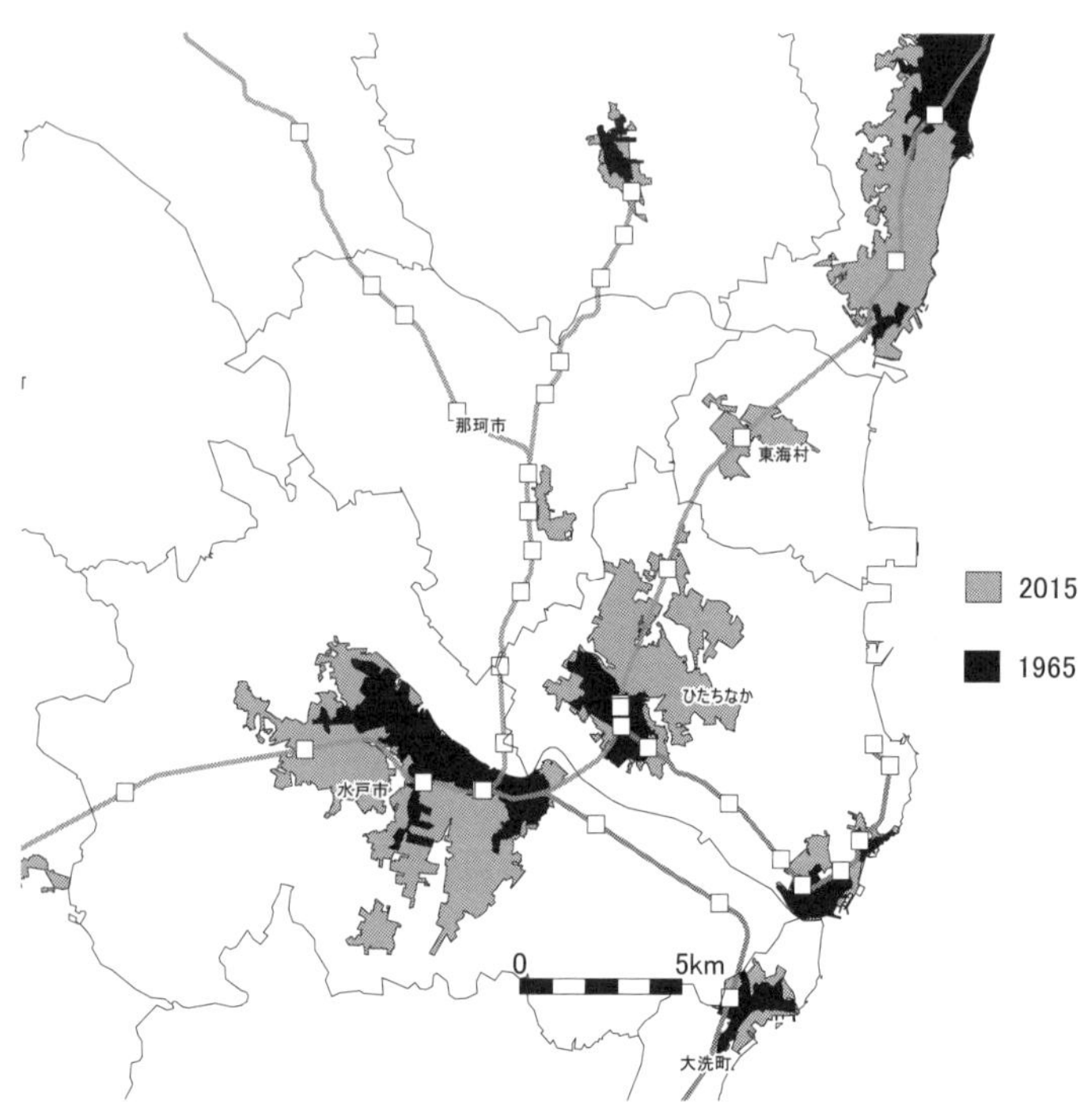

図３－５　水戸市周辺のＤＩＤの変化

は人口が増えたからではなく、スプロール化が進展したためであり、ＤＩＤの人口密度は一九六五年の約七五〇〇人／㎢から二〇一五年の五〇〇〇人／㎢に低下している。人口密度が低下すると公共交通は成り立たなくなり、さらに低下すれば都市施設の維持・更新（除雪、清掃、公園、下水道）では住民一人あたり管理すべき作業量が増加することから、自治体側が費用の持ち出しになるとの試算も示されている。[注19]

市民生活を考えた場合、地域における「生活の質」を確保する要因はいくつか考えられるが、生活必需的な社会インフラとして代表的な最寄りの総合医療機関を例として、どのくらいの割合の住民がどのくらいの

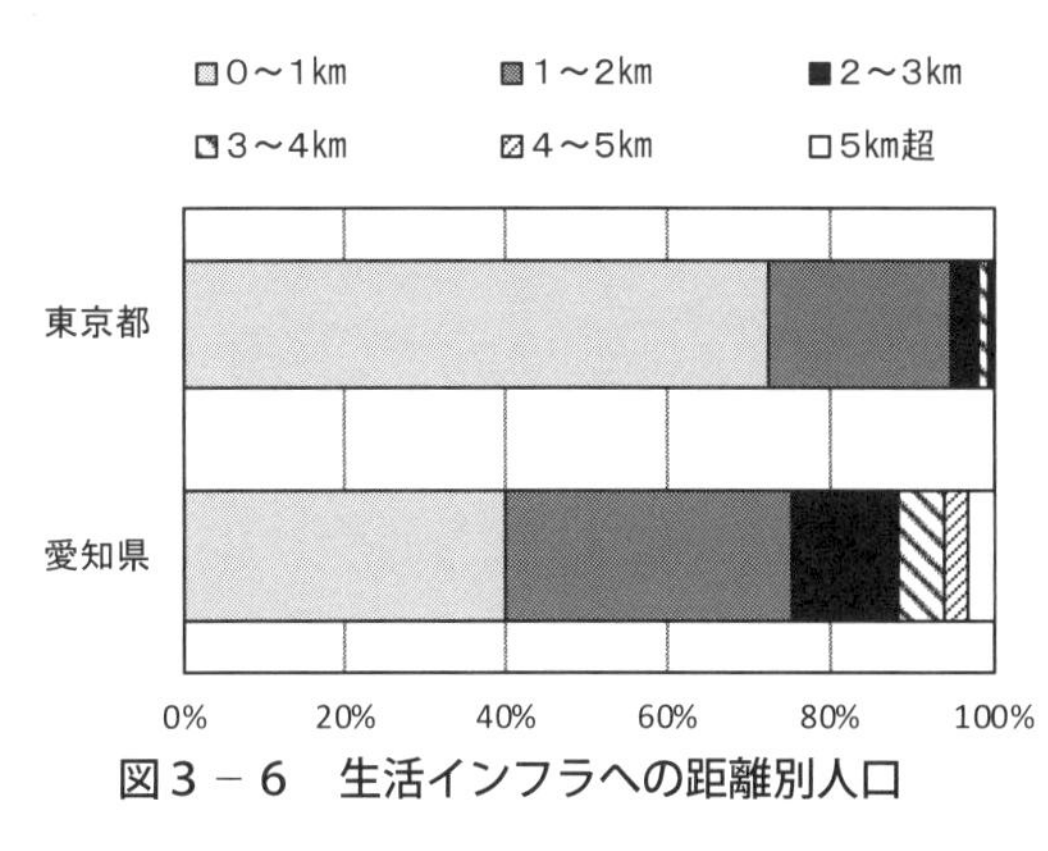

図3－6　生活インフラへの距離別人口

距離でアクセスできるかの分布状況について、東京都と愛知県で比較した結果[注20]を**図3－6**に示す。東京都では、七割以上の住民が徒歩・自転車で容易に移動可能な一km以内の距離でアクセスできるのに対して、愛知県ではその割合が四割にとどまる。距離が延びれば何らかの交通手段が必要となる。自分自身で車が利用できず、公共交通がなければ誰かに乗せてもらわなければならない。モビリティの格差により生活の質が左右される。愛知県は一六年連続（二〇一八年まで）で交通事故死者の日本ワースト一位を続けた。同県は「愛知県道交法」などと揶揄されるように運転マナーが悪いとも言われているが根本的な要因ではない。図にみられるように地域の構造が車を使わざるをえないからである。

街を変えた車社会

自動車の普及は道路の整備と表裏一体であるが、それに伴って都市の郊外への拡散（住宅・職場・商業・公共施設などの郊外移転、いわゆるスプロール化）が起きる。自動車を利用できる者にとっては何の問題もないように思われるが、自動車を利用できない人々は、生活に必

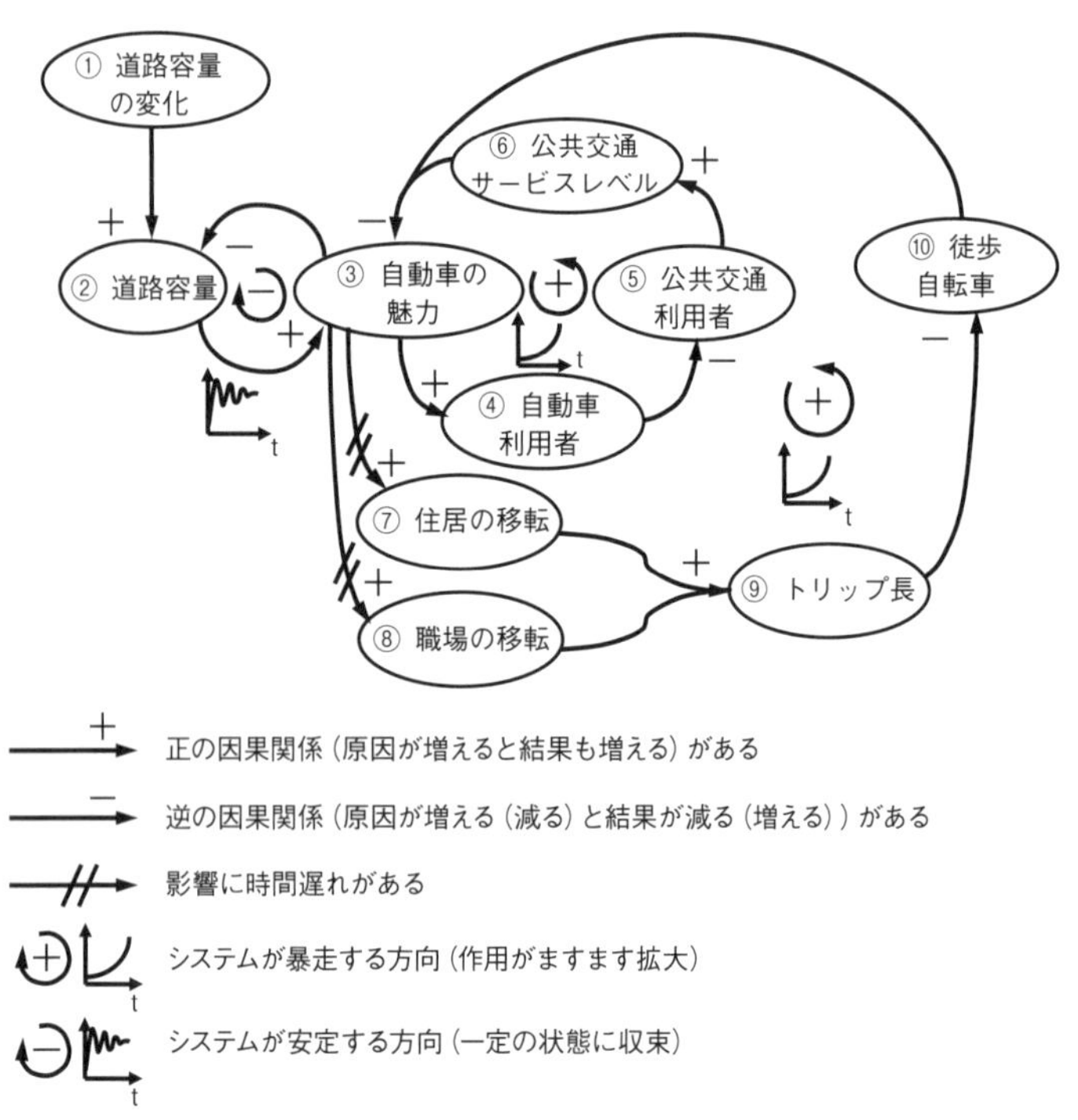

図3－7 道路と交通の因果関係図

需的な買物・医療・行政サービスの利用さえ困難をきたすようになる。

図3－7は林良嗣（名古屋大学・交通計画）らによる、道路が都市の構造を変えるメカニズムである。[注21]各々の要素を結ぶ矢印は因果関係を示し、矢印の起点が「原因」、終点が「結果」を示す。また矢印に付された「＋」は正の因果関係（原因と同じ方向に結果が増幅される）を、「－」は逆の因果関係（原因と逆の方向に結果が減衰する）。たとえば②（道路容量）と③（自動車の魅力）の関係は、②（道路容量）が増えると、道路が走りやすくなるので、③（自動車の魅力）が増大する。しかし逆作用もあり、③（自動車

図3－8　新潟県庁周辺（Google Earth より）

の魅力）が増大すれば道路を走行する自動車が増えて、②（道路容量）が足りなくなるので自動車の増加は抑えられる。この相互作用が、ある時間が経過すると一定レベルに収束する関係を示すのが「波型」の記号である。

これらの多くの因果関係が同時に平行して作用する結果、④（自動車の利用者）は増える一方で⑤（公共交通利用者）は減り、そのことが⑥（公共交通サービスレベル）を下げ、相対的に③（自動車の魅力）を高める。

一方、③（自動車の魅力）が高まることは、郊外部への⑦（住居の移転）・⑧（職場の移転）を増加させ、それにつれて⑨（移動距離）も増加するので、⑩（徒歩・自転車）では対応できなくなり、ますます③（自動車の魅力）を高めることになる。こちら側の③→④→⑤→⑥のシステムと、⑦・⑧→⑨→⑩→③のシステムは、逆C型のグラフ記号で示すように、いったん始まると、原因と結果が互いに促進し合って暴走する特性を持つ。これが、自動車に依存した社会が形成されてきたメカニズムである。そしていま、高齢者の運転に起因する問題と、その一方で経済的な制約により車が使えない人が増加している。

ベンツェン（デンマーク）は一九六一年、「自動車保有率が人口一〇〇〇人あたり五〇〇台に達した状態で、自由に都心部へ乗用車で往来できる新計画の都市は人口二五万人が限度で、それ以上の人口では自動車だけで動けるような都市を造ることは不可能」としている。

また一九六三年のブキャナンレポート（英国）では「自動車保有率が人口一〇〇〇人あたり五五〇台に達した状態で、その都市で一斉に自動車を使用できるような道路計画を立てることは物理的にも財政的にも不可能で、大量輸送の助けが必要である」としている。[注22] どうしても一定規模以上の都市で車を使おうとすれば、**図3―8**のように「駐車場の中に街がある」状態にならざるをえない。

「停まる凶器」

自動車は交通事故の危険性から「走る凶器」と比喩されるが、都市問題では「停まる凶器」でもある。適法か違法かを問わず「駐車」が伴わなければ自動車の利用価値はない。また都市部では路上駐車が交通事故の誘因になり、渋滞を引き起こして時間損失を発生するとともに、大気汚染を増加させて間接的に他者の生命・健康を損なう。最近「空飛ぶクルマ」が提案されているが、[注23] 空を飛ぶことが「道路を占有しない」という意味であるとしても、最終的に「駐車」ができなければ自動車として機能しないから「停まる凶器」であることには変わりがない。緊急車両等には適用可能としても交通手段としての位置づけはできない。

図3―9・10は、京都市中心部での駐車場の増加を示したものである。[注24] 一九六七年の状態では図3―9

のように駐車場はごくまばらにしか設置されていなかったが、約三〇年後の一九九六年には図３－10のように至る場所に駐車場が出現している。伝統的な街路の構造が残る京都でさえこのような状況がみられ、駐車場があるということは車が街中を走行することを意味する。こうした影響により子どもの外遊びが制約されて子どもの発達を妨げる要因になっていると指摘されている。[注25]
多くの自動車利用者は自動車の使用状況を「走行距離」あるいは「燃料消費量」で捉えているが、時間

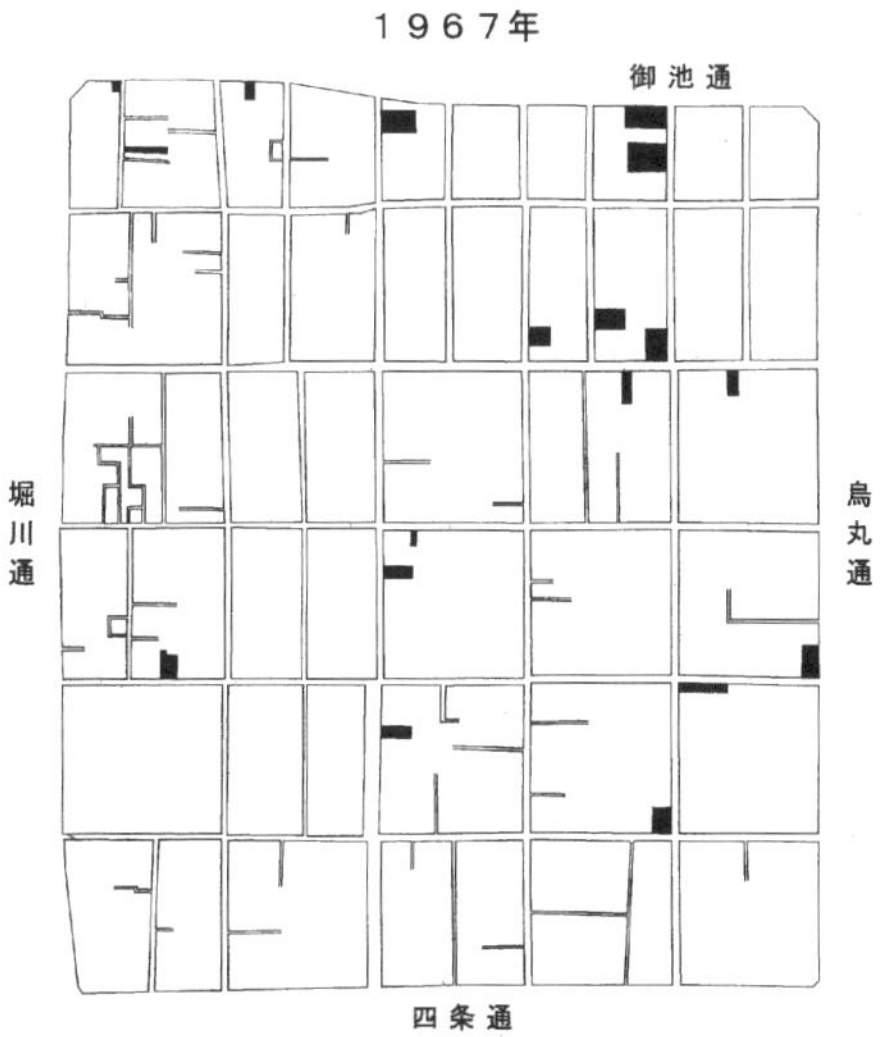

1967年
御池通
堀川通
烏丸通
四条通

図３－９　京都市中心部の駐車場（1967年）

1996年
御池通
堀川通
烏丸通
四条通

図３－10　京都市中心部の駐車場（1996年）

的な稼動率を意識している利用者は少ないのではないか。自動車の保有期間のうち大部分は停まっているだけである。マイカーの一台あたりの年間走行距離は全国平均では六六〇〇㎞前後である。[注26]自動車保険（任意保険）の中には走行距離比例で料率が設定されるプランが提供されているが、年間三〇〇〇㎞以下のオプションまでである。[注27]乗用車の平均走行速度は約三〇㎞／時[注28]と推定されているから年間で動いている時間はおよそ二二〇時間であり、年間の総時間数の二・五％に過ぎない。

都市の物理的な形状とともに、その都市に提供されている交通施設の状況によっても、車依存に大きな影響を与える。たとえば駐車場である。駐車場の整備は、路上駐車を防止し、都市の交通の円滑化に貢献するという理由がつけられることが多いが、結局のところ、駐車場を便利にするほど車の利用をうながし、より多くの車を呼び寄せる要因となる。もし車の走行環境が整ったら、その圧力によって車が道路にあふれ出してくる。

新型コロナ以後、公共交通での感染を懸念して自動車通勤に切り替える動きがみられた。駐車場予約アプリを運営する民間企業の集計によると、通勤で駐車場を利用する回数が都市部で急増したという。東京都新宿区は四倍、同千代田区は三・五倍、仙台市若林区が三倍、大阪市北区は二・三倍、名古屋市東区二倍などである。[注29]しかし大都市での鉄道輸送を車に代替することは現実的でない。車の利用を制約するのは、道路容量の制約（渋滞）よりも駐車場である。平日に千代田区に到着する人数がかりに車を利用したとすると、千代田区の面積の二～三倍の駐車場が必要となる。名古屋圏・京阪神圏では首都圏よりも条件は緩和されるであろうが、全体的な傾向は同じである。大都市へ流入する車を駐車場で吸収しようとすれば非現実的なスペースと費用が必要となる。

一方、都市では物流（貨物車）のための街路への駐停車は不可避である。大きな建物では専用の駐車設備を設けることは可能だが、中小規模の建物や住宅では困難である。近年では宅配便のリヤカーや手押し台車の使用が普及しているが、配達員の労力にしわ寄せされている。荷物によっては人力では対応困難な場合も多い。都市での物流に自動車の使用は避けられないが、他の道路利用者への影響を少なくする方法が提案されている。[注30]

注

1 東京都市圏交通計画協議会「パーソントリップ調査データ」データ提供ページ、一九八八年・一九九八年・二〇〇八年・二〇一八年（ウェブ上で利用できる年）。https://www.tokyo-pt.jp/data/01_02
中京都市圏交通計画協議会「パーソントリップ調査データの提供」データ提供ページ、二〇〇一年・二〇一一年（同）。https://www.cbr.mlit.go.jp/kikaku/chukyo-pt/offer/index.html
京阪神都市圏交通計画協議会「パーソントリップ調査データ」データ提供ページ、二〇〇〇年・二〇一〇年（同）。https://www.kkr.mlit.go.jp/plan/pt/

2 国土交通省「全国都市交通特性調査」データ提供ページ、一九九九年・二〇〇五年・二〇一〇年・二〇一五年（同）

3 国土交通省「パーソントリップ調査」パーソントリップ調査の実施状況。https://www.mlit.go.jp/toshi/tosiko/toshi_tosiko_tk_000031.html

4 福井県「第三回福井都市圏パーソントリップ調査（平成一七年）の地区別およびテーマ別集計結果」。https://www.pref.fukui.lg.jp/doc/toukei-jouhou_/opendata/list2_ptrip_tiiki.html

5 国道交通省「大都市交通センサス」。https://www.mlit.go.jp/sogoseisaku/transport/sosei_transport_

tk_000007.html

6 センサスでは「京阪神」でなく「近畿」の名称であるが調査範囲はほぼ同じ。

7 国土交通省「第一二回大都市交通センサス調査結果集計表」。https://www.mlit.go.jp/sogoseisaku/transport/sosei_transport_tk_000035.html

8 国土交通省「全国幹線旅客純流動調査」。https://www.mlit.go.jp/sogoseisaku/soukou/sogoseisaku_soukou_fr_000016.html

9 総務省統計局「国勢調査」。http://www.stat.go.jp/data/kokusei/2010/

10 国土交通省「全国貨物純流動調査（物流センサス）」。https://www.mlit.go.jp/sogoseisaku/transport/butsuryu06100.html

11 国土交通省「物資流動調査」。https://www.mlit.go.jp/toshi/tosiko/toshi_tosiko_tk_000019.html

12 日本交通政策研究会 日交研シリーズＡ３２１「運輸部門におけるCO_2排出抑制に関する研究」二〇〇二年、四頁（室町泰徳担当）。

13 国土交通省「自動車燃料消費量調査」。https://www.mlit.go.jp/k-toukei/saishintoukeihyou.html

14 国土交通省「自動車燃料消費量年報と自動車輸送統計の統計数値の比較について」。https://www.e-stat.go.jp/stat-search/file-download?statInfId=000031445148&fileKind=2

15 国立環境研究所「環境展望台・環境ＧＩＳ」。https://tenbou.nies.go.jp/gis/#monitor

16 （一財）日本自動車工業会「二輪車市場動向調査二〇一五年版」。https://www.jama.or.jp/lib/invest_analysis/two-wheeled.html

17 警視庁「二〇二〇年調査 交通量統計表」二〇二一年六月。https://www.keishicho.metro.tokyo.lg.jp/about_mpd/jokyo_tokei/tokei_jokyo/ryo.html

18 宇沢弘文『社会的共通資本』（前出）、九三頁。

19 環境省「第6回地球温暖化対策とまちづくりに関する検討会」資料3―1、二〇〇六年六月一九日。

20 国土交通省「国土数値情報ダウンロードサービス」。http://nlftp.mlit.go.jp/ksj/index.html
総務省「地図でみる統計（統計ＧＩＳ）」。http://e-stat.go.jp/SG2/eStatGIS/page/download.html
経済産業省「商業統計メッシュデータ」。http://www.meti.go.jp/statistics/tyo/syougyo/mesh/download.html
等より整理。

21 中村英夫・林良嗣・宮本和明編訳著『都市交通と環境―課題と政策』運輸政策研究機構、二〇〇四年、二七〇頁。（原資料 Emberger, G.E., A.D. May and S.P. Shepherd: Method to Identify optimal land use transport policy packages, Proc. 8th International Conference in Computers in Urban Plonning and Urban Management, Sendai）

22 コーリン・ブキャナン著、八十島義之助・井上孝訳『都市の自動車交通　イギリスのブキャナン・レポート』鹿島研究所出版会、一九六五年、二八頁。

23 国土交通省航空局「空飛ぶクルマについて」二〇二一年三月。https://www.mlit.go.jp/common/001400794.pdf

24 土居靖範編著『まちづくりと交通―京都の交通今日と明日　パート2』つむぎ出版、一九九七年、九頁

25 仙田満・上岡直見編著『子どもが道草できるまちづくり　通学路の交通問題を考える』（今井博之担当）「クルマ優先社会と通学路」学芸出版社、二〇〇九年、二七頁。

26 国土交通省「自動車燃料消費量調査」二〇一九年度（業態別・目的別原単位）より。

27 ソニー損害保険（株）『保険料は「走る分だけ」』。https://www.sonysonpo.co.jp/auto/

28 国土交通省「道路交通センサス」各年版より。

29 共同通信配信「都市部、通勤で駐車場利用が急増　公共機関避けマイカー」二〇二〇年五月八日。https://news.yahoo.co.jp/articles/7627cd707cffa306a0fdd1682c1f157acf147797

30 高田邦道『駐車学』成山堂書店、二〇一五年、四八頁ほか

4. 道路に関する動き

道路政策の経緯

自動車は道路がなければその機能を発揮しない。自動車社会の経緯は道路政策の経緯でもある。宇沢著書の前後から現在まで、道路事業に関して注目される大きな動きを次の**表4−1**に整理する。また**図4−1**は一九七五年（グレー線）と二〇一八年（黒線）の高速（自動車専用）道路の整備状況の比較である。道路に起因する種々の問題は高速（自動車専用）道路に限らないが、一般道は数が膨大で地図に示せないのでここでは省略している。図に示すように現在はほぼ全国に高速（自動車専用）道路が張り巡らされたが、なお新たに整備が進められている。

戦後、国や地方公共団体は一貫して道路整備に邁進してきたように思われるが、一九九〇年後半以降は道路投資額の急減少がみられる。小さな政府・財政健全化・行政機能の民営化推進・地方分権など、「構造改革」と呼ばれる変化の一環である。二〇〇〇年以降には道路整備計画の基本となる交通需要の過大推

表４－１　道路事業に関して注目される動き（年表）

1964	名神高速道路全通（小牧～西宮間）
1968	大気汚染防止法に基づく自動車排ガス規制開始
1969	東名高速道路全線開通（東京～小牧）
	「新全国総合開発計画（新全総）」策定
1972	（オピニオン）『日本列島改造論』（田中角栄）
1973	乗用車の窒素酸化物規制開始
	運転免許保有者数が3000万人を突破
1974	石油ショックで東京モーターショー中止
1975	トヨタカローラが世界一の量産車に
	ガソリン無鉛化スタート
1977	「第3次全国総合開発計画（3全総）」策定
1982	中央自動車道全通
1987	「第4次全国総合開発計画（4全総）」
1988	西淀川公害訴訟和解
	1991年以降のスパイクタイヤ製造中止決定
1998	「21世紀の国土のグランドデザイン（5全総）」
1999	東京都ディーゼル車ＮＯ作戦
2000	交通需要推計に批判高まる
2001	中央官庁再編により建設省と運輸省を統合し国土交通省発足
	環境庁を環境省に格上げ
	道路関係4公団民営化推進委員会
	東京都「ロードプライシング構想」をまとめる
2003	東京都及び関連市、一定基準に満たないディーゼル車の走行を禁止
2004	国交省「将来交通量予測のあり方検討会」交通需要予測下方修正
2005	京都議定書発効、政府「京都議定書目標達成計画」策定
	道路関係公団民営化、新直轄方式導入
2006	道路財源一般化を閣議決定、部分的に実施
2007	道路整備中期計画
2008	通称「ガソリン国会」2008年4月のみ暫定税率撤廃
	「将来交通需要推計に関する検討会」「道路事業の評価手法に関する検討委員会」で評価値見直しなど
2009	民主党政権、高速無料化を提言
	道路特定財源一般化の改正法成立、55年ぶりに特定財源廃止
2010	笹子トンネル事故
2011	東日本大震災、福島原発事故
2020～	新型コロナ拡大により人の移動減少

図４－１　高速道路の整備状況

計、道路関係公団の累積債務など多くの議論が惹起した。二〇〇九年の政権交替は「コンクリートから人へ」の政策テーマを掲げて民主党（当時）が有権者の支持を得たが、道路投資の抑制は自民党時代から始まっており民主党独自の政策ではない。

高速道路ネットワークの全国展開の背景として、過去に「全国総合開発計画（全総）」が五次にわたって策定されてきた。全総とは、国土の利用・開発・保全に関して、おおむね一〇年単位の計画期間において、住宅、都市、道路、鉄道など社会資本の整備のあり方の基本方針を示す計画である。[注1] 第一次は一九六二年（第二次池田内閣）に策定され、戦後の復興をめざす重化学工業の拠点整備が主軸であった。

第二次は一九六九年（第二次佐藤内閣）に策定されたが、この時点で早くも大都市への過度の集中が問題視されており、大都市への人と経済の集中を是正し、過密過疎・地域格差の解消を掲げている。高速交通ネットワークは、今ではいわゆる「ストロー効果」すなわち地域から人や経済資源が大都市圏に吸い取られる弊害が指摘されている。しかし第二次で新幹線・高速道路などの高速交通ネットワークの整備が主軸に据えられた。目的は、本来は地域間格差の是正であった。

同時期に田中角栄による『日本列島改造論』が刊行されている。田中角栄は「人口と産業の大都市集中は、繁栄する今日の日本をつくりあげる原動力であった。しかし、この巨大な流れは、同時に、大都会の二間のアパートだけを郷里とする人びとを輩出させ、地方から若者の姿を消し、いなかに年寄りと重労働に苦しむ主婦を取り残す結果となった。このような社会から民族の百年を切りひらくエネルギーは生まれない。かくて私は、工業再配置と交通・情報通信の全国的ネットワークの形成をテコにして、人とカネとものの流れを巨大都市から地方に逆流させる〝地方分散〟を推進することにした[注2]」と述べている。

道路整備の効果

道路整備はその建設自体が最終目的ではなく、社会的にどのような効果をもたらしたかを評価しなければならない。二〇〇〇年代からは、それ以前のアウトプット指標（どれだけ量的に道路を整備したか）に替えてアウトカム指標（どれだけサービスレベルを達成したか）による評価が重視されるようになった。国土交通省では「道路ＩＲ（Investor Relations）活動」として解説している。[注3]これは納税者を投資家、顧客等とみなし、情報提供や評価を通じて道路行政を改善する試みである。この観点で道路整備の経緯をみると、これまでの道路事業が投資に見合った効果を挙げてきたかは疑問である。

図4－2は道路交通センサス[注4]より、交通量とピーク時旅行速度の推移

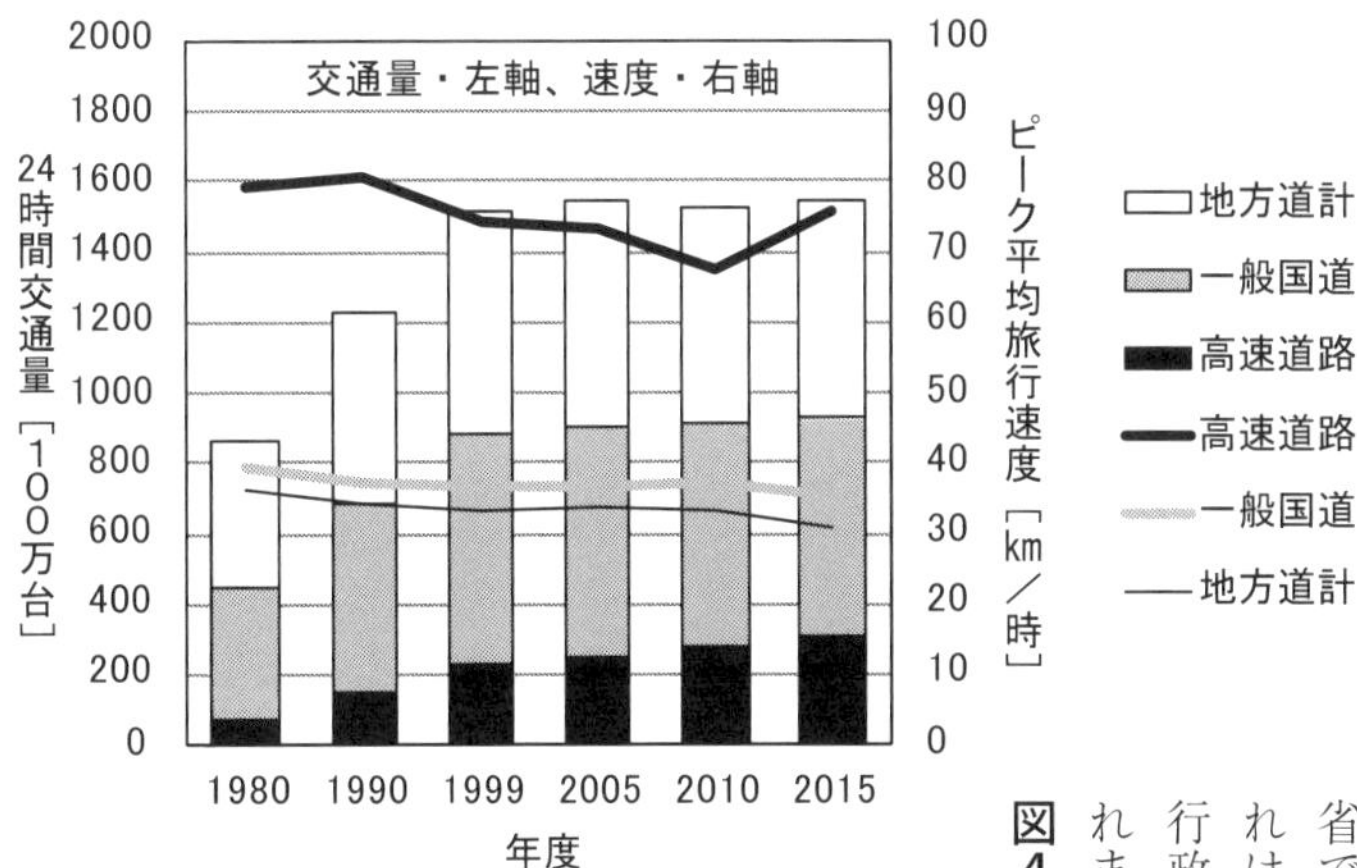

図4－2　交通量と平均走行速度の推移

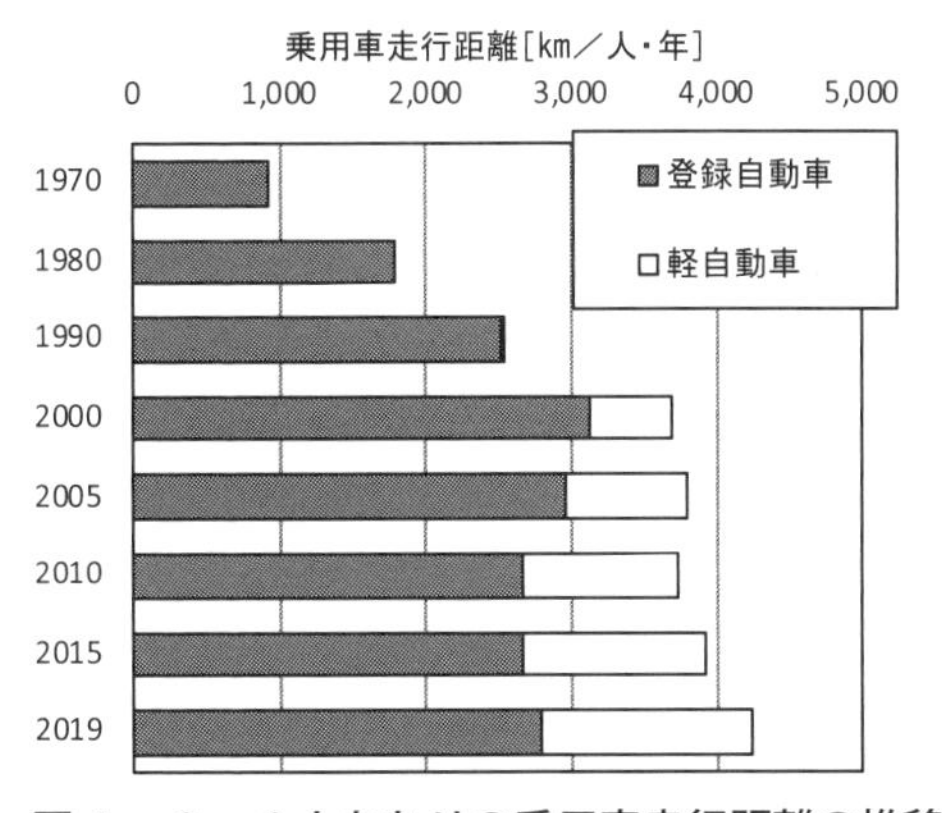

図4－3　1人あたりの乗用車走行距離の推移

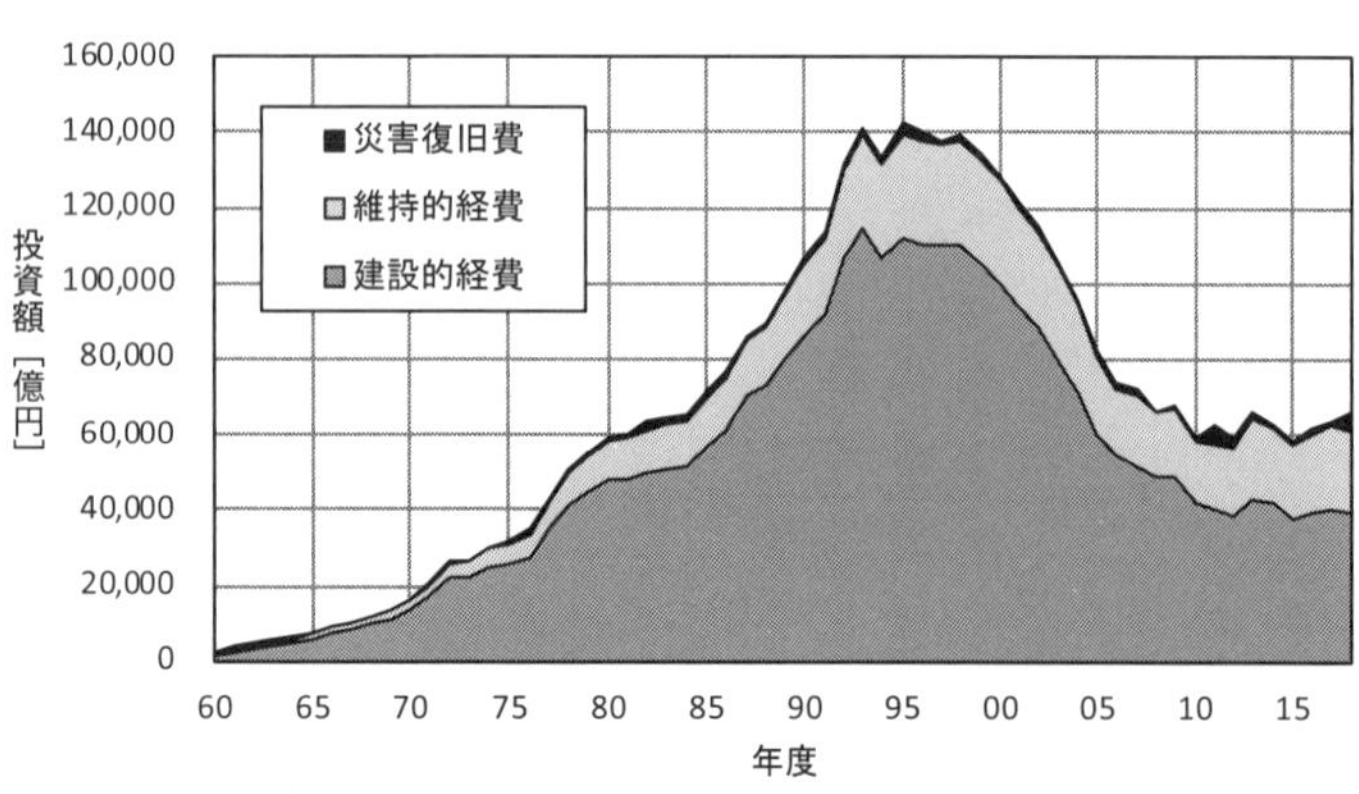

図4－4　道路投資額の推移

を示す。交通量は高速道路で増加傾向であるが、一般国道・地方道を合計した全体の交通量は二〇〇〇年頃より横ばい状態である。高速道路の交通量の増加は高速道路の延伸に起因するが、既存の一般国道・地方道の交通量がシフトした分と考えられる。ピーク時旅行速度は大きな改善はなく、一般国道と地方道では若干低下している。

図4－3は同期間での国民一人あたり乗用車走行距離の推移を示す。[注5] 一九七〇年から二〇〇〇年までは年々増加がみられるが、それ以降の伸びは小さい。また軽自動車の比率の増加が注目される。車による移動が高頻度・短距離化の傾向にある。

道路財源の推移

図4－4に道路事業の投資額の推移を示す。[注6] データは物価水準の変動を補正をしていない名目額であるが、一九八〇年代後半から物価水準は高度成長期のような大きな変動はない（GDPデフレータ[注7]にして上下一〇％程度）ので傾向を示すには問題ないであろう。

日本社会党（当時）委員長を首班とする村山内閣（一九九四年～九六

年）でも投資額は増加していた。減少は第一次・第二次橋本内閣（一九九六年〜九八年）からであり、総額で減少が大きい時期は第一次・第二次森内閣（二〇〇〇年〜〇一年）から第一次〜第三次小泉内閣（二〇〇一年〜〇六年）の時期である。第一次安倍内閣（二〇〇六年〜〇七年）でも小泉元首相の路線を継承して公共投資抑制の方針をとっていた。しかし東日本大震災から民主党政権の崩壊を経て揺り戻しもあり、二〇一二年の衆議院議員総選挙に際して安倍候補（当時）は「日本を、取り戻す」のキャッチコピーのもと公共投資を増大させて日本経済の成長を目指すと主張した。第二次安倍内閣（二〇一二年〜一四年）では国土強靭化[注8]を掲げて公共投資の増大を提唱して「先祖帰り」と揶揄されている。それ以前の自民党の「改革」路線を軌道修正するために、既得権に依存する勢力が民主党の失策を利用した背景がある。ただし道路投資は最盛期の水準には戻っていない。

また建設だけでなく維持管理費の面でも、森内閣（第一次・二〇〇〇年）から減少が始まり安倍内閣（第一次・二〇一二年）で最低に達している。現在では過去に大量に建設してきたインフラの劣化が大きな問題となっている。道路関連のインフラについて点検を実施した結果では、二〇一八年度末において、七一％点検を終えたトンネルのうち四三％が、八一％点検を終えた橋梁のうち一〇％が、七八％点検を終えた道路付属物のうち一五％が、早期あるいは緊急に「措置を講ずべき状態」と評価された。[注9]根本祐二（東洋大学・経済学）は、全てのインフラを同じように更新するのは限界があるので、必要な箇所を絞り込む等の選択が必要と指摘している。すなわち鉄道のローカル線廃止と同様に「ローカル道路廃止」が発生しうるが、その場合には廃止道路に関連した地域では日常生活が不可能になるので、コンパクトシティなど居住の集約化も考慮すべきとしている。[注10]

負担と受益

戦後の復興にあたり道路整備を進める財源調達のため、戦後すぐに衆議院議員となった田中角栄らが主導して道路特定財源制度（自動車関連諸税の税収の使途を道路整備に限定する）が創設され、自動車の保有と使用に関して多岐にわたる税制が設けられた。課税項目は、自動車の取得・保有にかかわる分と、使用にかかわる分の二つの性格に分けられる。前者として自動車税（一九五〇年）、軽自動車税（一九五八年）、自動車取得税（一九六八年）、自動車重量税（一九七一年）など、後者として揮発油税（一九四九年）、軽油引取税（一九五六年）、石油ガス税（一九六六年、主にタクシーに使用される液化石油ガス・通称「プロパン」）などである。[注11]

これらの中には国税と地方税の別があるが詳細は資料を参照していただきたい。[注12] たとえで言えば取得・保有段階は「基本料金」、使用段階は「従量料金」である。こうした課税項目の多さから、多くの自動車利用者は自分たちが過重な負担をしていると認識しており、さらに一九八九年からの消費税の導入によりその批判は一層高まった。しかし過去の経緯をみればそのような認識は妥当ではない。**図4―5**は二〇〇八年（特定財源制度の廃止）までの道路財源の構成である。このグラフの山の形状は、前述の図4―4の投資額の動きとおおむね対応する。多い時には一般財源の比率が五〇％以上に達した年度もある。自動車利用者の負担以上に道路投資が行われてきた。

自動車工業会は、自動車利用者の負担が合計九兆円にも及び過重な負担であるとアピールしている。[注13] ただし九兆円とは消費税も合計した値である。消費税はすべての財・サービスに賦課され、食品でさえ標準税率の一〇％に対し八％（二〇二二年度一月現在）にとどまることを参照すれば、自動車購入時の消費税を

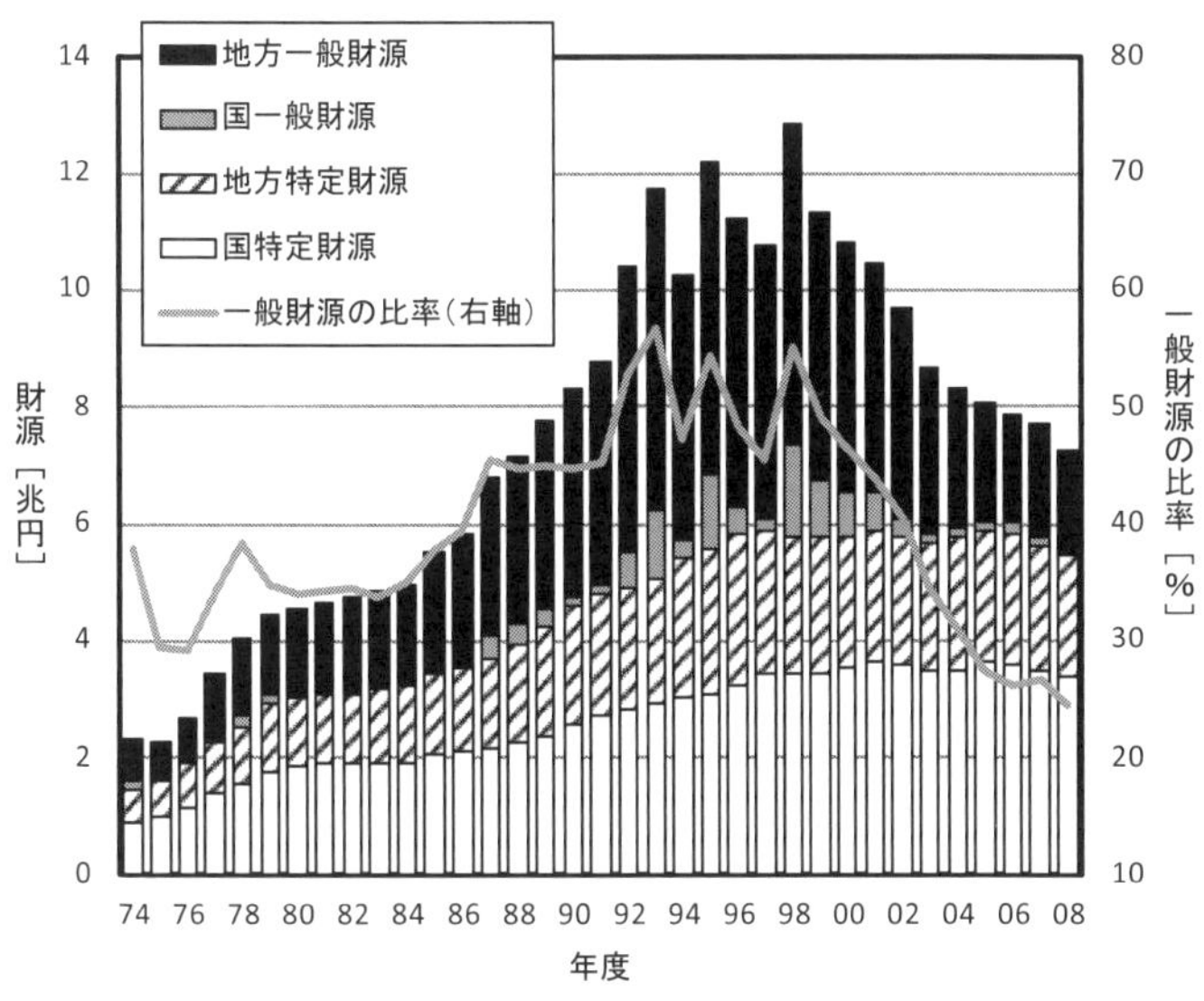

図4－5　道路財源構成（一般財源化前まで）

多重負担と主張することはできないであろう。しかも消費税率の八％改訂時（二〇一四年）に自動車取得税が減税され、さらに税率一〇％改訂時（二〇一九年）に廃止となっている。なお道路特定財前制度は二〇〇八年度で終了したが、課税項目はそのまま普通税として残り、自動車利用者からみれば負担として大きな変化はない。日本自動車工業会の豊田章男会長（トヨタ自動車社長）は二〇二二年一月に、電気自動車（ＥＶ）の増加などの進展によりガソリン消費量が減少し燃料関連の税収が減少する見通しを前提に、この分を税として自動車（購入時）に転嫁することは絶対に容認できない旨を述べた。[注14]

一方で有料道路事業は別の枠組みで行われてきた。有料道路事業は二〇〇五年九月までは四道路公団（日本・首都高速・阪神高速・本州四国連絡橋）により建設・運営されていた。その事業費は料金収入ではとうてい足りない（あるいは事業費のほうが過大）ため巨額の財政投融資すなわち借入金が投入された。それでも不足するため他の各種の財源も投入されている。その結果、巨額の累積債務が発生し道路四公団民営化の背景ともなった。民営化後は高速道路株式会社と（独法）日本高速道路保有・債務返済機構に分離され、累積債務は「機構」が継承したが、現在も債務の返済は完了していない。有料道路事業についても利用者の負担以上の額が道路に使われている。

前述のように自動車利用者は部分的には税負担を通じて道路整備の費用を負担しているが、その配分については複雑かつ不透明なしくみが介在して直接には関連づけられていない。自動車関連諸税の課税項目や税率は全国一律（一部、地方公共団体により税率が異なる）であるのに対して道路財源の配分には地域差が大きく、受益と負担の比率が均等ではない問題も指摘されている。味水佑毅（一橋大学・経済学）の報告[注15]によると、利用者が支払った自動車関連諸税に対して道路投資として還元される比率がどのくらいかを地域別に比較すると、最小は首都圏で還元率が〇・六（負担のほうが過大）に対して、最大は北海道で二・三という差がある。ある年度の税収がその年度の道路整備に使われるのではないし、地方債による分は複数年度にわたり返済される。受益と負担は時間的にも一致していない。地方交付税は自動車利用者の税負担とは関連していない。概略の関係を模式的に示すと次の**表4－2**のようになるが、各々は項目ごとに対応しているわけではなくきわめてわかりにくい。

自動車関係の税制としては、自動車重量税・揮発油税・軽油引取税などが道路に関する税である。自動車重量税は、一般に車両が重いほど道路に対する負担が大きい（単純に比例ではないが）ことから道路整備・補修の費用として捉えられる。ただし現在では、環境負荷の少ない車両には減免措置が設けられ、環境負荷の少ない車両の普及を促進する目的も付加されている。揮発油税・軽油引取税は燃料に対する課税であ

表4－2　道路財源と配分の関連

種別	収入	配分
一般道路事業	○自動車税・自動車重量税など購入・保有段階の課税 ○揮発油税・軽油引取税など使用段階の課税 ○地方一般財源（原資は地方債・地方交付税など） ○その他	○国直轄事業 ○国補助事業 ○地方単独事業 ○地方緊急道路事業 ○その他
有料道路事業	○料金収入 ○自己調達資金（借入金） ○財政投融資	○建設費・維持補修費 ○管理費 ○債務返済費

るが、燃料の使用量と走行距離は概略では比例関係にあることから、走行距離に応じた道路使用料として考えられる。

道路事業決定過程の不透明性

道路事業における最大の不透明性は配分過程である。国内の社会的費用に関する包括的な取りまとめを行いしばしば引用されている兒山真也（兵庫県立大学・経済学）は、公表資料からは数字を突き合わせて相互関係を検証できないこと、受益者負担を標榜しながら受益と負担の関係が不明瞭であること等を指摘している。[注16] 一九九〇年代以降の構造改革、民営化の流れを経てもなおこの不透明性は解消されていない。

一九七〇年代まではたしかに経済の復興に合わせて道路を整備する必要があったとしても、その後も本来の交通計画上の必要性とは整合性のない道路建設が、政治面・経済面での既得権の維持のために続けられた。合理的・効率的な道路計画（たとえば、多くの代替案を検討して費用対効果の高い区間を優先するなど）を立案することについて、だれが責任を有しているのか明確なルールもないままに慣習的な手続きの繰り返しと既得権により道路整備が行われている。

田邉勝巳（運輸政策研究所・経済学）らは「道路特定財源がどの地域にどの程度支出されているか、そして何を基準にして配分されているのか、その因果関係はよく分かっていない。これは、受益と負担の関係が不透明であるだけでなく、道路整備の評価について外部から判断することが困難であることを意味する」[注17]という。田邉の報告時点では国内の道路事業（有料・一般）に一四兆八二二一億円が投入されていながら「どこに・どれだけ・誰が・どうやって」という基準が研究者でさえわからないというのであるから呆れた話である。

因果関係を論理的に分析することができないため、田邉は道路整備の決定要因として考えられるいろいろな要素を仮定して、都道府県道の整備を事例に統計的な分析を試みている。国から自治体まで巨額の費用が、議会の議決を経たはずの予算・決算の手続きを経て支出されているにもかかわらず、その因果関係が不明なために統計的に分析せざるをえないという実態そのものが異常さを示しているが、分析からは興味深い結果が得られている。

全体として、地理的要因（面積、気象など）は、道路投資額を決定する要因として相関関係が希薄であった。これに対して、政治的要因の指標として「自民党得票率」とは有意な相関関係がみられた。また都道府県が管理する道路建設事業のうち、国の補助率が高い事業が多いことは、政治的要因がより多くの補助事業を都道府県にもたらすと分析している。結局、道路投資を決定する要因の強さとして、国庫支出金と自民党得票率が全要因の八割以上を占めていた。客観的に優先度を決めるような仕組みは存在せず、いかに国庫補助金を「引っ張ってくる」か、逆に「補助金のついた所から実施する」といった要因を主として事業が実施されてきた。

道路財源縮小の時代

第2章でも触れたように、新車販売台数の頭打ちにより、車両の購入時に賦課される自動車重量税・自動車税・自動車取得税（二〇一九年廃止）も今後は伸びない。また総走行距離と燃費改善の相乗効果により燃料消費量が減少していることから、走行時の燃料に課税される揮発油税・軽油引取税も減少傾向にある。さらに今後EV（電気自動車）が大量導入されると燃料消費量はさらに減少するため、これまで「道路の使用料」としての位置づけで賦課されていた揮発油税・軽油引取税はさらに減少傾向になる。

もし現状と同じペース（前述のようにピーク時からは激減しているが）で道路整備を継続しようとするならば、燃料課税以外に財源を求める必要が生じてくる。[注18] 自動車の走行にかかわる課税を燃料ベースでなく走行距離ベース（走行課税）にすべきであるとの議論が始まっている。川村淳貴（みずほ情報総研）による報告[注19]、石油連盟による報告[注20]、（一社）自治総合センターによる報告[注21]などがある。

自動車・道路裁判

モータリゼーションの進展に伴い、自動車と道路に関する訴訟が数多く提起されている。道路に関しては、既存の道路に起因する大気汚染・騒音・振動などの公害を争点とするケースと、道路そのものの新規建設や拡張に反対する事案に分かれる。公害に係る裁判では、個々の訴訟によって被告が異なり、道路や自動車を対象としていないケースもあるが、これまで四日市・千葉・大阪（西淀川）・川崎・倉敷と水島・尼崎・名古屋南部・東京などで行われてきた。各々の被告・原告・争点・結果など訴訟要件の一覧は資料を参照していただきたい。[注22]

その中で東京大気裁判は一九九六年に提起され、国・都・日本道路公団（当時）・自動車メーカーを被告として健康被害に対する損害賠償と大気汚染物質の排出差止めを求めた。最終的に二〇〇七年に和解が成立して終結したが、大気汚染そのものはまだ解決したとはいえない。また建設・拡張に係る裁判は、立ち退きなどに起因する権利侵害と共に、供用されれば前述の大気汚染・騒音・振動などの公害が持ち込まれるため、事業の差止めを求めるものである。全国的な活動として一九七五年に設立された「道路住民運動全国連絡会」[注23]は現在も活動している。同会は定期的に活動報告を出版しており、全国の道路問題と市民運動の状況が一覧できる。[注24]同会の参加団体だけでも九〇弱あるが、他にも全国至る所と言って差し支えないほどの紛争が現在も生起している。事業規模の大きな例では東京外環自動車道が今も工事中であり複数の反対運動が続いていて、二〇二〇年一〇月には大深度工事で地下トンネルを掘削していた東京都調布市で陥没事故が発生している。道路と公害は相互に関連が深く、一九七六年から「全国公害被害者総行動」を通じて各団体が共同行動を実施している。

注

1　国土交通省「「全国総合開発計画」の比較」。http://www.mlit.go.jp/kokudokeikaku/zs5/hikaku.html

2　田中角栄『日本列島改造論』日刊工業新聞社、一九七二年、二一六頁。

3 国土交通省「道路IRサイト」。https://www.mlit.go.jp/road/ir_index.html

4 国土交通省「道路交通センサス」二〇一五年版は http://www.mlit.go.jp/road/census/h27/index.html

5 日本交通政策研究会『自動車交通研究二〇二一年版』三四頁。

6 二〇〇八年度までは全国道路利用者会議「道路ポケットブック」、二〇〇九年度以降は国土交通省「道路統計年報」各年版より。

7 GDP（国内総生産）を時価で表示した名目GDPの物価水準の変化分を調整するときに用いられる指数で、設備投資や公共投資等を基準を揃えて比較する場合にも利用される指標。

8 国土強靭化に関する批判的論説として上岡直見『日本を壊す国土強靭化』緑風出版、二〇一三年など。

9 国土交通省道路局・都市局「平成三一年度道路関係予算概要」。

10 『日本経済新聞』「インフラ、とまらぬ高齢化　トンネルの四割に寿命迫る」二〇二二年二月六日。

11 国土交通省道路局・都市局「道路特定財源制度の沿革」。https://www.mlit.go.jp/road/ir/ir-funds/sfncl2.html

12 財務省「身近な税」。https://www.mof.go.jp/tax_information/qanda012.html

13 日本自動車工業会「九兆円にもおよぶ自動車関係諸税収」。https://www.jama.or.jp/tax/outline/index.html

14 『日本経済新聞』「自工会会長、車買い替え促進を政府と議論へ」二〇二二年一月二七日。

15 味水佑毅「自動車税制の変更が道路整備の費用負担、利用者行動に与える影響に関する研究」日交研シリーズA―三八四、二〇〇五年、二四頁。

16 兒山真也『持続可能な交通への経済的アプローチ』日本評論社、二〇一四年、一八一頁。

17 田邉勝巳・後藤孝夫「一般道路整備における財源の地域間配分の構造とその要因分析―都道府県管理の一般道路整備を中心に」『高速道路と自動車』四八巻、一二号、二〇〇五年、二五頁。

18 黒田達朗「自動車新時代の道路整備財源について―揮発油税なき近未来を考える―」『高速道路と自動車』六二巻六号、二〇一九年、九頁。

19　川村淳貴「我が国における自動車の外部性を考慮した走行距離課税の検討—中長期的な自動車関係諸税の見直しに向けて—」『みずほ情報総研レポート』二〇巻、二〇二〇年。https://www.mizuho-ir.co.jp/publication/report/2020/pdf/mhir20_car.pdf

20　石油連盟（野村総合研究所）「世界の走行課税制度・走行課金制度の導入状況」。https://www.paj.gr.jp/from_chairman/20181213_04.pdf

21　（一社）自治総合センター「地方分権時代にふさわしい地方税制のあり方に関する調査研究会報告書—自動車関係諸税に係る調査研究ＷＧ—」二〇二〇年三月。https://www.jichi-sogo.jp/wp/wp-content/uploads/2020/04/R1-03-2-zei2.pdf

22　（独法）環境再生保全機構「大気汚染裁判のあらまし」。https://www.erca.go.jp/yobou/saiban/abstract/

23　「道路住民運動全国連絡会」。https://all-road.org/

24　道路住民運動全国連絡会編『くるま依存社会からの転換を　道路住民運動35年のあゆみと提言（住民運動の手引き）』文理閣、二〇一一年、同『道路の現在と未来—道路全国連四十五年史』緑風出版、二〇二一年。

5. 終わらぬ「交通戦争」

交通事故の推移

自動車がもたらす負の外部性の中でも、交通事故は直接的かつ加害性が大きい分野であり、特に章を設けて取り上げたい。日本では一九四九年~二〇二〇年の累積で六四万人の死者と四〇〇〇万人の負傷者が発生している。武部健一（道路文化研究所・土木工学）は「戦後の日本において、道路整備の第一の使命は貧しさからの脱却であった。生産への寄与を最優先とし、自動車が通りやすい道路にするための改修が行われ、歩く人のことはほとんど無視されてきた。加えて戦後の急激な自動車台数の増加は、当然のように交通事故の増大を招いた」[注1]という。世界レベルでは把握されているだけで世界中で交通事故により年間約一三〇万人が死亡していると推定される。[注2]交通事故統計が整備されていない国もあるため実数はさらに多いであろう。**図5−1**は日本の一九六〇年代から現在までの交通事故件数・死傷数の推移を示す。なお警察統計の交通事故死者とは「道路交通法に規定する道路上で発生した事故」であり駐車場等の道路外で発

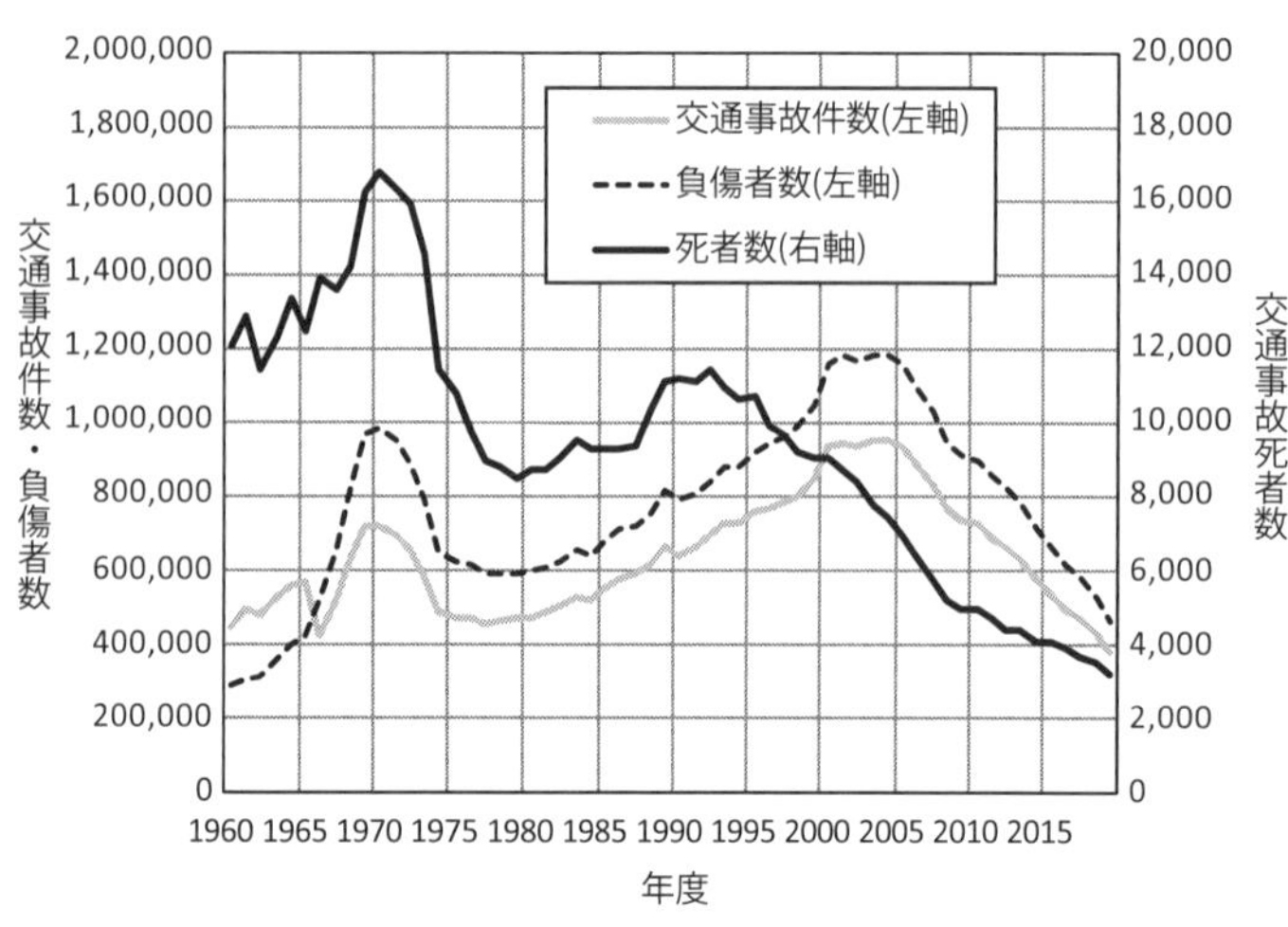

図５－１　交通事故件数・被害者の推移

生した事故は除かれている。

一九七〇年には国内での交通事故死者[注3]が戦後の過去最大を記録して「交通戦争」と呼ばれる事態に至った。事故死者数の水準が日清戦争での戦死者（二年間で一万七二八二人）を上回り一種の「戦争状態」であるとの比喩が用いられたことが由来という。[注4] その後交通事故対策の進展でいったん事故件数・被害者数が減少したが、一九八〇年代後半からバブル経済等を背景として再び増加に転じ、一九九二年には二度目のピークを迎えて「第二次交通戦争」と呼ばれた。現在は死者数は減少傾向にあるものの「交通戦争」は終わらない。

日本の交通事故の特徴

前述のとおり戦後の復興期から現在まで日本の道路政策は一貫して自動車優先であり、自転車・歩行者が軽視されている。交通事故死者のうち歩行者と自転車が占める比率は、日本が五一％に対してドイツは二八%、イギリスは三二%のように明瞭な差がある。また日本では道路横断中の車対人の事故のうち五八%が横断歩道（および付近）で発生しており、横断歩道さえ歩行者の安全を担保する施設としては機能していない。[注5] リハビリ専門デイサービスの調査によると、多くの横断歩道の青信号の点灯時間は一・〇m／秒の歩行速度で計画されているが、同所の利用者を調査したところ、全体の平均は〇・五八m／秒であったという。[注6]

毎日新聞社と全日本交通安全協会の共催で一九六六年から交通安全標語を募集している。[注7] 全体を通覧すると歩行者・子ども・自転車など「弱者のほうが気をつけろ」という姿勢が優勢であり「甘えてならない歩行者優先」が入選（一九七九年歩行者向け佳作）するほどである。有名な「とび出すな　車は急に　止まれない」（一九六七年こども部門内閣総理大臣賞）もこの企画からである。もっともこの標語に関しては、運転者への注意喚起を軽視して子どもに一方的な負担を求めるものとの批判を招き、後に「とびだすぞ　路地から子供が　自転車が」（一九七九年運転者向け佳作）も入選している。「せまい日本　そんなに急いで　どこへ行く」（一九七三年運転者向け内閣総理大臣賞）は高度成長に対するアンチテーゼとしても注目された。

死亡事故の経年的な変化をみると、今世紀になってから二〇〇〇年の九〇七三人から二〇一九年（二〇二〇年はコロナによる特殊状況のため除外）には三二一五人まで減少しており、事故対策が一定の成果を挙げていることは評価できる。一方で内訳では、例えば二〇〇〇年を起点として二〇一九年を比較すると、「自動車乗車中」の死者が同期間で七八%減少しているのに対して「歩行者・自転車」の死者は六〇%の減少にとどまり改善率が低い。[注8] やはり近年でも事故対策の中で相対的に自転車・歩行者が軽視されている。また自力で移動できない子どもについて、今井博之（いまい小児科クリニック）は子どもの「乗せられ移動」の弊害を指摘している。[注9]自立心が育たない、新しい状況への適応力が育たない、高速での移動によって、そうではない場合に得られるはずの社会性を育む多大な機会を失くしているなど、子供の発達にとって悪影響を及ぼしている可能性を指摘している。

交通事故は構造的な問題

重大な交通事故が報じられると加害者を非難する言説が沸き起こる。警察庁では二〇〇五年二月に、運転免許を所持している全国の満一六歳以上の男女を対象に意識調査を行ったところ、交通事故の対策として最も多く挙げられた項目は「悪質違反者の検挙」であった。[注10]多くの人は「悪質な運転者が事故を起こす」と認識している一方で、その裏面には「自分はそのような悪質な運転者には該当しない」という暗黙の前提があるのではないか。

しかしそれは誤った認識である。常識から推定されるとおり、事故歴・違反歴の多い運転者は事故を起こす確率が高いとの調査報告は数多くある。[注11]しかし逆に、事故歴・違反歴がなければ重大事故を起こさない保証は全くない。重大な交通事故のうち一般に「悪質」と認識される飲酒・薬物・過度の速度超過・あおり運転などにより発生する割合はごく一部である。死亡事故を起こした運転者のうち三割弱は事故歴・違反歴のない者であり、決して低い確率とはいえない。

図5－2は一九九四年・二〇〇五年・二〇一五年とおおむね一〇年おきに、都道府県別の年間自動車走行距離[注12]と交通事故死者数[注13]の相関を示す。いずれの年でも自動車走行量と交通事故死者はほぼ比例関係にあ

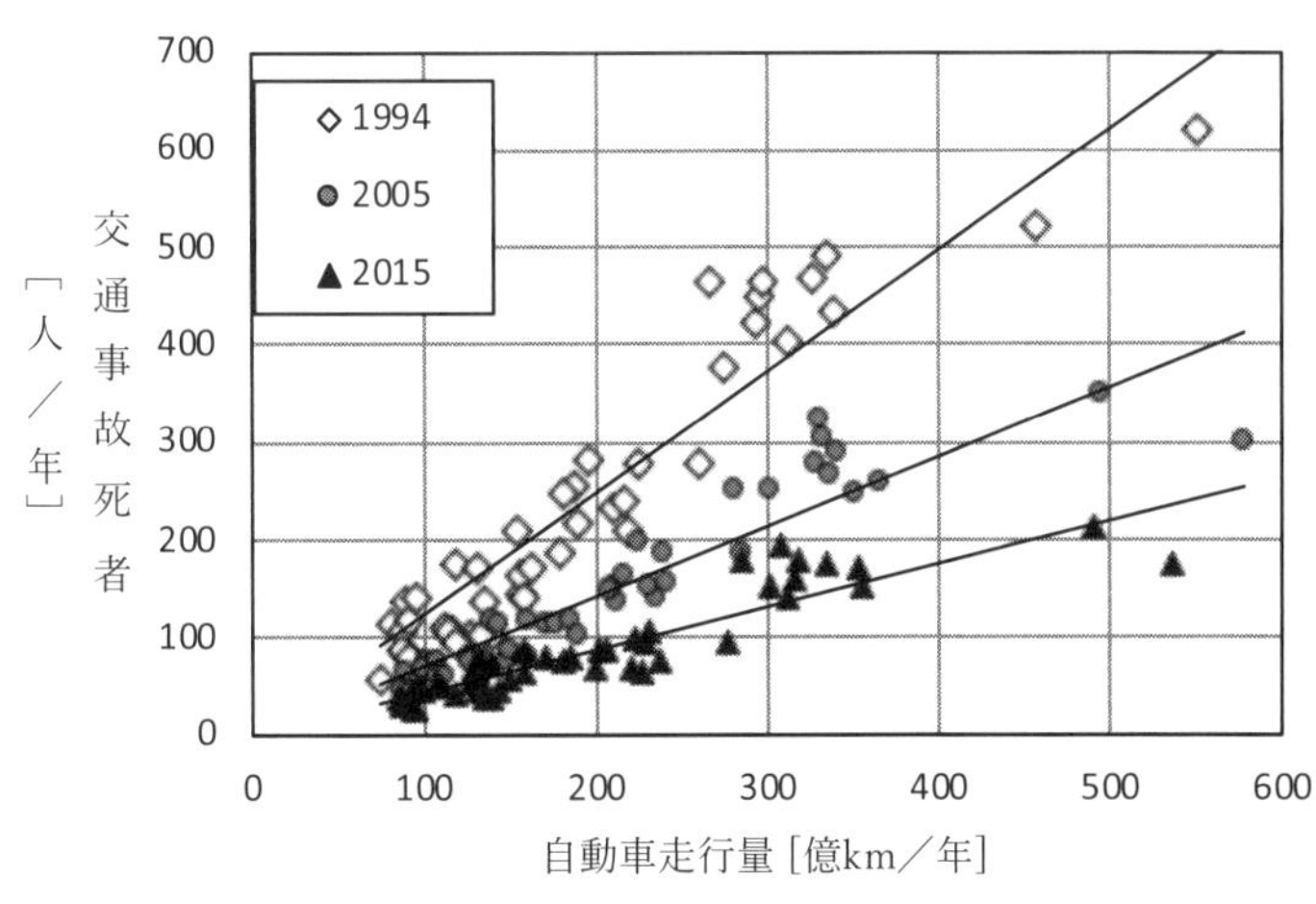

図５－２　都道府県別の自動車走行量と交通事故死者数

る。すなわち自動車が走行すればするだけ人命が失われるのである。「○○県は運転マナーが悪い」等の通説がありと都道府県別の調査もあるが[注14]、そのような認識はいわば都市伝説の類である。「国民皆免許」と言われるほど誰もが運転している。ドライバーの注意力と操作のみに依存した現状の自動車では、誰でも一瞬の不注意あるいは偶然により重大事故の加害者になる可能性がある。交通事故はマナーや心がけの問題ではなく確率の問題として捉えるべきである。図で経年的に直線の傾きが緩やかになっているのは、全国的な交通事故対策によりあるていどの効果が発揮されていることを示す。しかし交通事故の支配的な要因は自動車の走行距離であり、交通事故の被害を減らすには走行距離を減らすしかない。

スウェーデンでは一九九七年に、交通事故による死者・重傷者をゼロにする目標を掲げた「ビジョン・ゼロ」を国会で決議した。運転者・歩行者の個人的要因（ヒューマンエラー）に責任を求めるだけでなく、道路の設計者・管理者・運転者を雇用する事業者にも責任があることを明記している。これは宇沢著書でもすでに「またこのような〔注・自動車一台がやっと通れるような狭い街路〕道路で自動車に轢かれて、死んだり、怪我をしたときに、加害者だけの責任ですむのであろうか。道路を管理すべき地方自治体なりが、このような欠陥道路で自動車の通行を認めているということの責任をとるべきではなかろうか」[注15]と指摘されている。

重大交通事故をシステム的なアプローチにより分析すると、純粋にヒューマンエラーに基づく事故は全体の七％に過ぎない。また前述の「ビジョン・ゼロ」は、人の生命・健康を犠牲にして成り立つようなシステムは容認できないという倫理的背景に基づくものである。[注16]この論点を提起すると、日本では「加害者の責任を免責するのか」という的外れの反論に直面することが多い。しかしその考え方では「交通事故で一定数の死亡者・重傷者が発生するのは社会的にやむをえない」という前提を認めるのと同じである。個人の責任のみに注目すれば、残り九三％の事故はいつまでも防止できない。

日本では一九七〇年に建設省（当時）が交通事故対策として道路構造令を改訂し、国道・県道は市街地の内外を問わず原則として歩道の設置を義務づけるとした。[注17]しかし現在でも一般国道（自動車専用道を除く）でも約四割、一般都道府県道では約六割に歩道がない。[注18]このように道路構造の面でも明瞭に構造的な欠陥がみられる。構造的な要因という面では、都市のあり方も交通事故と密接に関連する。**図5－3**は都道府県別のＤＩＤ（第1章参照）の人口密度と人口当たり交通事故死者数の関係を示す。[注19]ＤＩＤの人口密度が低いほど自動車の走行量が多く、人口あたりの交通事故死者数が多くなる関係が推定される。

森本章倫（宇都宮大学・都市工学）らは「都市のコンパクト化によって交通手段が自動車から公共交通及び自転車、徒歩へ転換されることで自動車利用が抑制される。また、職住近接のライフスタイル等になる

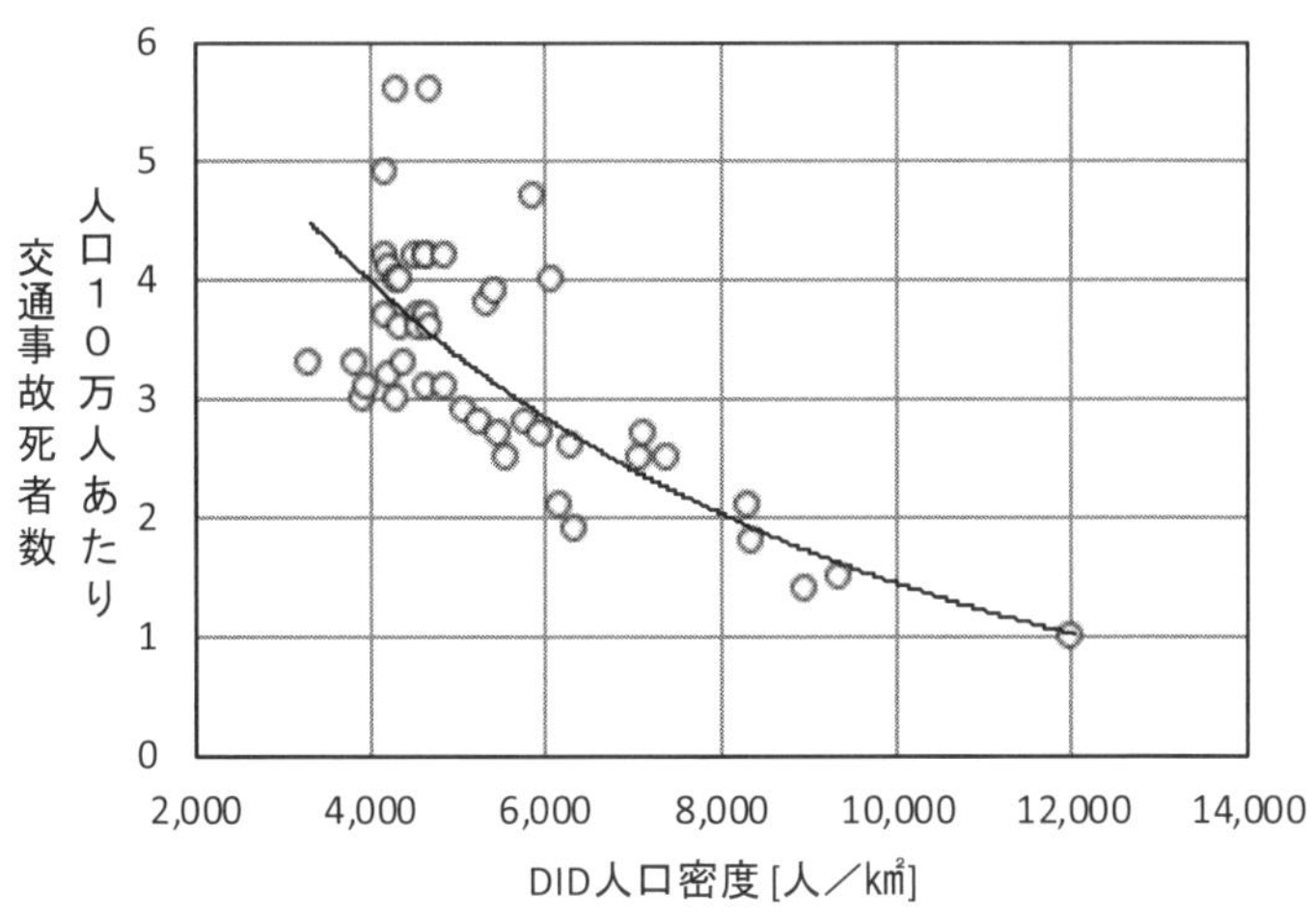

図５－３　ＤＩＤ人口密度と人口当たり交通事故死者数の関係

ことで、トリップ長が短縮される。よって、交通事故に遭う確率が低減され，交通安全性が高くなると考えられる」と述べている。[注20] この図は前出の「ＤＩＤ人口密度と家計消費支出に占める自動車関連支出の比率（**図１－２**）」とパターンが酷似していることに気づくであろう。全く異なる現象を扱いながらこのように一致するのは、自動車がもたらす負の外部性は自動車の走行距離と密接に関連することを示している。

二〇二一年六月に、千葉県八街市でトラックが小学生の列に突っ込み、児童五人が死傷する事故があった。直接の原因は運転者の飲酒とされるが、二〇一六年にも同じ小学校で同じパターンの事故があり児童四人が重軽傷を負っている。バブル期の無秩序な小規模宅地開発のしわ寄せとして通学路の整備が十分に行われない背景が指摘されている。二〇一六年の事故後に現場付近にガードレールが設置されたが二〇ｍのみでその他の場所には設置されなかった。この事故の被害女児が精神的ショックから外出できなくなり、小学校卒業まで保護者が車で送

迎したという。自動車の危険性を避けるために自動車を使わざるをえない悲惨な車社会が今も続いている。[注21]

事故データの公開

若宮紀章（交通遺児学生の会）は図5－4のように最高速度と事故率の相関関係を示している。これはドイツのデータに基づいており、日本でも傾向は同様のはずであるが、現在でも日本では個別の車名別の事故データが公開されていない。若宮らが車種別の事故データ公開を求め、また過剰な速度が出ない構造規制を求めたのに対して、当時の政府やメーカーはさまざまな理由をつけて拒否した。また「スピードと事故との因果関係が明確でない」「百数十キロでの事故は稀だ」と反論した。[注22]

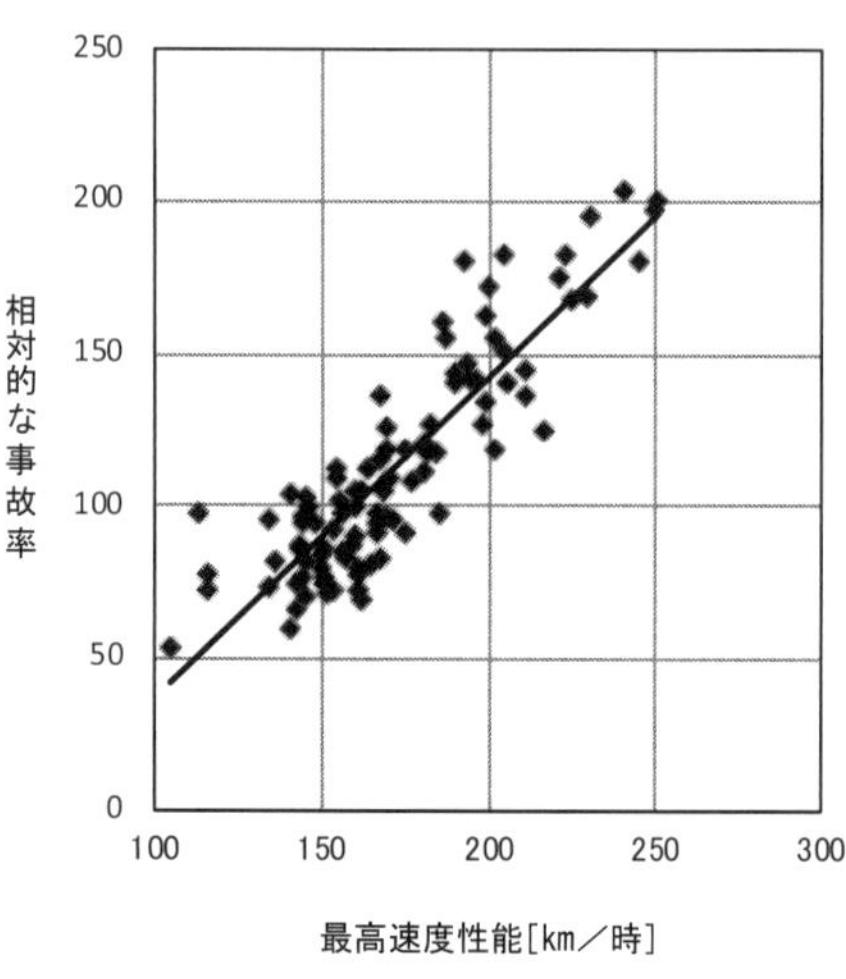

図5－4　最高速度性能と事故率の関係

損害保険会社は業務上の必要性から個別の車名別の事故データを把握しているはずであるが公開はされていない。日本では現在でも個別の車名別の事故データは公開されず、一六種類のタイプ別（セダン、スポーツ、ＳＵＶ等）に集計した報告書のみである。個別の車名がいずれのグループに属するかの一覧表があるものの車名ごとのデータは不明である。ただし対歩行者死亡事故におけるドライバーの飲酒率については「ミニバンＡ」に分類されるタイプで高いなど、注目すべき結果がみられる。[注23]

また昨今の高齢者による事故多発に関連して、特定の車種が運転ミスを誘発しやすいとの指摘がある。ユーザーの立場からの検証では、①運転席からの視界が狭く、また車両感覚が把握しにくい、②ステアリングの振動や不適切な配置により操作しにくい、③シートの形状・材質が疲労を誘発しやすい、④シフトレバー（電子式）のポジションが分かりにくく（前進が後、後進が前など直感と逆の配置）ミスを誘発しやすい、⑤ペダルレイアウトが踏み間違いを起こしやすい（咄嗟に足を出すとアクセルを踏む位置になる）等が指摘されている。[注24] これらは利用者からたびたび指摘されているが、個別事例の列挙にとどめず客観的なデータで検証する必要がある。二〇一九年四月の東池袋暴走事故では、加害者が運転していた車両（トヨタ・プリウス）のメーカーは「車両に異常や技術的な問題は認められなかった」とコメントを発表しているが、[注25] 前述のようにドライバーのミスを誘発しやすいシフトレバーやペダルは車両側の欠陥であり、メーカーのコメントだけでは客観的な検証が行われたとはいえない。

過剰なパワーが事故の背景

日本での速度規制は最初の高速道路（名神高速道路の一部）開通時から一〇〇km／時（現在は一部で一二〇km／時）であるが、モータリゼーションの初期にはこれをはるかに超える速度性能がセールスポイントとして各メーカーのカタログ等に記載されていた。しかし事故を誘発するとして一九六九年に運輸省（当時）の行政指導を受けて記載を自粛し、現在はカタログや仕様書には記載されないがメーカーのウェブ上では表示例がある。[注26] またドライバーの側でも「速度が高いからといってリスクが高いとはいえない」という認識が今も残っているようである。[注27] こうした見解の多くは、事故のリスクは速度そのものに起因するのではなくドライバーの集中力不足が原因としている。しかしどのような人間でも常に万全の集中力を維持することはできないし、体調あるいは加齢などヒューマンエラーを発生する要因は常にある。鉄道の運転士や航空機のパイロットさえ集中力の弛緩により重大事故を起こす例があるのだから、不特定多数のドライバーが路上を走行しているかぎり集中力が弛緩したドライバーが一定の比率で混在することは不可避である。

交通事故の大半は、その場の状況に合わない過剰な速度で走行することが背景にある。歩行者も自転車も通行していない高速道路で全体が順調に流れているような条件では、速度自体が高くても相対的なリスクは小さいが、問題となるのは一般道路である。日本の運転マナーは悪く、歩行者（自転車）と混在する生活道路や通学路にも「抜け道」として車が侵入し、幹線道路と同程度の速度で走行する実態が続いている。生活道路は歴史的にも車の走行を想定していない。

乗り物の物理的な特性をあらわす指標の一つに「出力重量比（パワーウェイトレシオ）」がある。これは動かす重量（自動車ならば車体＋乗員・貨物）に対する動力（エンジン等）の比率を示す数値である。単位は「馬力／トン」で示す。比出力は主に加速力の差として現われる。**図5―5**は各種の自動車・二輪車の出力重量比を示すが、参考までに軽飛行機（セスナ127S）・双発旅客機（DHC―8Q400）・ジェット旅客機（B777）の値も示す。なおジェット機のエンジンの出力は単純に自動車のエンジンの馬力には換算できないが、目安として離陸時の状態で馬力に換算（推力馬力）して示した。乗用車では六〇～一〇〇前後だが、スポーツタイプの車では二〇〇を超える車種もある。電気自動車は動力源がモーターという違いはあるが

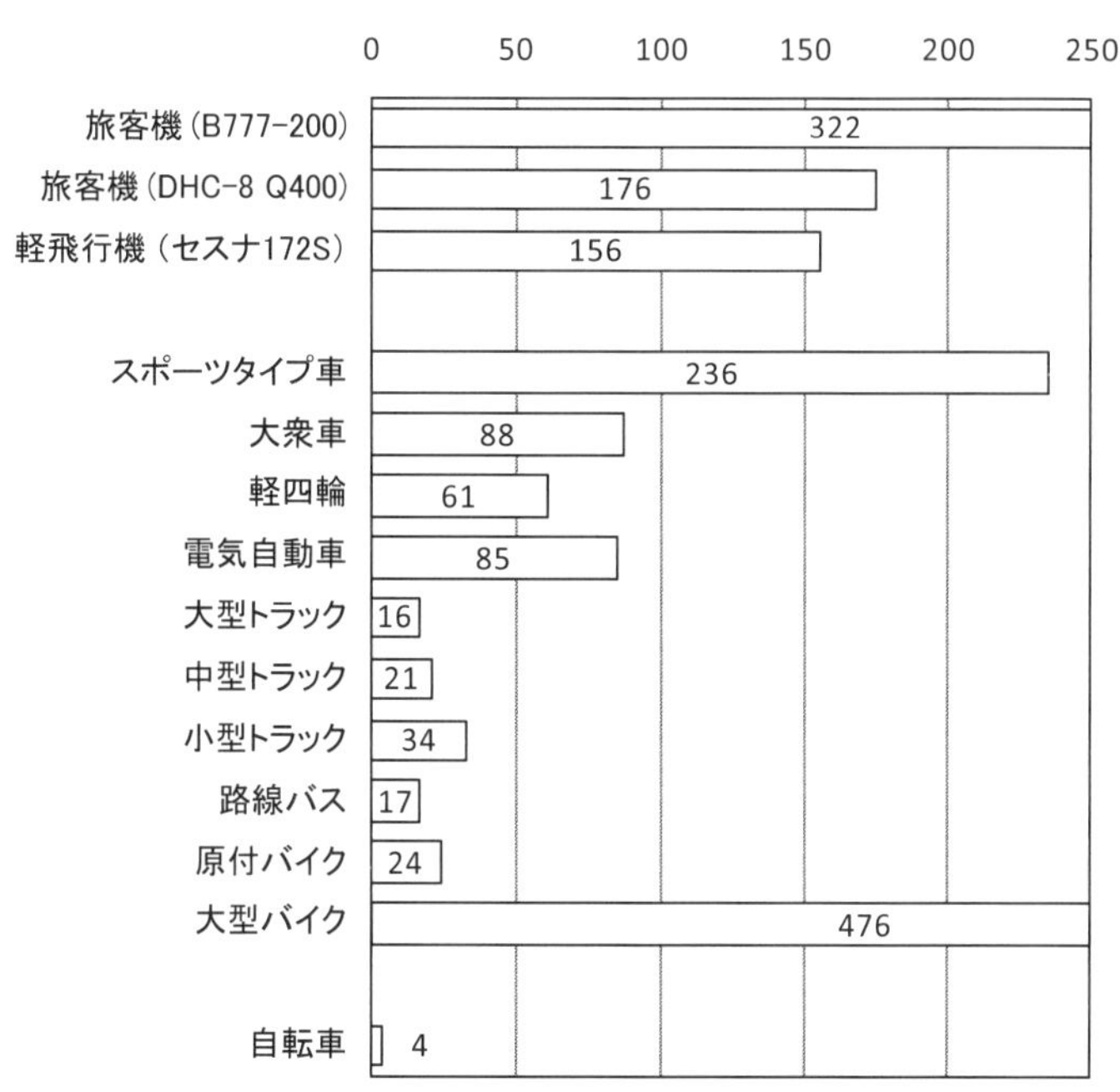

図５－５　自動車等の出力重量比

物理的な関係は同じなので乗用車と同程度の値である。軽四輪でさえ店舗突入などの事故がしばしば報告されるのであるから、過剰なパワーの危険性は確実である。

　スポーツタイプ車や大型バイクは、出力重量比にして航空機と同等あるいはそれを超える数値である。現実の道路上では全く必要のない過剰な出力であると同時に、自動車同士でみてもこれだけ出力重量比が極端に異なる車両が混在して走行していること自体が事故の誘因になっている。同じ路上を走行するバスやトラックが一五〜三〇程度の値であることから、むしろ乗用車の性能を規制し、貨物車等と合わせたほうが交通の円滑化につながる。この関係はＥＶ（電気自動車）でも同じであるが、現在は在来車に対するセールス上の観点から高出力化が指向されている。参考までに自転車の出力重量比は四程度である。身体障がいがなければ自転車でも街中を軽々と動けるのに、自動車は一人の人間を動かすために一トン前後の重量物を共に動かす不合理なシステムである。「動かす」ということは必要な場合に適切に「止める」ことが求められるが、この場合にも重量が大きな支障となる。

　歩行者の観点ではさらに重要な関係が指摘される。**図5－6**に示すように車と歩行者の衝突時の速度が三〇km／時を超えると歩行者致死率が急激に高まる。この関係は欧州では数十年前から指摘されており、一九七〇年代から「交通静穏化（トラフィック・カーミング）」の考え方が取り入れられ、一九八〇年代から「ゾーン30（マイル系単位の国ではゾーン20）」すなわち、都市の一定区域で面的に車の走行速度を規制する施策が各国で実施されてきた。二〇一九年四月の東池袋暴走事故では最終的な衝突時の速度が九六km／時、また二〇二二年一月の福岡市東区でのタクシーによる歩行者死亡事故では同じく一二〇km／時と推定されている。ドライバーの責任が大きいとしても、誰でもアクセルを踏めば何らの制御もされず一〇〇km／時の速度が出てしまうことがそもそも不合理ではないか。自動運転が注目されている時代にこの程度の制御もできないのは、自動車という技術体系に根本的な欠陥が内在しているからである。

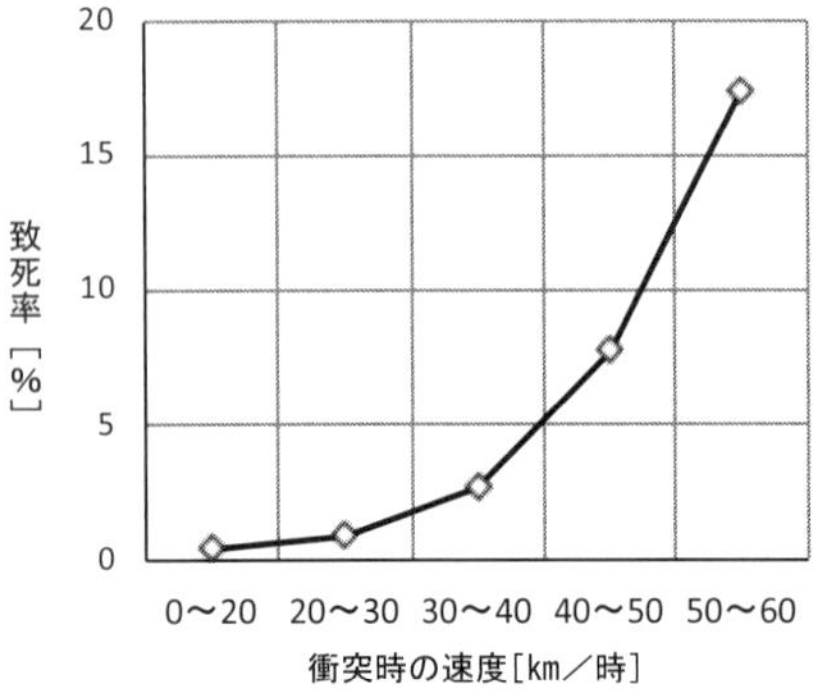

図5－6　衝突時の速度と致死率の関係

　日本でも「生活道路」と呼ばれる道路での規制が試みられてきた。

「生活道路」とは警察庁の定義では「主として地域住民の日常生活に利用される道路で、自動車の通行よりも歩行者・自転車の安全確保が優先されるべき道路」としている。[注28] 生活道路における交通規制に関しては、小学校の校区ごとの「スクールゾーン（一九七二年）」、住宅地域や商店街の「生活ゾーン（一九七四年）」、高齢者の通行が多い一定の範囲とされる「シルバーゾーン（一九八七年）」、「コミュニティゾーン（一九九四年）」などが設けられてきた。ただし規制は道路単位であり規制内容は地域の実態に応じて個別に決められてきた。これに対して面的規制として、欧州から遅れること三〇年で「ゾーン30」の整備が二〇一一年九月から開始された。「ゾーン30」が設けられた経緯は、「ゾーン30」の開始前年までの一〇年間で、おおむね「幹線道路」にあたる車道幅員五・五m以上の道路での交通事故件数が約二九％減少したのに対し、「生活道路」にあたる同五・五m未満の道路では八％の減少にとどまっていたことから、生活道路での事故対策の効果が十分でないことが指摘されたためである。二〇二一年六月の八街市小学生死傷事故の後、事後ではあるが当該道路の制限速度を六〇km／時から三〇km／時に引き下げ、ハンプ（車を減速させるための道路の盛り上げ部分）の設置などの対策が講じられた。

悪質ドライバーに対する対策

一般に「悪質」と認識される行為は飲酒（薬物）・過度な速度超過・あおり運転・ひき逃げ等である。その対策として厳罰化が常に主張されるが、人口あたりの交通事故被害リスクを低下させるには役立たないとの指摘もある。[注29] ひき逃げに関しては厳罰化により、逆に発覚を恐れて逃走を助長する可能性も指摘されている。[注30] 二〇〇一年には、業務上過失の観点を改め犯罪性を重視した「危険運転致死傷罪」新設（刑法改正）、二〇〇七年には、前述の危険運転が適用されない過失においても罰則強化「自動車運転過失致死傷罪」新設（刑法改正）、二〇一四年には、運転の悪質性や危険性等の実態に応じた処罰、違法薬物や「重ね飲み（飲酒運転の疑いで検挙された者が測定値を混乱させる目的で追加で飲酒すること）」行為なども対象とした「自動車の運転により人を死傷させる行為等の処罰に関する法律（新法）」など重罰化の枠組みが作られた。それにもかかわらず、二〇〇〇年代にはひき逃げが急増するなど逆行現象が発生した。現在も飲酒運転・ひき逃げは後を絶たず対策は必ずしも効果を挙げていない。

二〇〇〇年からひき逃げ件数が急増し、二〇〇一年の「危険運転致死傷罪」の新設は効果が不明である。一方で二〇〇七年の「自動車運転過失致死傷罪」の新設とは関係なくそれ以前から件数の減少が始まっている。さらに奇妙な現象として、ひき逃げ件数が増減しても検挙件数は毎年五〇〇〇件前後で一定数であり、[注31] ことに二〇〇〇年代に増加したひき逃げ事案のうち多数が未検挙のままとなっている。

飲酒・薬物の影響

法的には道路交通法第六五条に「酒気帯び運転の禁止」があり、その条件下で同第一一七条で「酒に酔った状態（アルコールの影響により正常な運転ができないおそれがある状態）」を定義している。実際に人間の注意力や運動機能に作用するのは血液中のアルコールであるが、路上の取り締まり等において血液中のアルコール濃度を直接測定するのは難しいため、血液中アルコール濃度と呼気中アルコール濃度がおおむね比例する関係（血液中濃度の一ミリリットルあたり一mgが呼気中濃度の一リットルあたり〇・五mgに相当）から、呼気中濃度を以て「酒気帯び」の数値基準が定められている。

いわゆる「風船」と検知管を使った検査で呼気中のアルコール濃度が一リットル（L）あたり〇・一五ミリグラム（mg／L）以上が「酒気帯び」にあたる。また〇・二五mg／L以上では違反点数が加算される。一方で「酒酔い」には数値の基準がなく、「正常な運転ができない」とは、被疑者との質疑応答の状態や運動能力（一〇秒間直立、一〇m程度の直線歩行等）、その他外見的な状態により判定する。これらは警察官の主観に依存するため精度は期待できないが、この項目に該当するようでは相当な酩酊状態に該当することは明らかである。

西谷陽子（熊本大学・法医学）は血中アルコール濃度にして〇・一ミリグラム（mg／mL）でも影響が出現し、同〇・一〜〇・五（mg／mL）で注意力散漫や筋電図変化がみられるとしている。[注32] 法的に酒気帯びの境界となる呼気中濃度の〇・一五（mg／L）は、血液中濃度では〇・三（mg／mL）に相当するから、すでに注意力や運動機能への影響が生じる範囲であり、かつ個人差も考慮すればすでに「正常な運転ができない」範囲である。実務上の便宜のために設定した数値を下回ってさえいれば酒気帯び運転に該当しない（法的処分はないが「警告書」を交付される場合がある）という発想では、これからも飲酒運転による事故を防ぐことはできないだろう。

呼気中アルコール濃度を検知してエンジンの始動ができないインタロック機能（アルコールチェッカー）を設置することにより飲酒運転を防止しようとする提案もある。しかしこれは逆に「酒気帯び運転許容装置」に転化する危険性がある。どのような時にドライバーがそれを使用するのかを考えれば明らかに矛盾がある。もともと飲酒していないドライバーであれば検知器に息を吹き込む意味がない。逆に自分で飲酒を自覚しているのであれば、アルコールチェッカー以前に運転してはならない。飲酒の自覚がありながらアルコールチェッカーを使用するとすれば運転しようとしているからであり、かりに呼気中アルコール濃度が一定基準以下でロックが解除されれば「酒気帯び運転許容装置」になってしまう。

現状では個人向けの携帯式アルコールチェッカーが市販されているが、精度に疑問があるとの指摘が国民生活センターに寄せられている。同センターでは運転の可否に使用しないように呼びかけているが[注33]、これでは何のためのチェッカーか不明である。チェッカーのセンサー部分には、半導体式・接触燃焼式・燃料電池式・赤外線吸収式・化学式などがある[注34]。国内では半導体式が普及しているが、アルコール以外の物質にも反応することや、センサー部分が時間と共に劣化するので定期的なメンテナンスや交換が必要とされる。個人による所有・管理では適正な使用は期待できない。こうした理由から検出には一定の誤差が避けられない。こうした測定原理の面からみてもアルコールチェッカーは実態として「ここまでは飲んでも大丈夫」の許容装置にならざるをえない。

近年は薬物による危険運転も注目されている。二〇一四年の「自動車の運転により人を死傷させる行為等の処罰に関する法律」で薬物使用による危険運転行為も処罰対象となった。しかしアルコールと異なり薬物の種類は多岐にわたり「血中濃度がいくつ以上であれば運転に影響がある」という関連づけもできていない[注35]。さらに市販薬・処方薬でも車の運転を制限される場合があるが、故意・過失によるオーバードーズ（過剰摂取）の管理はほぼ不可能である。そもそも医療機関は心身の不調に際して利用する施設なのであるから車の運転には最も不適である。医療機関が車でしか行けない場所に立地しているケースが少なく

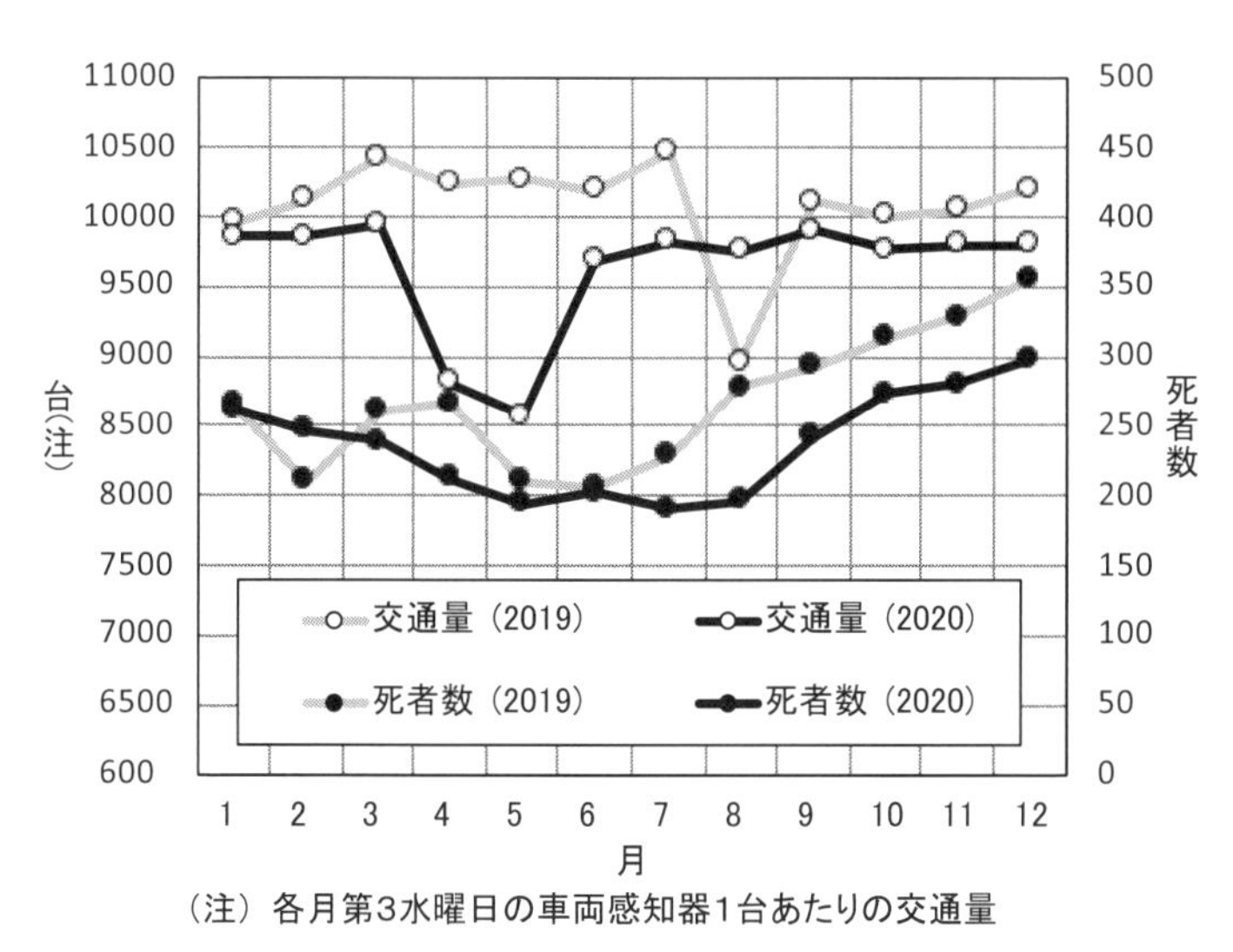

（注）各月第3水曜日の車両感知器1台あたりの交通量

図5－7　月別の交通量と交通事故死者の動き

ないが、そもそも不合理ではないか。

コロナ禍でも減らない重大事故

二〇二〇年以降の緊急事態宣言の発出により、外出自粛の呼びかけや自主的な移動の抑制により人の移動が減少している。しかしこの間にメディアの報道が新型コロナ関連で埋めつくされる中でも、連日のようにひき逃げ・飲酒運転などによる重大交通事故が報じられた。海外では都市封鎖により道路が空いた影響で、速度超過など無謀運転が増えたとの報道がある。[注36] 日本より厳格な都市封鎖を行った米国ニューヨーク・シカゴ・ボストン等や、欧州の各都市での調査によると、交通事故全体に占める死亡事故の比率が激増した。ロンドンでは、二〇二〇年二月〜四月の自動車走行距離が六九％減少しているにもかかわらず死者数は横ばいであった。

日本でも、緊急事態宣言（二〇二〇年）で交通量が

減少した首都高速道路でルーレット族（環状路を周回して暴走する）が増加したことが報じられている。[注37]

図5-7は二〇一九年（コロナ前）と二〇二〇年の交通量（毎月第三水曜日の車両感知器一台あたり検出台数）と交通事故死亡数の月別の推移を比較したものである。[注38] 二〇一九年八月の交通量の急低下は盆休の影響、二〇二〇年四〜五月の急低下は緊急事態宣言によるものと思われる。それに対して交通事故死亡数の動きは連動しておらず、悪質運転が続いていると思われる。死亡の陰には一定の割合で重傷者が存在することは統計的に明らかであり、重傷者が搬送されれば医療機関では二四時間体制で対応しなければならない。二〇二二年以降でも新型コロナへの対応で医療機関の受入れ能力の逼迫が懸念されている。診療科が異なるとはいえ全体として医療機関の負担となっている面では同じであり、交通事故の分だけ新型コロナへの対応が妨げられているといってもよい。

車より軽い人命

日本のモータリゼーションの進展は「人間の生命の価値」の軽視と表裏一体である。国策として自動車の普及が推進されていた陰で人間の生命の価値は劣悪であった。あるいは生命の価値を低く評価することで急激なモータリゼーションの展開を可能にしたともいえる。

一九六八年二月にタクシーにはねられ死亡した主婦（当時六四歳）の逸失利益の賠償を求めた裁判で、東京地裁民事部は「六〇歳を越した主婦の家事労働には経済的価値は認められない」として原告の訴えを退けている。

かりに裁判に勝訴しても加害者に賠償能力がなければ実際の賠償を受けられず「轢かれ損」の時代が長く続いた。「怪我させるよりも、殺してしまったほうが安く上がる」との俗説さえ囁かれたほどである。[注39]事故の被害者や家族に対して最低限の経済的救済を行うための「自動車損害賠償責任保険（いわゆる強制保険）」の整備さえ、日本は欧米と比べると二〇〜三〇年も遅れた。

一九〇八年にオーストリアで「自動車責任法」が成立したのをはじめとして、ヨーロッパ各国及び米国では、一九三〇年代に日本の自賠責に相当する制度が確立していた。これに対して日本で強制保険が設けられたのは戦後の一九五五年である。強制保険は「無過失責任」の考え方によっており、因果関係さえ確認されれば被害者側が加害者の故意・過失を立証しなくても賠償を請求できる仕組みである。

自賠責制度が発足した当初の賠償金の最高限度額は三〇万円で当時の新車価格よりも安く平均年間給与の一・三カ年分に過ぎなかった。額が三〇〇〇万円に引き上げられ六〜七倍の水準となったのは一九九一年である。当時は任意保険の加入も少なく自賠責を超える分は訴訟が必要であったが、示談を選ばざるをえない事案が多かったと言われている。

自賠責制度の導入以前も日本に自動車保険はあったが、当時の保険は「車両の保険」が主であって対人賠償保険の加入は一割もなく、人間への経済的補償はほとんど省みられていなかった。一方で公共交通に関しては、すでに一八九九（明治三二）年施行の商法第五百九十条に「旅客ノ運送人ハ自己又ハ其使用人カ運輸ニ関シ注意ヲ怠ラサリシコトヲ証明スルニ非サレハ旅客カ運輸ノ為メニ受ケタル損害ヲ賠償スル責ヲ免ルルコトヲ得ス」とあり「無過失責任」による損害賠償が規定されている。これと比較すると政府が交通事故の被害にいかに無頓着であったかが改めて示される。

生命の経済的価値

宇沢は社会的費用の推計にあたって、生命などひとたび損なわれれば回復不可能な対象を生産要素や資本と同列に扱う、たとえば逸失利益などの評価はそもそも非倫理的であるとしている。[注40] かといってそれを除いてゼロ評価とすれば交通事故対策は単なる精神論に終始する。社会的費用の議論では、人間の生命・健康の価値を政策に反映する一つの方法として「経済的価値」の導入は否定できない。人命や健康が失われることを未然に防止し、そのリスクを低減させるために人々がどれだけ費用を負担する意思があるかを示す指標でもあり、市民の基本的権利を侵害しない対策の費用を社会的費用と位置づける宇沢の議論と矛盾しない。

一例として黒田勲（日本ヒューマンファクター研究所・安全工学）は、高度成長期の労働災害が一〇年間で半減した事実を挙げて「命の値段」が高くなったことを要因の可能性に挙げている。事故の防止を個人の注意や責任に依存するのではなく、原因・誘因を除去することに努める安全文化の醸成に努力が払われたこと、また事故が発生してからの対処よりも未然防止のほうが経済的に有利であるという認識が浸透したからである。[注41] 経済的損失や名誉毀損等とは異なり、事故は何らかの物理的現象に起因して被害が発生するのであるから、精神論ではなく物理的・技術的対策が必要となる。現実の社会の中で、人々が意識しなくても自然にリスクを低下させる仕組み、政策、経済的対策を組み込む努力が安全対策である。

世界各国の人命の経済的評価を調査した越正毅（東京大学・交通工学）の報告[注42]によると、日本は調査された二二カ国中で下から三番目、旧東欧圏よりも安い。日本では苦痛・不便・不快・悲嘆といった非金銭的あるいは主観的被害を評価しないのに対して、他の多くの主要国ではこれを計上していることによる。米国ではさらに懲罰的賠償金の考え方も加わる。いくつかの例を抜粋すると日本円に換算して米国は四億〇六五二万円、イギリスは一億七九三五万円、ドイツは一億三三九一万円、ポーランドは二三九一万円などに対して、日本は一九一三万円となっている。日本の交通事故の特徴として歩行者の被害率が高いのは「人命の値段が安い」こととも関連しているのではないだろうか。[注43]

人間の死亡・負傷・後遺障害について、もとより市場価格としてはそのような数字は存在しないし、金銭を以て人間の生命と相殺するという発想はない。あくまで政策評価のために用いられる仮想的な価格である。考え方は大別して二つあり、第一は人間を資本として評価する考え方、第二は確率的な一人の死亡を防ぐことに対する公衆の支払意志額をそれとみなす考え方である。支払意志額はＷＴＰ（Willingness to Pay）、統計的生命価値はＶＳＬ（Value of Statistical Life）と呼ばれる。

第一の資本としての評価では、直接的には逸失利益や慰謝料、あるいは損害賠償などがそれに該当し、現実に金銭の流れとして捕捉しうる額である。一方でこの考え方では宇沢が批判するように倫理的な問題が指摘されることは事実で、被害者はもとよりその周辺関係者の精神的苦痛など無形の被害は反映されない。それに対して第二の支払意志額は、自動車に起因する確率的な一人の死亡を防ぐにはどれだけ社会的な負担が求められるかの指標である。宇沢は逸失利益の考え方では精神的苦痛などが反映されないと指摘しているが、[注44]ＶＳＬではその部分があるていど反映され、第一の方法による金額よりも第二の方法による金額のほうがかなり大きくなることは常識的に想像されるであろう。

いま交通政策の分野で生命の喪失にかかわる社会的費用として概ね合意が得られている考え方はＶＳＬ

である。自動車に起因する死亡を回避するにはどのくらいの費用が必要か、それを自動車利用者が適切に負担しているか、していないとすればそれが外部費用にあたるという考え方は政策評価に適用しうると考えられる。日本でVSLによる評価が行われるようになったのは先進国の中では遅く、[注45]それが前述のように日本で「人間の価値が安い」結果をもたらした原因となった。

もとよりVSLにしても仮想的な値であるために、論者や報告によりさまざまな結果が報告されている。ここでは兒山が採用している「スタンダード・ギャンブル法（SD法）」を簡単に紹介する。これは、直ちに死亡する状態を0、完全な健康状態を1とするスケールを設けて被験者（アンケート対象者）に仮想的な賭け（ギャンブル）を行ってもらう方法である。もしその賭けに勝ったら、ある設定された状態から1に戻れるが、失敗すると0になるとした場合、その賭けを選択するか否かを判断する方法である。この調査は複雑な設問を必要とし、被験者に対する説明自体が難しい制約があるが、いくつかの手法の中では客観的に対策の効用を反映できるとされている。

注

1　武部健一『道路の日本史』中央公論新社（中公新書2321）二〇一五年、二〇七頁。
2　WHO（World Health Oranization）。https://www.who.int/news-room/fact-sheets/detail/road-traffic-injuries
3　当時は二四時間以内の死者。
4　警察庁『平成一七年警察白書』第一章「世界一安全な道路交通を目指して」第一節コラム。https://www.npa.go.jp/hakusyo/h17/hakusho/h17/index.html
5　交通事故総合分析センター『交通統計』令和一年版、二〇二一年、一八八頁。

6　『毎日が発見ネット』「青信号点滅※の間に渡れない速度の老人は三〇〇万人以上」（※「点滅」とあるが文意から「点灯」と思われる）二〇二一年一一月一二日。https://mainichigahakken.net/future/article/post-964.php
7　『毎日新聞社』交通安全年間標語全入賞作品。https://www.mainichi.co.jp/event/aw/anzen/slogan/archive.html
8　警察庁交通局「令和2年における交通事故の発生状況について」二〇二一年二月。https://www.npa.go.jp/bureau/traffic/bunseki/nenkan/030218R02nenkan.pdf
9　仙田満・上岡直見編著『子どもが道草できるまちづくり　通学路の交通問題を考える』（今井博之担当）「クルマ社会が子供にもたらす害」四二頁。
10　https://www.npa.go.jp/hakusyo/h17/hakusho/h17/index.html
11　大阪府警察「交通死亡事故当事者の約八割に過去五年以内の交通違反歴あり！」。https://www.police.pref.osaka.lg.jp/kotsu/shibo/3/13/3637.html
12　国土交通省「平成二七年度全国道路・街路交通情勢調査」。http://www.mlit.go.jp/road/census/h27/
13　公益財団法人交通事故総合分析センター『交通統計』各年版より。
14　（一社）日本自動車連盟「交通マナーに関するアンケート調査（二〇一六年六月）」。http://www.jaf.or.jp/eco-safety/safety/environment/enq/2016_06.htm
15　宇沢弘文『自動車の社会的費用』岩波新書B４７、一九七四年、六五頁。
16　今井博之「交通事故死者・重傷者をゼロにする海外の政策―「クルマ社会と子どもたち」そのⅢ」クルマ社会を問い直す会、二〇二〇年九月。http://krm-tns.up.seesaa.net/kt/kt101-3.pdf
17　『読売新聞』一九七〇年九月二九日「道路作りに交通戦争対策　建設省が構造令改正案」。
18　「平成二七年度全国道路・街路交通情勢調査　一般交通量調査集計表」。http://www.mlit.go.jp/road/census/

h27/index.html
19 総務省統計局「都道府県別人口集中地区人口、面積及び人口密度」「統計でみる都道府県のすがた」より。
20 森本章倫・Nguyen Van Nham「集約型都市と交通事故の関連性に関する研究」『第四三回土木計画学研究発表会・講演集（ＣＤ－ＲＯＭ）』二〇一一年五月。
21 ＮＨＫウェブ版・追跡・記者のノートから「また同じ小学校の通学路で…事故はなぜ防げなかったのか」二〇二一年一〇月五日。https://www3.nhk.or.jp/news/special/jiken_kisha/kishanote/kishanote32/
22 若宮紀章「第二次交通戦争と自動車の安全性向上」『環境と公害』二二巻二号、一九九二年、五五頁。
23 （公財）交通事故総合分析センター平成二六年度研究報告書「交通事故と運転者と車両の相関についての分析結果」二〇一五年三月、三四頁。
24 ＹｏｕＴｕｂｅ個人チャンネル「高齢者がプリウスで事故を起こしてしまう原因とは」。https://www.youtube.com/watch?v=_7lbhd5q41A
25 『朝日新聞』「池袋暴走事故でトヨタが異例コメント「車両に異常なし」」二〇二一年六月二一日。
26 トヨタの例「最高速度を教えて」。https://faq.toyota.jp/faq/show?id=1159&site_domain=default
27 「制限速度…ＴＢＳ安東弘樹アナウンサー連載コラム」。https://gazoo.com/column/ando-hiroki/16/12/14/
28 警察庁「生活道路におけるゾーン対策推進調査研究検討委員会」報告書、二〇一一年三月。https://www.npa.go.jp/bureau/traffic/seibi2/kisei/zone30/pdf/houkokusyo.pdf
29 ジェラルド・Ｊ・Ｓ・ワイルド、芳賀繁訳『交通事故はなぜなくならないか リスク行動の心理学』新曜社、二〇〇七年、二三一頁。
30 個人ウェブサイト「飲酒運転クライシス 厳罰化のスパイラル」。http://www.web-pbi.com/drunk0/index.htm
31 法務省『犯罪白書』二〇一九年版。https://hakusyo1.moj.go.jp/jp/67/nfm/n67_2_4_1_2_3.html
32 西谷陽子「飲酒の人体への影響と交通事故」『国際交通安全学会誌』四〇巻１号、二〇一五年、二九頁。

33 国民生活センター「過信は禁物！息を吹きかけて呼気中のアルコール濃度を調べる測定器―運転の可否の判断には使用しないで！」二〇一五年二月一九日。http://www.kokusen.go.jp/news/data/n-20150219_1.html

34 検出原理の解説例として東海電子（株）「アルコールセンシング技術」。https://www.tokai-denshi.co.jp/technology/alcohol.html

35 江﨑治朗・多木崇・中尾賢一朗「薬物乱用と交通事故」『国際交通安全学会誌』四〇巻一号、二〇一五年、三五頁

36 『ロイター（日本版）』「事故は減っても死亡率上昇、新型コロナの交通事情」二〇二〇年七月五日。https://jp.reuters.com/article/health-coronavirus-traffic-casualties-idJPKBN24106N?rpc=135

37 「運転席がもげるほど大破…〝首都高バトル〟で二〇歳大学生死亡〝ルーレット族〟が復活した理由」『週刊文春』二〇二二年一月二〇日号。

38 警察庁交通局「令和二年における交通事故の発生状況等について」二〇二一年三月。https://www.npa.go.jp/bureau/traffic/bunseki/nenkan/030218R02nenkan.pdf

39 富山和子『自動車よ驕るなかれ 日本自動車文明批判』（前出）、一五六頁。

40 宇沢弘文『自動車の社会的費用』（前出）、一六五頁。

41 黒田勲「日本産業の安全文化について」『安全工学』三八巻、六号、一九九九年、三四六頁。

42 越正毅「交通事故防止の（社会的）価値の推計に関する研究―非金銭的な人身被害を金額評価する方法」日本自動車工業会『ＪＡＭＡＧＡＺＩＮＥ』二〇〇五年五月号。（Ｗｅｂ版 http://www.jama.or.jp/lib/jamagazine/200505/12.html）

43 一米ドルを一一〇円（二〇一九年四月現在）とする。

44 宇沢弘文『自動車の社会的費用』（前出）、七四頁。

45 兒山真也『持続可能な交通への経済的アプローチ』日本評論社、二〇一四年、三三頁。

6. 現代の社会的費用論

社会的費用論

社会的費用あるいはそれと関連の深い概念は古くから提示されている。アルフレッド・マーシャルは一八九〇年の『経済学原理』[注1]で「人間は物質を創造する力をなんら持っていず、ただそれを有用な形態に組み替えることによって効用を創造するだけなのである」という物質観を述べている。これは現代の環境論にとっても重要な論点である。今では「古典派」と呼ばれるアダム・スミスやデヴィッド・リカード、あるいは日本の二宮尊徳なども、現代の経済学者よりはるかに経済の物質的側面に的確な注意を払っていた。

マーシャルは「内部経済・外部経済」や「Ｇｏｏｄｓ／Ｂａｄｓ」の概念を提示している。良い価値をあらわすＧｏｏｄを複数形にすると商品や物資の意味となるが、それに対比してＢａｄｓも存在することを示している。マーシャルの頃、今日でいう「環境」の概念は明確ではないものの、産業革命以降の工業生産活動に伴う資源・エネルギーの消費や廃棄物・汚染など負の側面がすでに認識されるようになり、野放図な企業活動に対する批判も高まっていた。

次に社会的費用に関して重要な概念を提示したのはアーサー・セシル・ピグーであろう。[注2] ピグーはマーシャルの後継者でもある。企業（個人）が環境汚染を引き起こしながら自己の利益の最大化をはかっているとすると、その企業（個人）にとっては最適であっても、社会全体として最適な状態になっていない。企業（個人）にとって収支がバランスする生産量と、社会的に収支が釣り合う生産量[注3]の間には差が生じ、その状態では社会的厚生は最大化されていない（最適点でない）から、政府が介入してその差を税金として私企業あるいは個人に課すべきであるとする説である。ピグーの時代には大恐慌や第一次大戦を経て、それまで世界をリードしてきた英国の経済が地位を失い人々の生活が疲弊した背景がある。加えて人間の使用するエネルギーが急速に増大した。産業革命からピグーの時代までに人間が一度に扱いうるエネルギー（動力機関の出力など）が約一〇〇〇倍に増加し、それに伴う廃棄物や汚染もそれに比例して増大した背景もある。

環境に関しては、社会的費用の内部化の方法の一つとして「環境税」が提案されている。諸富徹（横浜国立大学・環境経済学）は「社会的共通資本の維持管理手段としての環境税は、二重の性格をもつ。第一は、資本主義経済の意思決定機構の中に、環境保全への経済的誘導を埋め込むことによって持続可能な発展を実現する、政策手段としての環境税である。環境税の導入は環境負荷の削減を可能にし、社会的共通資本の劣化・損傷を防ぐであろう。通常はこの点のみをもって環境税の定義とされるのが普通である。しかし第二に、環境税は社会的共通資本の維持管理に必要となる財源を、環境負荷に応じて公正に配分する財務調達手段としての性格をもっている」[注4]として、環境税の二つの意義を示している。ただし環境税の評価とその政策的利用については諸説があり必ずしも確定したものではない。

前述のピグーの説に関して、企業（個人）の利潤最大化と、社会的厚生の隔たりを是正するために政府が介入（課税）すべきであるという説明は明快ではあるが、その額をいくらにするのか、具体的にわからない問題が残る。ある有害な汚染現象（物質）があるとして、その一定量の排出に対して、企業（個人）と社会的厚生の隔たりがどれだけあるのかという数量的な関係を具体的に定めなければ、税をいくら賦課すれば良いのか決めることができない。

この問題に対して、ウィリアム・ボーモルとウォーレス・オーツが提唱した「ボーモル・オーツ税」がある。自然科学的な知見をもとに、公共的な意志決定の手続きを経て「環境基準」を定め、これに合うように課税する考え方である。この方法では、経済学的な意味での最適状態が実現されるとはかぎらないが、より現実に即した環境汚染のコントロールが可能となる。現代の環境政策の経済学的な根拠は、基本的にこの考え方を前提にしている。その意志決定に際して、できるだけ客観的な社会的費用の数字の提示が重要となる。

ピグーから三〇年ほど後にカール・ウィリアム・カップ（米国）は、環境汚染が社会的な厚生の低下を招くだけでなく、資本主義経済の基盤そのものを破壊すると警告した。カップによると、利潤の極大化で行動する私的企業は社会的費用を負担せず、それを外部に転嫁しているため、資本主義経済の発展にともなって社会的費用が累積的に増大し、やがて資本主義経済の再生産構造を破壊するであろうと指摘した。カップの時代ともなると、人間が一度に扱いうるエネルギーは、産業革命の時期に比較して一〇万倍に達している。ただしカップも「個々の経済学者は私的生産が惹き起した損害や損失の社会的価値を科学的に決定する方法を持たないのである」[注5]として推計の限界に言及している。

カップと同時期のE・J・ミシャン（英国）は「競争的市場は、長いあいだ経済学者によって、財貨およびサービスをかなりの効率をもって配分するうえで、費用のかからないメカニズムであると認められてきた。しかし、ひとたび〝ｂａｄｓ〟ともいうべき『負の財貨』ないし有害な外部効果が、〝ｇｏｏｄｓ〟すなわち正の財貨の生産に伴って、ますます多く発生するようになってきたことが観察されると、市場メカニズムの重大な欠落について語ることも許されてよいと思う。［中略］特にここでわれわれが想起しなければならぬのは、営利企業にとって何が費用となるかは、現行の法律に依存するという点である」[注6]という重要な論点を指摘している。

一方で近年の理工学的な知見の進展に伴い、具体的な数値の推計が困難として棚上げされていた項目に対しても推算が可能となってきた。ピグーのわかりやすい考え方と具体的な数字が結合して、環境問題の改善に貢献しうる可能性が注目されている。ただしこうした費用が具体的に推算できるようになった陰には、実際に多くの人の命や健康が失われたり、回復不能な経済的、時間的損失がデータの蓄積につながってきた経緯があることも認識すべきであろう。

他に外部不経済の検討に関してはワシリー・レオンチェフ（一九七三年・ノーベル経済学賞）が注目される。レオンチェフ自身は外部不経済の研究を専門としていないが、経済活動が環境に及ぼす影響の検討に応用される産業連関分析の開発者である。産業連関分析は一九四〇年代から経済予測の手法として注目されていたが、その拡張によって前述のＢａｄｓも定量的に取り扱える。一九七〇年代からは産業連関分析の環境問題への応用が盛んになった。

エコロジーと経済の関係について関心が高まった時期には次のような指摘がみられる。鷲田豊明（和歌山大学・経済学）は「環境問題の広がりと深刻化は、経済が物質的に閉じたシステムではないという事実を前提にした、新しい社会科学の展開を要求している。経済は、環境から物質を搾取し廃棄しているシステムである。この搾取と廃棄が環境に何の影響も与えないならば、仮想的に経済を閉じたシステムとして扱い、成長三昧の状況を望ましいと考えることは許されるかもしれない。しかし、身近な大気汚染や水質汚染から地球規模の諸問題まで、多様化し深刻化した今日の環境問題は、物質的閉鎖系としての経済という仮定を完全に非現実的なものとしてしまった[注7]」と述べている。

内部化に関する論点

外部不経済のうち環境の分野では、その負荷に応じた費用を、たとえば「環境税」という方式で課すことによって、CO_2や大気汚染物質の排出、そのほか好ましくない現象を減らすという考え方は、理論的には妥当である。宇沢も炭素税ないしは広義の環境税は、CO_2に関する社会的費用を内部化するために有効な手段としている。一方で炭素税の欠陥についても指摘している。もしCO_2一トンあたり世界的に定額を設定するならば、途上国に対して過重な負担になり国際的公正の観点から問題があるだけでなく、途上国の発展を妨害する結果になる。このため宇沢は、国際間あるいは世代間の公平性を保つために「大気安定化国際基金」を提案している。[注8]日本ではすでに二〇一二年に炭素税が段階的に施行され二〇一六年に当初予定の最終税率（CO_2一トンあたり二八九円）に達している。実際には「石油石炭税」に上乗せして徴税されているが、海外（CO_2一トンあたりスウェーデンが約一万五〇〇〇円、スイスが約一万一〇〇〇円など）と比較して少額であり、ガソリン一リットルあたり一円未満であることから炭素税が賦課されていること自体を意識していない人々も多いと思われる。また原油価格の変動など他の諸々の変動に吸収されてしまう程度の少額であり、実効性は疑問である。

自動車税制の「グリーン化」も実施されている。自動車がもはや奢侈財ではなく利用が強制され、自動車が弱者のシェルターともなっているような実情の下では、炭素税（環境税）は経済的な弱者に対して逆進的（弱者ほど負担の比率や影響が大きくなる）になる。[注9]企業に対して課せられた環境税も、企業がそれを製品に転嫁すれば最終的には弱者に負担が移転される。また実際の税制上における課税のしかたによっては、本来目的とした効果が損なわれるケースもある。

諸富（前出）は、環境負荷の少ない自動車の普及を促進する目的で実施された「自動車税のグリーン化」を例に「自動車税制の『グリーン化』提案は、課税標準を、これまでの排気量のみから燃費基準を加えたものに変えることで、自動車からの二酸化炭素排出を抑制することを目的としている。これは税制による環境負荷の抑制を明快に課税の目的としている実例であるが、だからといって自動車税を環境税と呼ぶことはできない。それは、自動車税の課税標準が環境負荷と直接に関係のある二酸化炭素の排出に置かれていないからである」[注10]として問題点を指摘している。

内燃エンジンを使用した自動車（ガソリン・ディーゼル）については、CO_2の発生量が燃料消費量に比例するから、環境税を課税すれば環境負荷に連動した外部費用の内部化が一見は達成されたように思われる。

しかし燃費の良い自動車の所有が促進されると、一方で燃料費の低減が自動車をより多く使用する動機となる本末転倒の結果を招く。いわゆる「リバウンド効果」である。自動車税のグリーン化は自動車の総台数を抑制する効果はないから、総台数の増加によって燃費の改善が相殺されるかもしれない。多くのシミュレーション[注11]によってリバウンド効果の予測が指摘されている。また一台あたり定額の税であれば走行量が多いほど割安となるという矛盾も生じる。

自動車の外部不経済はCO_2だけでなく、渋滞、大気汚染、騒音、交通事故など多岐にわたるが、それらのほとんどが自動車の使用段階で生じる。自動車に関して環境税を設けるのであれば、自動車一台あたり定額の部分をできるだけ少なくする代わりに、それぞれの項目ごとに走行量に応じた課税額を求めて、走行距離に対して課税することが理論的には妥当である。また炭素税は自動車にかぎらず産業から家計まで広範に影響を及ぼすが、税額や賦課方法、徴収額の用途によりどのような影響が生じるかのシミュレーションは多数報告されている。炭素税について本書ではこれ以上触れないが全体的なレビューとしては資料[注12]を参照していただきたい。

一方で内部化の考え方自体に疑問を呈する議論もある。鷲田（前出）は「二〇世紀の経済学は『均衡』という概念を一つの主要な軸にして発展してきた。経済学にとって均衡がこころよい響きをもった概念であるのは、それがシステムの『持続可能性』への期待と結びついているからである。財やサービス、それらの価値の流れが釣り合いのとれている状態であるか、一時的にはずれても均衡に向かう傾向が存在することによって、システムは持続的な存在の資格をもつと考えているのである。しかし、環境問題は、経済学的均衡の対象となるシステムの範囲の狭さをはっきりと示している。たとえ、経済というシステムの範囲では均衡が存在したとしても、それを支える環境との関係では均衡が存在していないのである。このような経済学にとって不愉快な状況を変えるために、直接問題となっている環境の部分を強引に経済に内部化する試みが行なわれてきた。経済と環境の接点を内部化するのである。たとえば環境が汚染されれば、汚染を引き起こす側あるいは汚染の浄化によって利益を受ける側に経済的負担を義務づける、などの政策の有効性を単純に否定することはできない。しかし、今日の環境問題には、環境が部分の寄せ集めではなく全体的で複雑なシステムとして劣化するという、新しい状況があらわれているのである」[注13]としている。

社会的費用の現代的意義

社会的費用とは被害に対する対価、平易にいえば金を払った分だけ被害を相殺できるという意味で捉えるべきではない。逆に、そのような費用を生じさせないように対策を促進し、あるいはより広く自動車のもたらす負の影響を未然に回避するための指標とすべきである。ことに交通事故、気候変動、大気汚染のように人命・健康に関する分野では、ひとたび被害が発生すれば事後にいくら補償金を積んでも元にもどすことができない。それを未然に防止するための政策オプションの指針とするという重要な意義がある。それを計測する意義として、ある報告ではつぎのような点を挙げている。[注14]

① 自動車の社会的費用について計測し、自動車の保有・運行に社会的費用がかかっていることを実証的に示すこと自体に意味がある。

② 社会的費用をすべて計測する事は不可能であり、何らかの限定をしなければ計測できないが、少なくともその部分については社会的費用がかかっていることを示し、その費用について保有・運行者に負担させる必要性を訴える材料とする。

③ 特定部門の社会的費用（たとえば大気汚染なら、公害健康被害補償、道路緑化等）について計測することにより、その部門の環境負荷を軽減し、社会的費用を内部化するための誘導的（経済的）手法の研究、効果検証に結び付ける。

社会的共通資本を守る

社会的共通資本は宇沢が継続して重要性を指摘している概念であり[注15]、そもそも「自動車の社会的費用の概念を明確にするために考え出されたもの[注16]」と宇沢自身が言及している。宇沢は「社会的共通資本は、一つの国ないし特定の地域に住むすべての人々が、ゆたかな経済生活を営み、すぐれた文化を展開し、人間的に魅力ある社会を持続的、安定的に維持することを可能にするような社会的装置を意味する。社会的共通資本は自然環境、社会的インフラストラクチャー、制度資本の三つの大きな範疇にわけて考えることができる。大気、森林、河川、水、土壌などの自然環境、道路、交通機関、上下水道、電力・ガスなどの社会的インフラストラクチャー、そして教育、司法、金融制度などの制度資本が社会的共通資本の重要な構成要素である。都市や農村も、さまざまな社会的共通資本からつくられているということもできる[注17]」としている。どの分野の社会的共通資本も、破壊はたやすいが再建しようとすれば大きな困難を伴う。特に自然環境はいったん破壊すれば復元はまず不可能である。

国民全体の中で、車の所有・運転自体を趣味とする人々が占める比率は多くないであろう。多くの自動車利用者はむしろ逆で、車を所有・運転しないことによる不利益・不便・不安を回避・軽減するために車を所有・運転する（せざるをえない）のが実態である。言いかえれば、暮らしに必要なサービスという利便性のレベルから、何らかの事情で社会的・経済的困難に陥った際のセーフティネットに至るまで、より一般化していえば、「社会的共通資本」が脆弱であるためにそれを個人的に対応せざるをえないことから車の所有・運転を余儀なくされている。逆にいえば社会の各分野で「車がないと不利益・不便・不安」という領域を解消（軽減）する対策自体が、社会的共通資本の充実を促す対策となる。

地方都市では地域の医療機関で出産できない事態が発生している。和歌山県新宮市の例では、近隣地域から年間三〇〇件の分べんを受入れていた市立医療センターが突然分べん受入れ中止を発表し、産婦は車で二時間かけて別の医療機関に通院せざるをえない事態となり、その時点で出産を予定していた五七人の妊婦も転院せざるをえなくなった。[注18] 体調の急変が起こりうる妊娠期間中に本人が二時間も運転するなど非現実的である。これも社会的共通資本が脆弱なため車を運転せざるをえない一例である。

分野ごとの考え方と事例

「社会的費用」は経済学の教科書的な説明では「私的費用」と「外部不経済の費用」の合計である。私的費用は当事者が市場を通じて直接負担している費用である。一方で外部不経済の費用は市場を通さずに

表6－1　社会的（外部）費用の項目

総費用	外部費用	環境・エネルギー費用	気候変動
			資源・エネルギーセキュリティ
			大気・水質・土壌汚染（生産～廃棄）
			その他の化学物質
			景観・コミュニティ分断
			騒音・振動
		混雑（時間のロス）※内部費用とみなす見解もあり	
		事故	
		土地消費（スプロール、駐車場等）	
		インフラ費用	道路資本、維持管理
			警察、消防、裁判所、戦略的備蓄
	内部費用		自動車関連税
		私的費用	燃料・通行料金
			維持・車検
			保険（事故・盗難）
			駐車場（自宅・自宅以外）
			車両本体

生じている外部への損害や負の影響、たとえば事故や環境汚染などである。ただし研究者でも、社会的費用を外部費用の意味で用いている場合も多い。外部不経済の全部あるいは一部を私的費用に転嫁することを「内部化」という。

ただしどの項目を社会的（外部）費用とするかについて定説はなく、議論の枠組みや論者によっていくつかの項目を入れたり除いたりの相違がある。[注19]ミシャン（前出）が指摘するように、営利企業にとって何が費用となるかは、現行の法律に依存するし、また科学的知見の進展によって新たに有害性が発見される場合がある。たとえば自動車からの排出量の比率は少ないがダイオキシン（類）の有害性は一九九〇年代後半まで認識されておらず、随所で無頓着に塩化ビニル製品等を焼却処理していた。**表6－1**は検討の対象となりうる項目を列挙したものである。[注20]

しばしば見解が分かれる項目は混雑（渋滞）によ

る時間損失（経済価値に換算した額）である。渋滞は運転者本人も巻き込まれているのだから自ら負担していると考えられる一方で、自身が参入した分だけ渋滞が増加するから第三者に及ぼす負担でもある。前述の一九七〇年前後に行われた運輸省（当時）の推計では社会的費用に計上しているが、同時期の自動車工業会の推計では除かれている。宇沢自身は混雑費用は社会的費用であるとしている。かりに自動車利用者が混雑による損失を承知の上で道路を利用しているから社会的費用ではないという説明であれば、交通事故もまた同様に社会的費用から除かれることになると批判している。[注21]

次に、社会的（外部）費用を課税・課金・補助金等として政策に展開するには、その具体的な数値が必要となる。宇沢著書・論稿以後にも国内外で多くの試算がなされており、日本では兒山真也・岸本充生（産業技術総合研究所・化学物質リスク）による総括的な整理[注22]が多く引用される。兒山・岸本は大気汚染・気候変動・騒音・事故・インフラ・混雑の各項目について車種別に整理するとともに、海外の類似研究との比較も行っている。さらに兒山はこれを補足・更新し二〇一四年に包括的な研究[注23]をまとめている。海外での自動車の社会的（外部）費用に関する研究は日本よりはるかに活発であり多数の報告がなされてきた。代表的なものとして主にEU圏についてローテンガッター[注24]、米国についてデラッチ[注25]、北米圏その他全般についてリットマン[注26]等が各々包括的な報告を行っている。最近の数値としてはEUのプロジェクトとしてオランダの非営利研究機関〝CE Delft〟による推計[注27]がある。

本章ではこのうち「大気汚染」「気候変動」「騒音」「事故」「インフラ費用」「混雑」について紹介する。これらは考え方や算出手法がそれぞれ異なっている上に国・地域により評価が異なるため直接の比較は難しい。しかし相互に桁ちがいの差があるわけではなく指標になりうると考えられる。ここでは各々の分野について考え方や試算例を要約し、国内を対象として整理された兒山の結果を中心に紹介する。

大気汚染

自動車がもたらす負の外部性のうち、自動車排気ガス中の大気汚染物質による健康被害は現在でも解消されていない。物質の種類としてはSO_2（二酸化硫黄）・NOx（窒素酸化物）・PM（粒子状物質）などがある。これらの影響を費用に換算する方法として、①健康被害に対する補償費用を以て環境汚染の費用とするもの、②ある一定量の汚染物質の排出を未然に防止するための費用を適用するもの、③汚染の程度と健康被害の相関関係を求め、その医療費を以て環境汚染の費用とするもの、④良好な環境を得るための支払い意志額で代替させるもの、⑤心理学的モデルで求める方法などである。

汚染物質の重量（一トン）あたりの費用は次の手順で推定される。第一に、排出される汚染物質の量と大気中の汚染物質の濃度には一定の相関関係がある。第二に、その濃度と人間の生命・健康に対する影響にも一定の相関関係がある。第三に、人間の生命・健康を経済価値として評価する（第5章参照）。これらの関係を組み合わせることにより、汚染物質の重量（一トン）あたりの費用を推定する。国内での試算例では「道路投資の評価に関する指針（案）」によると、大気汚染物質としてNOx（窒素酸化物）を代表として取り上げ、人口密集地（DID・第1章参照）では発生量あたり二九二万円／トン、その他市街部では同じく五八万円／トン[注28]としている。SO_2（二酸化硫黄）と粉じんは評価の対象となっていない。

次に自動車が道路上を走行した場合に、距離（一km）あたりどれだけ汚染物質を発生するかは速度別・

車種別に実測あるいは技術的な推定から求められる。それらを組み合わせて乗用車（ガソリン車）あるいは大型車（ディーゼル車）の走行距離あたりの大気汚染物質の費用として換算する。前述の「指針」では人口密集地で三・三円／台km、その他の市街地で〇・六円／台kmなどとなる。なおガソリン車とディーゼル車による汚染物質の排出量の差については、同指針の方法では「大型車混入率」として補正する方法となっている。なお自動車排出ガスの汚染物質の規制は漸次強化され、規制に適合した新車が導入される一方で古い車両が置き換えられてゆくため、距離（一km）あたりの汚染物質発生量は次第に低下してゆく。一方で兒山の試算ではこの方法は用いず、健康被害との関連が最も強い大気汚染物質としてＰＭ（粒子状物質）に注目し、次の手順で推計している。

①自然界由来の平均的なＰＭ濃度（バックグラウンド濃度）を推定する。
②観察されるＰＭ濃度とバックグラウンド濃度の差から、人為的ＰＭ排出源に起因する死者数を推定する（都道府県別に影響が異なるので、推計は都道府県別に行う）。
③人為的ＰＭ排出源のうち道路交通に起因する割合を推定する。これより道路交通起源のＰＭ排出に起因する死者数が推定される。
④死者数に生命の経済的評価（ＶＳＬ・統計的生命価値）を乗ずることにより全体の外部費用が求められる。
⑤車種別（乗用車・バス・小型貨物車・大型貨物車）のＰＭ排出量に応じて、走行量（台km）および輸送量（人km・トンkm）あたりの数値として割り振る。

この手順では死亡のみ評価しているため、死亡に至らない健康被害の外部費用が算出されないが、その分については死亡に対して一定の割合で健康被害が発生しているものとして間接的に推定している。この手順のうちPM濃度や死者数は測定や統計などから得られるのに対して、VSL（統計的生命価値・第5章参照）は前述のように人々の意識や感覚に依存する数値である。性質が異なる数値を乗じて推計することは理論的に厳密でないとの批判もありうるが、外部費用低減のための指標としての意味が期待されている。

気候変動

人為的なCO_2その他の温室効果ガス（GHG）排出に伴う影響として、日本では一般に「温暖化」の用語が用いられてきたが、地球全体の気温が一様に上昇するのではなく、気象災害の増加なども指す「気候変動」のほうが普遍的である。CO_2は自動車のほか発電・産業・家庭など発生源が多岐にわたるとともに、同じ量のCO_2は同じ影響をもたらす。気候変動にともなう被害として、気象災害の増加、海面上昇による居住地の損失、それにともなう経済的被害、農作物の生産に対する被害、生態系の変化などがある。大気中のCO_2の濃度の増加と地球規模の気象への影響については理工学的なシミュレーションから推定される。[注29]また農作物への被害など社会・経済的な影響も発生する。これらの中でも、経済価値に換算可能な項目と換算困難な項目が混在するが、それらの詳しい議論は専門の文献によるとして、地球規模での経済的な損害にはいくつかの試算が紹介されている。[注30]

大別して、①気候変動により生じる損害額を積み上げる「損害費用法」と、②削減目標を決めてその達成に必要な費用を推計する「回避費用法」がある。計算の過程でいろいろな要素が介在し、多くの仮定を重ねた推計とならざるをえないため、報告により異なった推計が提示されている。ただしいずれにしても、人為的なCO_2排出に対して対策を施さなければ重大な損失を招く可能性が高いという認識は一致している。CO_2に関して排出一トン（炭素に換算する場合もある）あたりの費用がいくらになるかという、排出量と費用を関連づける手法は大気汚染物質の場合と同じで、被害額を通じて推計される。

問題点として、CO_2のように、現在排出した物質が長期間にわたって影響を生じる現象については、将来に生ずるであろう被害が現在価格に直していくらに相当するのか、経済学の用語でいう「割引率」の設定によって評価が大きく変わる。割引率は利子と同じような意味で、現在の一万円が何年後に何円に相当するかの評価に用いられる。GNPの成長率などと同じにとる場合もあるし、長期的な影響を重く見るならば、割引率を小さく（またはゼロ）設定することによって現在の費用をより重く評価することにより、環境負荷物質の排出を制限する方向にすべきだという考え方もある。ただし割引率は、いくら議論しても確実性の高い結論を得ることは不可能であろう。五〇年先はおろか数年先でさえ経済・社会の確実な予測は困難だからである。また先進国と途上国の間でも経済状況に差があるから、何をもって「公平」とみなすのかなど、どうしても論者の主観的な価値判断に依存する。これでは決めようがないが、いま世界的におおむね合意を得られている考え方は、将来の災厄を回避できるような安全側に、また世代間や地域間での著しい不公平性をもたらさないように、倫理的な評価を含めて割引率を設定すべきだという考え方である。

前述『道路投資の評価に関する指針』では、二三〇〇円／トン炭素（六二八円／トンCO_2）とされているが、この価格は海外の試算より過小評価であり、自動車の走行距離あたりとして換算すると〇・二円／台km程度にとどまる。いずれの推計値が妥当であるか一概に言えないが、兒山はオランダの非営利研究機関〝CE Delft〟の推計[注31]を採用している。これはEUを対象とした推計であるが、経済状況が近いとみなせる日本にも適用可能としている。

①CO_2排出量は燃料消費量に比例するから統計などから推定する。これを車種別（乗用車・バス・小型貨物車・大型貨物車）走行量（台km）および輸送量（人km・トンkm）あたりの数値として割り振る。ただし二〇一〇年代までは自動車燃料は大部分が化石燃料（ガソリン・軽油等）であるからこの方法でよいが、今後非化石エネルギー（電気自動車・水素自動車など）が増加してきた場合には、別の評価を検討する必要がある。

②CO_2排出量あたりの外部費用は各種の環境モデルによる検討から推定される。

③これを自動車からのCO_2排出量に乗じることにより車種別に走行量（台km）および輸送量（人km・トンkm）あたりの外部費用を推定する。

騒音

騒音は大気汚染や気候変動と同じく大気を介した現象であるが、原因が物質ではなく音（波）であるため、排出量と関連づけて「一台kmあたり」の数字は求められない。また静かな住宅街に散発的に一台の自動車が通る状態と、もともと交通量の多い道路に追加的に一台の自動車が通る（加わる）状況では、心理的な「うるささ」では、前者のほうが妨害性が大きい場合もある。騒音の経済評価を大別すると、①「迷惑料（生活妨害）」的な考え方と、②不動産の価値低下（法律的には財産権の侵害）という二つの評価法がある。

自動車（そのほか航空機・鉄道）はその発生源が断続的に通過するたびに騒音が変動するため、一定の方式で時間的にならした値である「等価騒音レベル（Laeq）」で評価する。単位はdB（デシベル）で表示され、通常の人間の聴覚で聞こえる最低限の音のエネルギーを基準として、それに対する倍率として音のエネルギーの強さを表示する値である。騒音は感受性の個人差が大きいが、大まかな感覚としては、たとえば六五dBとは交通量の多い四車線以上の幹線道路に直面した場所である。生活妨害としての評価の例では、各種の騒音に関する訴訟での損害賠償額を目安とする。国道四三号線訴訟の例などから、一人・一年あたりの額は、等価騒音レベルの六五dBまで年額七万二〇〇〇円、七〇dBまで九万六〇〇〇円、七五dBまで一二万〇〇〇〇円などとしている。[注32]

不動産の価値低下の評価の例としては、中古マンションの値付けマニュアルによって、周辺の騒音が価格低下の要素とみなされていることと関連づけて費用に変換する手法もある。値付けマニュアルでは、駅へのアクセス、日照など一八の項目に対して加点・減点法で査定されるが、屋外騒音レベルが四〇dBをマイナス三点、五〇dBをマイナス五点、六〇dBをマイナス一〇点などとする。兒山の推計では同じく不動産価格を媒介とした手法で、数値は異なるが次のように推計している。

①騒音レベルの一dBの変化に対する貨幣価値を「ヘドニック法」を用いて推計する。ヘドニック法とは、騒音レベルが地価にどのように反映されているかを統計的に整理して求める方法である。

②同じ騒音源（道路）であっても、そこからの距離によって騒音レベルが異なるから、どれだけの人がどのレベルの騒音に曝露されているかを求める。これに一dBあたりの貨幣価値を乗じることにより全体の外部費用が求められる。

③車種別（乗用車・バス・小型貨物車・大型貨物車）の騒音の重みづけに応じて、走行量（台km）および輸送量（人km・トンkm）あたりの数値として割り振る。

交通事故

第5章では交通事故そのものについて論じたが、ここでは交通事故の社会的費用の考え方について紹介する。**表6－2**に『道路投資の評価に関する指針』による走行距離あたりの数字を示す。同指針の考え方は、交通量・交差点の数・車線の数・中央分離帯の有無の条件により、それぞれ係数を用いて計算する。たとえば交差点は交通事故が多発する要素であり、統計的に交差

表6－2　交通事故の経済評価値

条　件	道路の構造	事故の社会的費用（円／台km）
人口密集地	4車線で分離帯あり	11.8
	4車線で分離帯なし	10.6
その他市街部	4車線で分離帯あり	9.9
	4車線で分離帯なし	9.3

点一カ所あたり何件の事故が発生し、その被害金額がいくら等から計算する。一kmあたり交差点の数を五カ所と想定すると、所定の計算式により**表6－2**のような費用となる。同じ台数でも大型車と乗用車で危険度が異なるが、ここでは平均の値として示されている。

また別の考え方としては、全国（または地域）で、交通事故による経済的被害、事故処理、安全対策などの費用がどのくらい発生しているかを計算して、それを自動車の走行距離で割ることによって、走行台kmあたりの費用を求める方法もある。（一社）日本損害保険協会の報告書では、支払保険金の観点として、二〇一二年度では人的損失額一兆四四四八億円、物的損失額一兆七九五八億円、合計三兆二四〇六億円とされている。[注33]

人身損失額とは、治療関係費・慰謝料・休業損害・逸失利益等の合計で、過失等による減額を考慮する前の損害認定実額である。物的損失額とは、車両保険および対物賠償保険に係るデータによる車両（自車両、相手車両）・家屋・ガードレール等の損傷復旧費用等の合計で、物損事故のみで済んだケースおよび人身事故に至ったケースにおける物損部分も計上される。また「加害者・被害者・被害状況別」「用途・車種別のデータ」「事故類型別のデータ」「事故発生地に関するデータ」が提供されているが詳細は省略する。[注34]

また内閣府は**表6－3**に示す項目で被害別の経済被害を推計している。[注35]被害状況や車種別の相違は省略して自動車の走行kmあたりにすれば、平均四・五円／台kmに相当する。合計で一四兆七六〇〇億円、自動車の走行kmあたりにすれば平均二〇・四円／台kmに相当する。前述の損害保険協会の試算と比較すると四倍以上大きくなっているが、これは人命・健康の評価が大きく評価されているためである。

このように交通事故の社会的費用の推計は一定しないが、兒山は第5章で解説したSG法による統計的

表6－3　内閣府の試算

単位：億円			死亡	後遺障害	障害	物損	合計
金銭的損失	人的損失	逸失利益・治療関係費・葬祭費	920	3,690	3,060		7,670
		慰謝料	710	980	3,680		5,370
		小計	1,630	4,670	6,740		13,040
	物的損失		20	20	200	3,700	17,960
	事業主体の損失		60	60	120	750	920
	各種公的機関等の損失		130	130	830	7,110	8,290
	金銭的損失合計		1,840	5,820	18,300	14,260	40,210
非金銭的損失	死傷損失		30,010	65,440	11,940		107,390
総計（慰謝料分除外）			31,140	70,280	26,560	14,260	142,230
総計（慰謝料分除外せず）			31,850	71,260	30,240	14,260	147,600

生命価値（VSL）の値を採用し、次のような手順で推計している。

①交通事故の件数や程度別の被害（死亡・重傷・軽傷）は警察統計や保険統計から得られる。

②各々の被害に対する経済的評価を求める。生命や健康のVSL等は大気汚染の場合と同様である。

③車種別（乗用車・バス・小型貨物車・大型貨物車）の第一当事者（ある交通事故に関与した当事者、加害者・被害者のうち最も過失が重いとみなされる者）の割合に応じて、走行量（台km）および輸送量（人km・トンkm）あたりの数値として割り振る。

道路インフラ費用

道路がなければ自動車の効用は存在しないから、道路のインフラ費用（建設費・用地費・維持管理費など）のうち、利用者が負担していない分が社会的（外部）費用にあたる。しかし

第4章で指摘したようにインフラの利用者負担と道路財源は直接結びついていないため実態は複雑で、どこからが社会的費用にあたるのか分離は難しい。またインフラ費用を社会的費用とみなすかどうか自体も諸説あり、論者によってはインフラ費用を社会的費用の項目から除外する場合もある。

日本では有料道路事業と一般道路事業は費用・負担構造が異なる。有料道路事業については、二〇〇五年九月まで四道路公団（日本・首都高速・阪神高速・本州四国連絡橋）により建設・運営されていた。しかし第一次小泉内閣での構造改革の一環として民営化が提起され、二〇〇五年一〇月以降は民営化されて六会社（東日本・中日本・西日本・首都・阪神・本州四国連絡、以下「会社」）と独立行政法人日本高速道路保有・債務返済機構（以下「機構」）に再編された。この時点で三八・八兆円の債務があり、現在もまだ返済中である。「機構」は旧公団からの債務を継承するとともに設備（道路などの資産）を保有し「会社」に貸し付ける。「会社」は貸し付けられた設備を運用して得た料金収入から「機構」に貸付料を支払う。新たな高速（有料）道路を建設する場合には「機構」と「会社」で協定を締結して行う。料金収入は利用者負担であることは明確であるが、社債の発行や財政投融資と、その返済は利用者負担とは言い難い。さらに「新直轄」というスキームもある。これは設備としては高速（自動車専用）道路であるが、道路会社によらず国と地方公共団体が費用を負担する事業である。

一般道路については、入口と出口だけをみれば自動車関係の諸税を財源として道路整備（国道・地方道）が行われているように見えるが、第4章で述べたようにその途中の配分過程が不明瞭であるため、どこからが社会的費用にあたるのかの分離は困難である。ある年度の税収を当該年度の建設・補修費用に充てるという時間的な一致もない。また地方一般財源（原資は地方債・地方交付税など）や、債務の返済は道路利用者の負担とは言い難い。

　高速道路・一般道路とも、いったん整備すれば少なくとも数十年は使用するインフラであり、単年度の収入と支出を比較しても必ずしも妥当な評価ではない。兒山の推計でも二〇〇一年には投資額のほうが上回っていたが、その後のいわゆる構造改革などの政治情勢により道路投資額が急減した影響もあり、単年度の比較としては二〇一四年の推計では投資額のほうが下回ったため、兒山の改訂された数値ではマイナスに算定されている。

　このようにインフラ費用を社会的費用として評価する際には不明瞭な部分が多いが、現状の試算では外部費用全体に占める影響としては大きくないため、いずれにしても参考程度にとどまる。

渋滞（混雑）

　混雑現象は、道路にかぎらず容量が限られたシステムを、多くの者が利用しようとするときに起きる問題であり、経済学では古くから関心が持たれている。一定の交通量で自動車が通行している道路に追加的に一台の自動車が参入すると、全体の速度を低下させるだけでなく、それに関連して走行距離あたりの汚染物質の増加や、停止・再発進を繰り返す渋滞の増加によって騒音の増加も生じる。混雑現象については、利用者自身も混雑に巻き込まれているから外部費用ではないとの見解もあるが、兒山の検討では外部費用に計上している。

　渋滞の費用は、その分の時間価値が失われることによる費用である。経済学的には「機会費用」、すなわちその時間をもし他のことに使ったならば得られるであろう利益という意味である。国土交通省『費用便益分析マニュアル』では、一分あたりの時間価値を乗用車類で四五・一五円、小型貨物車で五〇・四六円、普通貨物車で六七・九五円などとしている。[注36]

この数値を国（地域）全体で集計した結果が、しばしば「首都圏（あるいはその他の地域）の渋滞による経済損失は毎年〇〇兆円」として示される数値である。[注37] なお時間価値は地域によって異なるはずであるが、兒山の推計では地域差を分離していない。

①国土交通省は「全国の道路渋滞による時間損失[注38]」を推計している。これは、各々の道路について、道路が空いていて自由に（信号や速度制限等は守るとして）走行できる状態の基準所要時間に対して、実際の所要時間と比較して、超過した分を混雑による損失とみなす考え方である。その時間に交通量と乗車人員を乗じて、全国で「人・時間」の数値として集計した数値である。なおこの数値は年々低下（渋滞が改善）の傾向にある。

②この時間に、時間価値の経済評価（一分あたり何円か・時間当たり賃金などから推定する）を乗じて外部費用全体を求める。時間価値の経済評価については国土交通省の『費用便益分析マニュアル』から前述の値を適用する。

③大型車は乗用車（小型車）に対して混雑に対する負荷が二倍と設定して、走行量（台km）および輸送量（人km・トンkm）あたりの数値として割り振る。

駐車

一般的に駐車の社会的費用は注目されず兒山推計でも採用されていないが、駐車場も大きな社会的費用を発生させている。道路と同じく駐車場がなければ自動車の効用は存在しない。もし適切な駐車場がなければ都市部では路上駐車が不可避となり、渋滞とそれに伴う環境汚染物質の増加、燃料消費、事故を誘発する。路上駐車では自動車利用者が公道あるいは他者の土地を無料で駐車場がわりに使っているのであるから社会的費用の性格を有する。

中村彰宏（帝塚山大学・経済学部）らは路上駐車が交通流に及ぼす影響をシミュレーションして社会的費用を推計している。[注39] このシミュレーションは、コンピュータ上に仮想的な自動車を配置し、それらが先行車との車間距離などに応じた速度で走行するようにシミュレーションするモデルである。こうした計算に用いられるソフトにはいくつかの市販システムあるいは独自開発のモデルがあり、さまざまな交通計画に利用されるほか、自然災害や原発事故の避難の検討にも用いられる。路上駐車がなかった場合の走行時間に対して、路上駐車が一台・二台…と追加的に増加していった状態をシミュレーションし、CO_2や大気汚染物質の増加や時間損失を推定して影響を考慮している。

路上駐車は交通事故の誘因にもなるが、このシミュレーションでは交通事故については考慮していない。路上駐車が存在することにより通過する交通（道路利用者）に対して駐車車両一台が最大一六万円の社会的費用を発生させていると推定された。これに対して、駐停車禁止場所に放置駐車（直ちに移動できない状態）していて摘発された場合、普通車で一万八〇〇〇円、大型車で二万五〇〇〇円の反則金（二〇二一年一月現在）を課されるが、それは実際に他の道路利用者に与えている社会的費用と比較すれば相当に過少な費用とみることもできる。警察庁の報告[注40]によると、東京都区部の瞬間路上駐車台数は二〇二〇年度で約四万六〇〇〇台とされている。

表6－4　車種別走行距離あたり社会的費用のまとめ

分野	金額（億円）	GDP比（%）	走行距離あたり（円／台km）				輸送量あたり（円／人km）		輸送量あたり（円／トンkm）	
			乗用車	バス	大型トラック	小型トラック	乗用車	バス	大型トラック	小型トラック
大気汚染	82,660	1.7	3.3	43.7	63.3	8.5	2.4	4.0	21.7	185.5
気候変動	7,113	0.2	0.8	2.2	2.4	0.8	0.6	0.2	0.8	17.2
騒音	11,260	0.2	1.0	4.5	4.5	1.0	0.7	0.3	1.5	14.3
交通事故	92,389	1.9	15.1	5.5	4.4	12.3	10.8	0.5	1.5	268.1
インフラ過少負担	-6,390	-0.1	-0.9	-0.9	-0.9	-0.9	-0.7	-0.1	-0.3	-19.8
混雑	52,486	1.1	6.6	13.3	13.3	6.6	4.8	1.2	4.5	144.1
合計	239,518	5.0	25.9	68.2	87.0	28.4	18.6	6.2	29.8	609.3

全体的なまとめ

以上より求めた数値を整理すれば次の**表6－4**のようになる。いずれの項目も考え方や条件設定によって幅のある結果となるため、兒山著書では各々の項目（インフラを除く）について「低位・中位・高位」の三ケースの試算を提示しており、表はそのうち「中位」の数値を示す。また兒山はこれらの数値を国内外（自動車普及国）の試算例と比較しているが、おおむね近似した数値となっており妥当な範囲と考えられる。この中でトラックに関する数値が注目される。「車両の走行距離あたり」では大型トラックの値が大きいが、「輸送量（トン㎞）あたり」では小型トラックの値が桁ちがいに大きくなっている。

表6－5　車種別の社会的費用

	乗用車	バス	大型トラック	小型トラック	計
走行量億km	5,068	84	785	1,240	7,177
社会的費用　単位　億円					
大気汚染	16,725	3,677	49,673	10,536	80,611
気候変動	4,055	185	1,883	992	7,115
騒音	5,068	379	3,531	1,240	10,218
交通事故	76,532	463	3,453	15,246	95,693
インフラ過少負担	-4,561	-76	-706	-1,116	-6,459
混雑	33,451	1,119	10,437	8,181	53,188
合計	131,269	5,746	68,271	35,078	240,365

人々の日常生活や産業の活動に物流が不可欠である以上、小型トラックの走行は不可避である。物流は最終ユーザーに現物を届ける必要があり、段ボール一箱でも小型トラックが走らざるをえない場合もある。このため輸送量あたりとしてみれば小型トラックの走行距離が大きくなる。これは小型トラックの使用者（事業者）の責任ではなくトラックを走らせる側の問題を考えるべきである。この問題については第9章の物流でも検討したい。

ここで各車種ごとの日本全体での外部費用を**表6－5**に示す。兒山の報告に合わせて二〇一四年度の全国の自動車交通量を参照して、車種ごとに日本全体でどのくらいの社会的費用が発生しているかを推定する。乗用車だけで約一三兆円、全体で約二四兆円の社会的費用を発生させていると推定される。全体として自動車利用者は社会的（外部）費用を一部しか負担せずに自動車の利便性を享受しているといえる。

兒山著書では社会的費用と自動車利用者の負担の相互関係については明示的に取り扱っていない。一方で自動車利用者が負担している自動車関連諸税について、二〇一四年度（兒山推計の時点）と最近の二〇二〇年度を比較すると**表6－6**のようになる。全体として自動車利用者は、発生させている社会

表6－6　自動車利用者の税負担

（億円）	2014年度	2020年度
自動車重量税	6,286	6,895
自動車税	15,480	16,508
自動車取得税	1,848	廃止
軽自動車税	1,909	2,873
揮発油税	20,927	20,582
地方揮発油税	2,239	2,202
軽油引取税	9,442	9,586
石油ガス税	82	93
合計	58,213	58,739

的費用のうち二割程度しか負担していない。岡田啓（東京都市大学・環境学）は、燃料課税についてみると燃料・走行にかかわる外部限界費用に対して過少（利用者が負担していない）であり、自動車関連税制全体としても外部費用の三〇％ていどしか負担していないとしている。これより自動車の購入・保有にかかわる課税よりも走行に関する課税に移行し外部費用を負担できるように課税水準を引き上げることが望ましいとしている。[注41] これは海外でも同様であり、川村（前出）はEU各国の平均として、自動車が発生させている外部費用に対して利用者の税負担を比較し、二分の一（乗用車）から三分の一（重量商用車）しか負担していないと指摘している。[注42]

社会的費用は、本来は地域差（人口密集地から農山村まで）により異なるはずである。この問題について鈴木祐介（神戸大学・経営学）は都道府県別、車種別に自動車の外部費用を推定し、人口密度の高い地域と重量貨物車では外部費用が大きく、現行の燃料課税では自動車の外部費用を十分カバーできていないと指摘している。[注43] 特に重量貨物車ほどトリップあたりの走行距離が長く、さまざまな地域を跨って走行するために、地域差に応じた負担をどのように付加するか技術的な手段は難しいが、現行の燃料課税では自動車の外部費用を十分カバーできていないことは事実であろう。

注

1　訳書は古くから多数あるが、たとえば馬場啓之助訳『経済学原理1〜4』東洋経済新報社、一九六五〜一九六七年など。

2　A・C・ピグー、気賀健三ほか訳『厚生経済学』東洋経済新報社、一九六六年。

3　経済学的には「私的限界生産物」と「社会的限界生産物」と言われる。

4　諸富徹『環境税の理論と実際』(前出)、三頁。

5　K・W・カップ、篠原泰三訳『私的企業と社会的費用』岩波書店、一九五九年、二五頁。

6　E・J・ミシャン、都留重人監訳『経済成長の代価』岩波書店、一九七一年、六三頁。

7　鷲田豊明『エコロジーの経済理論』日本評論社、一九九四年、i頁。

8　宇沢弘文『社会的共通資本』(前出)、二二七〜二三〇頁。

9　宮本憲一『環境経済学』岩波書店、一九八九年、二一二頁。

10　諸富徹『環境税の理論と実際』(前出)、七頁。

11　①金本良嗣(講演)「自動車交通と環境政策」『日交研シリーズ』B—86、二〇〇一年五月、一〇頁、②佐川直人・坂口隆洋「低燃費車の普及の可能性と自家用乗用車の燃料消費の動向」『第一六回エネルギーシステム・経済・環境コンファレンス』講演論文集、二〇〇〇年、五四五頁、③伊藤均・近久武美・菱沼孝夫「将来型自動車の普及予測と炭酸ガス削減のためのシナリオ解析」『第一六回エネルギーシステム・経済・環境コンファレンス』講演論文集、二〇〇〇年、一五三頁など。

12　環境省「地球温暖化対策のための税の導入」。https://www.env.go.jp/policy/tax/about.html

13　鷲田豊明『エコロジーの経済理論』(前出)、i頁。

14　東京都職員研修所調査研究室『環境と共生した自動車社会を目指して』一九九七年三月。

15　宇沢弘文『自動車の社会的費用』(前出)、一五四頁。

16 宇沢弘文『社会的共通資本』（前出）、一〇五頁。
17 宇沢弘文『社会的共通資本』（前出）、ii頁。
18 NHK「Web特集・地元で赤ちゃんが産めないなんて」二〇二二年二月一日。
19 小渕洋一「社会的費用と交通政策」『城西経済学会誌』八巻三号、三一二頁。
20 日本交通政策研究会「自動車関連税制が環境負荷削減に与える影響」日交研シリーズA348、二〇〇三年一一月、二二頁（鹿島茂担当）に筆者補足。
21 宇沢弘文（前出）、八四頁・九五頁。
22 兒山真也・岸本充生「日本における自動車交通の外部費用の概算」『運輸政策研究』四巻二号、一九頁、二〇〇一年。
23 兒山真也『持続可能な交通への経済的アプローチ』日本評論社、二〇一四年。
24 林良嗣・板谷和也『グリーン経済政策と交通―経済・エネルギー危機への対応戦略』交通新聞社、二〇一四年。
25 Delucchi, M. and D. McCubbin : External Cost of Transport in the United States, in *A Handbook of Transport Economics*, pp. 341-368, Edward Elgar. https://econpapers.repec.org/bookchap/elgeechap/12679_5f15.htm
26 Todd Litman, The Victoria Transport Policy Institute. http://www.vtpi.org/index.php
27 CE Delft "Handbook_on_the_external_costs_of_transport Version2019-1.1. https://cedelft.eu/wp-content/uploads/sites/2/2021/03/CE_Delft_4K83_Handbook_on_the_external_costs_of_transport_Final.pdf
28 道路投資の評価に関する指針検討委員会編『道路投資の評価に関する指針（案）』二〇〇〇年、七九頁
29 国立環境研究所「気候変動予測技術」。https://tenbou.nies.go.jp/science/description/detail.php?id=29
30 杉山大志・長野浩司「地球温暖化問題における損害コスト評価および費用便益分析について」『エネルギー・

資源』一六巻六号、一九九五年、一二三頁。
31 CE Delft "Handbook on Estimation of External Costs in the transport Sector, Produced within the Study Internalization Measures and Policies for All External Costs of Transport (IMPACT)" Version 1.1
32 荘美知子「道路交通騒音問題の経済的評価」『環境技術』二七巻、一〇号、一九九八年、二五頁。
33 （一社）日本損害保険協会「自動車保険データにみる交通事故の経済的損失の状況　二〇一四年版」。https://www.sonpo.or.jp/report/publish/bousai/ctuevu00000545f-att/leaf_jikojyokyo.pdf
34 （一社）日本損害保険協会「自動車保険データ（支払保険金関連）」。https://www.sonpo.or.jp/report/publish/bousai/trf_cd_data.html
35 内閣府「交通事故の被害・損失の経済的分析に関する調査（平成二九年三月）」。https://www8.cao.go.jp/koutu/chou-ken/h28/index.html
36 国土交通省道路局・都市局「費用便益分析マニュアル」二〇一八年二月。https://www.mlit.go.jp/road/ir/hyouka/plcy/kijun/ben-eki_h30_2.pdf
37 国土交通省道路ＩＲサイト「渋滞損失時間の算出方法」。https://www.mlit.go.jp/road/ir/ir-data/pdf/traffic-loss-time.pdf
38 国土交通省道路局「道路行政の達成度報告書二〇〇六／二〇〇七」。https://www.mlit.go.jp/road/ir/ir-perform/h19/00.pdf
39 中村彰宏・松本修一・轟朝幸「路上駐車が交通流に与える社会的費用に関する基礎的研究」第三五回土木計画学研究発表会・講演集ＣＤ－ＲＯＭ版、二〇〇七年六月。
40 警察庁交通局「駐車対策の現状」二〇二一年一一月。https://www.npa.go.jp/bureau/traffic/seibi2/kisei/tyuusya/parking.pdf
41 岡田啓「自動車の社会的費用と自動車関連税制」『ＩＡＴＳＳ　ｒｅｖｉｅｗ』三八巻二号、二〇一四年、五五頁。

42 川村淳貴「我が国における自動車の外部性を考慮した走行距離課税の検討─中長期的な自動車関係諸税の見直しに向けて─」『みずほ情報総研レポート』二〇巻、二〇二〇年。https://www.mizuho-ir.co.jp/publication/report/2020/pdf/mhir20_car.pdf

43 鈴木祐介「地域の自動車利用に対する費用負担に関する分析─燃料税に関する議論を中心に─」『交通学研究二〇〇九年研究年報』一二五頁、二〇一〇年。

7. 技術は社会的費用を解決しない

先進技術の幻想

自動車の社会的費用を解消・軽減する方策として、交通事故については自動運転、気候変動についてはEVなど、新技術に対する期待が高まっている。しかしこれらは幻想であり、自動車の社会的費用をますます増大させかねない。車間距離維持やブレーキアシスト程度では自動運転と呼ぶに値しない。人間の介在を完全になくしてヒューマンエラーを取り除く機能を実現するには、現在の「自動車」という概念と使い方を根本から変える必要がある。しかし日本でも七〇~八〇年かけて形成されてきた車社会が近い将来に方向転換できるだろうか。そのような変化を期待するのはかなり非現実的と思われる。

また再生可能エネルギーの本格的導入の見通しが不透明なままEVの普及が先行すれば、現状では電力消費に起因するCO_2が増えるばかりである。あるいはCO_2削減を優先すれば原子力の温存が正当化される。自動運転やＥＶに限らず、ＩＴ技術の活用で人々の幸福に貢献しようとする提案がしばしばみられる。その発想自体は善意に基づくのかもしれないが、それ自体が逆に持続性を破壊する作用も有する。たとえば科学技術振興機構・低炭素社会戦略センターの推計では、データ流通量の増加がデータセンターの電力消費の増大を招き、二〇三〇年には現在の一五倍に膨張し三〇〇〇テラワット時に達するという。[注1]この電力量をかりに標準的な原発に換算すると、約五〇〇〇基分に相当する。ここでいくつかの分野について現実的に考えてみる。

自動運転の幻想

　自動運転は交通事故、渋滞、タクシー・バス・トラックのドライバー不足、障害者や過疎地の住民の移動手段など、車にかかわるさまざまな負の外部性を緩和あるいは解決する技術として期待が高まっている。しかし自動運転車によって改善が期待されている多くの問題は、もともと過度に車に依存した社会がもたらした結果である。人の働きかた・住まいかた・地域のありかたに関する議論を伴わなければ車社会の問題は解決しない。また「自動車」という製品のコンセプトを根底から変えなければ普及しない。これはおそらく「脱炭素」よりはるかに困難だろう。

　米国のライト兄弟が一九〇三年に動力飛行に成功してから、一九四七年に米空軍の実験機が初めて音速を突破するまでわずか四四年である。一方で米国のゼネラルモーターズ社はすでに戦前の一九三九年のニューヨーク世界博覧会に「自動化道路」として無線で自動車を誘導する未来都市のジオラマを出展している。この当時はＩＣ（集積回路）どころか実用に耐えるトランジスタさえ存在しなかった。その後およそ一〇〇年が経過し情報処理技術は桁ちがいに進化したが、そのようなシステムは実現していない。そこには本質的なシステム上の矛盾・欠陥が存在するからである。

一九九一年の東京モーターショーに、三菱自動車は道路の速度制限標識を読み取り車のスピードを制御する機能を備えたコンセプトカーを出展した。現在は標識読み取りシステムが装備されている車種もある[注2]が制御とは関連づけられておらずアラームを表示するだけである。しかも注意書によると「車種により認識できる道路標識が異なります」「道路状況、車両状態、天候状態およびドライバーの操作状態等によっては、作動しない場合があります」「次のような場合は適切に作動しないことがあります・（例）標識が街灯などの光や建物の影などで見えにくくなっている時など」という。一般道でこのような状態を解消することは不可能であり、自動運転の構成要素としては使用できない。

現実の人間はきわめて複雑な判断を行っているが、ＡＩでは「どのような時に、どのような操作をすれば安全か」というロジックが整理できない。これまでの公道走行試験では、システムが前方のトレーラーを認識できず衝突（ドライバー死亡）、同じく分離帯に衝突（同）、歩行者を認識できず衝突（歩行者側死亡）などの重大事故を起こしている。現在はセンサー・ＡＩ（人工知能）・通信ネットワーク・ビッグデータなど技術は大いに進歩したが、本質的な問題は何も解決されていない。社会全体の自動車を一斉に自動運転車に置きかえることはできないから混在期間中のトラブルが避けられない。

テスラ社の運転支援システムの一部バージョンでは、一時停止の標識がある交差点でも一定の条件下では停止せずに走行できる設定がされていた。しかし米国の規制当局はこの機能は危険と指摘し、二〇二二年二月にテスラ社は該当する約五万四〇〇〇台のリコールを決めた。テスラ社はこのシステムの機能を停止し、インターネットを通じて遠隔でソフトウェアの更新を行うという。[注3] このような状態でさまざまな自動運転車が登場すれば、メーカーによって機能が異なったりユーザーも更新の内容やタイミングを把握できないなど、交通事故防止どころかますます混乱・危険を招く結果に至る。

市中の自動車を一斉に自動運転に切り替えることは不可能であるから、長期間にわたり自動・非自動の車両が混在する状態は避けられない。そこで車が自動運転モードの場合に制御システムが相手を認識しているのかどうかを車外にLEDの文字で表示する提案[注4]などもあるが、もはやジョークの範疇であろう。また自動運転車に期待される機能の大部分はドライバーの視点であり、これまでの日本の交通政策をそのまま反映して歩行者・自転車の視点が乏しい。自動運転車の普及のために、歩行者・自転車の通行を規制せよとか、歩行者・自転車にも発信機の携帯を義務づけるという議論が登場しかねない。こうした状況を考えれば、自動運転が自動車に起因するさまざまな負の外部性を緩和あるいは解決するなどということはきわめて疑わしい。

自動運転の概要

自動運転をレベル分けして段階的に実現する目標が国際的に合意されている。[注5] すべての判断・操作をドライバーに依存する在来の車を「レベル0」として、機能が追加されるごとにレベルが上がり、最終的にどのような状況でも人間が介在せずにどのようなエリアでも走行が可能な自動運転車を「レベル5」としている。「レベル4」までは人間の介在が必要であるため「自動運転」イコール「無人運転（人間が介在しない）」ではない。現在はあたかも「レベル5」が実現することを前提に夢が語られているが、「レベル4」と「レベル5」の間には大きな隔たりがある。表7－1に各レベルの内容を示す。

　制御システムが対応できない状況になると警報が出てドライバーに操作を交替するように求められた場合、現実には人間による運転よりも危険な状況を生み出す。自動運転中にシステムから急に「操作を替われ」と求められた時に、瞬時に状況を把握して敏速に対応することは可能だろうか。二〇一八年三月にテスラ社の自動運転車が中央分離帯に衝突してドライバー（添乗員）が死亡した事故では、衝突六秒前にシステム側がドライバーに操作を求めるアラームを発したが乗員が対応できずそのまま衝突した。

　これまでの公道走行実験に対する死亡事故の確率から推定すると、日本国内の自動車の総走行距離の年間約七二〇〇億kmにそれを適用すれば年間約七万人の死亡事故レベルに相当する。これではとうてい実用にならない。テスラ社代表のイーロン・マスクはそれでも人間より安全と主張しているが、他社や米国規制当局は、テスラが実質レベル2（車間距離と車線の維持ていど）なのに完全自動運転であるかのようなコンセプトで販売していると批判している[注6]。

　自動運転車はカメラやレーダーで前方の情報を収集しているが、それは単にデータであって解釈はＡＩが行う必要がある。たとえば樹木で遮蔽された標識、磨滅した道路標示など、人間は欠けている情報を補って認識できるが、ＡＩには人間のような思考能力はない。そのため路上で観察されるパターンを大量に蓄積して当てはめる深層学習（ディープ・ラーニング）の技術が用いられる。しかしＡＩが「経験」を蓄積するには多くの試行錯誤、端的に言えば「事故」が必要となる。さらに「ブラックボックス問題」があ

表7－1　自動運転のレベルと定義

レベル	名称	定義（口語表現）	動的運転タスク（DDT） 持続的な横・縦の車両運動制御	動的運転タスク（DDT） 対象物・事象の検知及び応答	動的運転タスクの作動継続が困難な場合への応答	限定領域（ODD）
運転者が一部又は全ての動的運転タスクを実行						
0	運転自動化なし	運転者が全ての動的運転タスクを実行（予防安全システムによって支援されている場合も含む）。	運転者	運転者	運転者	適用外
1	運転支援	車間距離の維持または車線の維持が自動的に行われるが、それはドライバーの補助（使うか使わないかはドライバーの任意）に過ぎず、監視と操作は全面的にドライバーに責任がある。	運転者とシステム	運転者	運転者	限定的
2	部分運転自動化	車間距離の維持または車線の維持が自動的に行われ、システムが正常に動作中はドライバーは関与しなくてもよいが、制御システムが対応できなくなった場合の操作はドライバー側の操作が要求される。	システム	運転者	運転者	限定的
自動運転システムが（作動時は）全ての動的運転タスクを実行						
3	条件付運転自動化	自動運転が可能な条件が成立しているかぎりは、操舵（ステアリング）・加減速（アクセル・ブレーキ）など運転に必要な操作はシステムが担当しドライバーは関与しない。ただし条件が成立しない場合にはシステムから警告が出されドライバーが制御を代わる必要がある。ドライバーは常に運転を代われる状態で待機していなければならない。	システム	システム	作動継続が困難な場合への応答	限定的
4	高度運転自動化	人間の介入を要さず自動運転できる」と設定した条件が成立しているエリアまたは状況（限定領域・Operational Design Domain）では、全ての必要な操作をシステムが担当しドライバーは対応する必要がない。	システム	システム	システム	限定的
5	完全運転自動化	どのような場所でも、いかなる状況でもドライバーが介入する必要がない完全自律運転である。すなわち人間が乗っていてもドライバーという役割がない。	システム	システム	システム	限定なし

る。ＡＩが蓄積したデータに基づいてどのような判断を行ったのかは設計者でも追跡・再現できない。事故が起きた場合に誰が責任を負うのか不明となる。自動運転のプログラムは一億行に達すると言われている。専門家といえども第三者がそれを解析して設計者の過失を立証するのは不可能である。設計者の責任を問うにも因果関係の立証ができないし、民事訴訟となっても「予見性・回避性がない」と主張されればそれを崩すことは困難であろう。モータリゼーションの初期、保険制度が未整備のため事故の被害者は「轢かれ損」と言われたが、自動運転が普及すれば「ＡＩによる轢かれ損」が再来する。

道路交通法の第三八条では、横断歩道等で「横断しようとする歩行者等があるとき」は車両は一時停止の義務がある。しかしＡＩは「しようとする」をどのように認識するのだろうか。もしＡＩが「しようとしているとは思わなかった」と認識すれば停止せず歩行者を跳ね飛ばしてもよいのだろうか。あるいはドライバーが運転中に、横断歩道を渡り始めた歩行者を発見したとする。その歩行者が先行車の陰になっていったん見えなくなっても、二〜三秒後にはまた現れて横断を続けることは人間なら容易に想像できる。しかしＡＩにこれを推論させるのは至難の技である。

ドライブレコーダーに捉えられた映像で、京都市内の片側二車線の中央寄り車線を走行中に、対向車線の渋滞車列の間から女性が飛び出し、急ハンドルとブレーキで回避したが歩道寄り車線にはバスが停車しており追突寸前になった。女性はそのバスに乗ろうとして反対側から飛び出したものとみられる。[注7] もしＡＩの判断に任せて自動運転されていた場合、この状況ではどのような判断・操作がなされるのだろうか。なお自動運転全般に対する批判的評価は拙著[注8]を参照していただきたい。

二〇二一年八月には、パラリンピック開催中の選手村で、村内の循環バスと日本の柔道（視覚障害）代表選手が接触・転倒し試合を欠場する事故が発生した。[注9] 調査によると、交差点を右折中のバスが横断歩道を通行中の選手を転倒させた。バスはトヨタが開発した「ｅパレット」という小型バスの実験車である。バスは直前に近くにいた誘導員をセンサーで検知して歩行者と認識して停止したが、バスに乗車していたオペレータ（トヨタ関係者）は選手が横断をしないと判断したか、ないしは横断者に気づかず手動で発進させたことにより、横断中の選手を転倒させたという。交差点の誘導員の制止が間に合わなかったこと、車が動いているときの警告音が小さいことなどが原因としているが、この考え方ではバス（自動車側）が優先であり歩行者のほうが止まって待てという前提であり本末転倒である。インターネット上のコメントでは選手が白杖を所持していなかったことを過失として指摘する見解さえみられる。[注10]

いずれにしても誘導員・オペレータ・バス（システム）の相互の役割分担や責任が不明確であることが事故の背景であり、自動運転の本質的な障壁が露呈した事故である。組織委員会では交差点の誘導スタッフを増員するなどの対策をとったというが、これでは何のために自動化したのかわからない。また二〇二二年一月に警視庁は、当該のオペレータを自動車運転処罰法違反（過失運転致傷）容疑で書類送検するとしている。[注11] このような状況では公道走行の実用化など考えられない。

すべての車を一斉に自動運転車に置きかえることは不可能だから、自動運転車の制御システムは「自動」車と「非自動」車の混在を前提にしなければならない。多くの道路で大部分の車は制限速度を超えて走ることが常態化しており、道路上の流れの中で制限速度を守って走る車はむしろ迷惑とみなされる。では自動運転車はどうか。現時点の警察庁のガイドライン[注12]では自動運転でも法令の順守を規定しているが、混在期には自動運転車にも速度超過を許容するのだろうか。

日本は自動車後進国である。日本の道路交通は長らく「車は一流、マナーは三流」と言われてきた。第5章で指摘したように、日本の交通事故の特徴として事故死者数のうち歩行者・自転車の割合が高い。今でも警察の交通事故対策は「歩行者（自転車）のほうが気をつけろ」という姿勢が強い。この状態で自動運転車が普及した場合、交通事故の防止効果は期待できるとは思われない。

自動運転車は、従来型の車に対して制御システムをオプションで加えるという考え方では成り立たない。車と道路に対して、あるいはその背後にある社会に対する考え方を根本的に変えないかぎり、自動運転者の普及はない。少なくともレベル5を実用化するには走行速度を規制する必要がある。現在のように子どもや高齢者も通行する住宅地の街路でも車が時速五〇〜六〇kmで行き交うような状態では、いかにＡＩを高度化したところで物理的な制御が追いつかない。ドライバーの個人差やブレーキとアクセルの踏みまちがいの範囲は自動運転によって解消されるとしても、物理現象としての自動車の危険性が解消されるわけではない。

自動運転のレベル（後述）が上がるほどデータ処理量が膨大になるのに伴い、ＡＩ（人工知能）など制御システムで消費する電力も膨大になるためＥＶの電池では供給が追いつかず、エンジンの搭載が必要になるだろうという笑い話があるほどである。こうした矛盾は、自動車というシステムそのものに本質的な欠陥が内在するからであり、屋上屋を重ねて新技術で解決することは、ますます矛盾を深め、それは社会的費用を増大させる結果に陥る。日本での現状は「レベル４」の公道走行に向けた法令整備が行われており、過疎地のバス等を想定した無人運転が認可される予定だが、遠隔監視者の配置や、都道府県の公安委員会に事前に申請が義務づけられるなど[注13]、個人の車利用の代替にはほど遠い段階である。

自動運転は「低速」と「物流」で

工場内の資材搬送や倉庫の荷役を行う無人車両は以前から普及しているが、人間と混在する場合の速度は徒歩よりやや遅い二〜三km／時ていどである。これは車両の走行性能が低いからではなく、車両自体の持つ質量や慣性から、その速度を越えると物理的な修正動作（ステアリングやブレーキ）が追いつかないためである。またこの速度なら、万一異常動作しても人間の側で回避が可能であり、また衝突しても被害が少ない。これらの無人車両が使用されるのはほとんど建物の中であり、雨や雪も降らず、歩行者が存在したとしても関係者のみである。

ＡＩの判断機能の進歩など楽観的な前提を設けたとしても、「生活道路」あるいはそれに準じた環境では時速一〇km以下の範囲であろう。現状でバスや配送車で行われている無人走行実験でも、速度は最大で時速二〇kmていどに抑えられている。これは実験だから特に慎重にしているというよりも、生活道路に進入せざるをえない配送車では人間が運転していてもこの程度の速度しか出せないはずである。この速度では、自動運転は配送等の用途には適しているが、人の移動手段として、現在の車の使い方を代替することはできない。レンタカーの無人配車ていどの機能は実現できるとしても、一般道では自動運転が適用できる余地は乏しい。もし全面的に自動運転を導入するのであれば「車」というシステムの概念を根本的に変える必要がある。

同じ速度であっても、車が静止物に直撃する場合と、他の車に混じって整然と流れている場合とではリスクが異なる。高速（自動車専用）道路での走行は自動運転になじみやすいが、一般道では簡単ではない。

むしろ自動化レベルが上がるほど、搭乗者が予期しない状態での急停止が起こりうる。シートベルトを装着していても三〇km／時を超える速度からの急停止は身体的・心理的ショックが大きく、ことに子ども・妊婦・高齢者では、むしろ人間の運転よりも重大な被害をもたらすおそれがある。歩行者・自転車に対してはもとより搭乗者の安全面からも、実用上の速度は一〇〜二〇km／時にとどめざるをえない。

「エコカー」は負の外部性を解消するか

従来の自動車は化石燃料（大部分は石油）をエネルギー源としたエンジンを使用してきたのに対して、気候変動への対応から急速なペースで電気自動車（以下「EV」）への転換が推進されようとしている。ただし日本では「電動車」と表記される場合があり、内燃エンジンと組み合わせたハイブリッド車（以下「HV」）を指す場合もある。また燃料電池車（以下「FCV・Fuel Cell Vehicle」）も開発されている。日本でどの車種がいつ・どれだけ普及するかは現段階では不明確である。この他にも「エコカー」「次世代自動車」などさまざまな車種が存在する。一般にはエネルギー消費と大気汚染物質の排出量が国土交通省が定める基準より少ない自動車は種類を問わず広義の「エコカー」と呼ばれる。また別の分類として、ガソリン車・ディーゼル車・LPG（主にタクシーに使用される液化石油ガス）車以外の方式が一般に「次世代」と呼ばれている。一次エネルギーとエネルギー供給形態の別も併せて分類すれば次の**表7−2**のようになる。

内燃エンジンは低速時（出力の低い時）に効率が悪く、走行距離あたりでみるとエネルギーを多く使用するとともに汚染物質も多くなる。そこでエンジンを効率の良い範囲で作動させて発電した出力の一部を

表７－２　自動車とエネルギーの関係（各種資料より筆者作成）

種類	略称	動力系統（パワートレイン）	エネルギー供給形態	一次エネルギー源	普及状況
ガソリン車	ＩＣＶ	内燃エンジン	ガソリン	石油系化石燃料	最も普及
			一部エタノール混合可	植物／廃木材	一部実用化
ディーゼル車	ＩＣＶ	内燃エンジン	軽油	石油系化石燃料	最も普及
			ＤＭＥ（ジメチルエーテル）	天然ガス・石炭（非石油系化石燃料）	試験段階
			合成軽油（ＦＴ）	石炭	試験段階
			ＢＤＦ（菜種油／廃食油）	植物	一部実用化
ＬＰＧ車	ＩＣＶ	内燃エンジン	ＬＰＧ（液化石油ガス）	石油系化石燃料	主にタクシー用で普及
天然ガス車	ＩＣＶ	内燃エンジン	天然ガス	石油系化石燃料	バス・トラック等に一部実用化
水素エンジン車	ＩＣＶ	内燃エンジン	水素（直接燃焼）	（燃料電池車参照）	一部実用化
電気自動車	ＥＶ	バッテリーからモーター駆動	商用電力	石油系化石燃料／非石油系化石燃料／原子力／再生可能エネルギー	一部実用化
ガソリンハイブリッド車	ＨＶ	内燃エンジンとモーターを結合・併用して駆動する			普及中
ディーゼルハイブリッド車	ＨＶ	内燃エンジンとモーターを結合・併用して駆動する			実用化だが普及は少数
プラグインハイブリッド車（ガソリン車が主）	ＰＨＶ	ＨＶと同様であるが車外の商用電源（再生可能電力も可）も使用できる			普及中
燃料電池車	ＦＣＶ	燃料電池で水素を電気に変換してモーターを駆動	電解水素	石油系化石燃料／非石油系化石燃料／原子力／再生可能エネルギーも可能	一部実用化
			水素	石油系化石燃料	
				天然ガス（非石油系化石燃料）	
				石炭（非石油系化石燃料）	
			副生水素	製鉄／ソーダ工業	

バッテリーの充電に回して電気系統（モーター）による駆動を介在させたシステムがHV（ハイブリッド）方式である。一九九七年にトヨタのプリウスがハイブリッド方式で初めて市販車として発表された。プリウスは走行状態に応じて、エンジン・発電機・バッテリーの組み合わせで駆動される。複雑なシステムであるが、最適なモードが自動的に選択されドライバーは切替えを意識する必要はない。

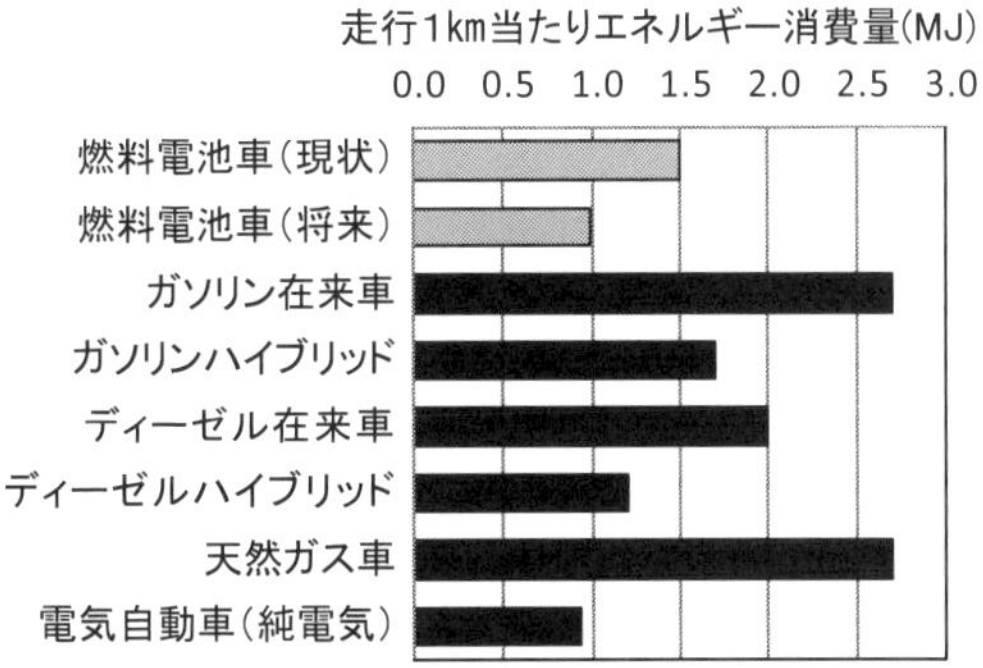

走行1km当たりエネルギー消費量(MJ)
0.0 0.5 1.0 1.5 2.0 2.5 3.0
燃料電池車（現状）
燃料電池車（将来）
ガソリン在来車
ガソリンハイブリッド
ディーゼル在来車
ディーゼルハイブリッド
天然ガス車
電気自動車（純電気）

図7－1　エネルギー源別自動車走行エネルギー

EV（電気自動車）と表記される場合は、外部からの電源のみで充電する車両を指し、他のエネルギー源を搭載しない。EVは各種の動力システムのうち構造が最も単純である。また構造はHVであるが、その電池に対して外部からも充電できる方式があり、PHV（プラグインハイブリッド）と呼ばれる。市街地など近距離では電池を主として走行し、遠距離・高速走行ではエンジンを併用する。FCV（燃料電池車）は水素を燃料として搭載し、それを車載の燃料電池で電気に変換してモーターを駆動する方式である。

日本自動車研究所は各種の自動車の代表的なエネルギー消費率（一km走行あたりのエネルギー消費）を整理している。[注14] EV・FCVでは、ガソリン（ディーゼル）車のように全国で多数の実績データはまだ集積されていないが、**図7－1**のようにいくつかの試作車のデータから整理されている。ただしこれらはいわゆる「カタログ燃費」に相当する数値であり、実路走行では一般的にカタログ値の一・五倍程度のエネルギーを消費すると考えられる。[注15] 前述の日本自動車研究所の推定はやや古いが、二〇一四年一二月にFCVとして市販されたトヨタのMIRAIのデータとおおむね一致しているので比較の対象になりうると思われる。

図に示した車両単体としてのエネルギー効率は、従来のガソリン車・ディーゼル車であれば原油の採掘から始まり、タンカーで長距離を輸送し、原油から硫黄分等を取り除き、その中からガソリンを分離・精製して自動車用に加工（専門的には「改質」という）し、タンクローリーでスタンドまで輸送し、車両のタンクに給油し、エンジンを回して車輪に伝達するまでの全体過程を考慮した数値である。これはWtW（Well to Wheel）と呼ばれる。一方の極端な比較としてEV（他のエネルギー源を搭載しない純電気自動車）は、充電する電力を商用電源に依存しているとすれば、充電した電力に応じたエネルギーあるいは環境への負荷を間接的に発生させている。さらに火力発電の中でも燃料が何なのか（石炭・石油・天然ガス）、原子力の比率をどの程度見込むのか等によって評価が異なる。試算例として間瀬貴之（電力中央研究所社会経済研究所）は内燃エンジン車・HV・BEV・EVについて、車両の製造段階・燃料あるいは電力消費量・走行段階の各々でのGHG（温室効果ガス・主としてCO_2）を比較している。[注16] 結果はEV自体の仕様（電池の容量など）により異なるが、EVは走行時のCO_2排出はないが、電力源での発電時のCO_2排出を考慮する必要があるため電源構成のうちCO_2を発生する火力発電の割合に大きく左右される。ここではどの車種も生涯（製造から廃棄まで）一〇万km走行すると仮定して、火力の発電比率が中程度のケース（火力四五％、火力以外五五％）の生涯GHGの排出量（トン）を**図7―2**に示す。電源構成は二〇二一年に発表された「エネルギー基本計画（素案）の概要」[注17] の想定に近い。EVは走行時のGHGの排出はない。

EVは「走る原発」

世界中で内燃車からEVへの転換が強力に推進されているが、EVが本格的に普及した時にどのくらいの電力需要が発生するか、それをどのように供給するのかについて関心が乏しいように思われる。IEA（国際エネルギー機関）は「EV30@30」というキャンペーンを展開した[注18]。これは二〇三〇年までに世界的に新車販売台数の三〇%を電動車両にする構想であるが、その場合に世界の地域別にどのくらいの電力需要が発生するかも予測している[注19]。その目論見どおりEVが普及するかは不確定であるが、かりにIEAの想定に従えば全世界で一一一〇TW時（テラワット時）の電力需要が発生する。IEAではEVを気候変動対策に位置づけているから、これだけの電力を供給する方法としては火力発電ではない。IEAには基本的に原発推進の背景がある。平均的な一〇〇〇MW（メガワット）級の原発で設備利用率を八〇%と楽観的に換算しても、一一一〇TW時は全世界で原発一五八基分の電力需要に相当する。また日本でのEV普及予測に対しては原発四～五基分に相当する。

このようにEVの普及は電力需要を誘発するこ

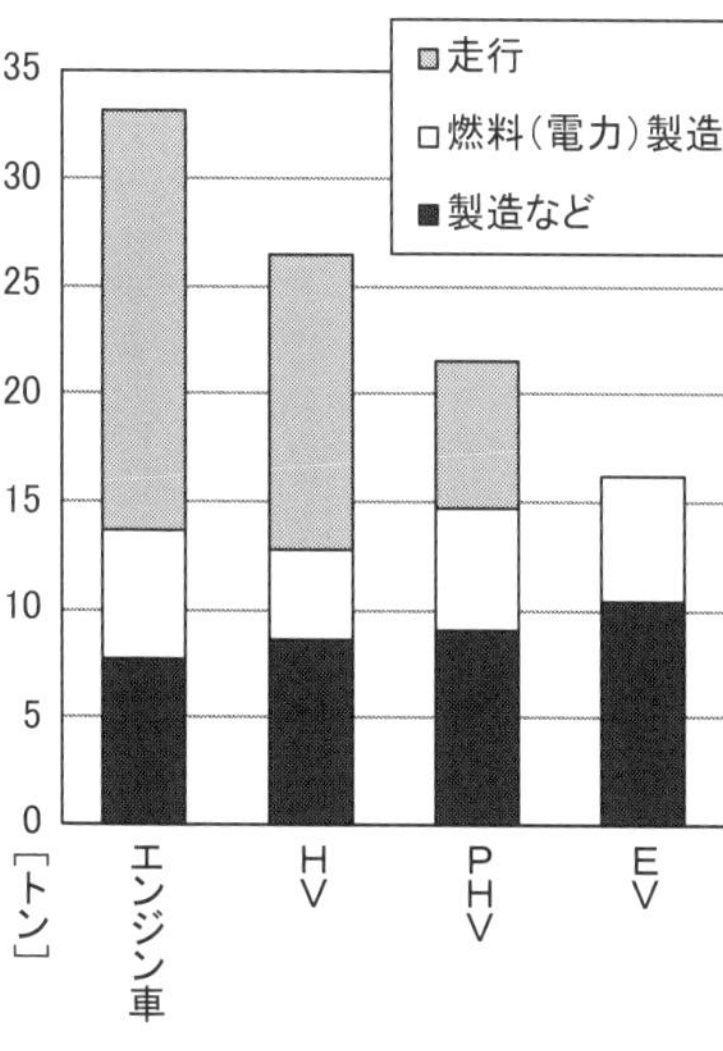

図7－2　各種車両の温室効果ガス排出量

とが明らかであるのに、多くの発電所が被災して電力不足が懸念されていた二〇一一年に「日本カー・オブ・ザ・イヤー二〇一一～二〇一二」にＥＶの日産「リーフ」が他車に大差をつけて選定された。「ＥＶ普及の礎となる」との授賞理由が挙げられている。[注20] 福島第一原発事故に直面して原発に対する国民の拒否感が高まっていた状況を背景として、ＥＶの先進的なイメージを利用して原発存続に結びつける意図が推定される。

家庭の電力消費量は季節や家族構成によって変わるが平均世帯では毎月二五〇kW・時である。[注21] 一方でＥＶについて自動車依存度の高い群馬県を例に試算すると月平均で約八〇〇km走行する。これに必要な電力をＥＶメーカーのカタログから試算すると月に約一〇〇kW・時の電力に相当する。[注22] 相当な努力により生活面で節電しても、ガソリン車の代わりにＥＶを使えば節電分をはるかに超える電力を消費する。国内のエンジン車をすべてＥＶに転換すると、電力の所要量にして年間約七六〇億kW・時の電力需要が発生する。これは現在の平均的な原子力発電所（電気出力一〇〇〇kW級）の一五基分の年間発電量に相当する。かりにこれを太陽光発電で供給しようとすると一一五〇km²の面積が必要となり、たとえば東京都の宅地総面積の二倍に相当する。不可能ではないとしても電力は社会のあるゆる分野で必要であり、ＥＶ向けで占有することは現実的でない。さらに無秩序な充電インフラ網の整備が送電・配電系統への悪影響をもたらす可能性も懸念されている。市中の自動車の数％がＥＶに転換しただけでもそれらが一斉に充電を始めたとすると夏のピーク電力需要の七％程度に相当し系統電力への影響が無視できなくなるためである。[注23]

既存の電力（火力・原子力）でなく再生可能エネルギーを利用する提案もあるが、車両に搭載した太陽光パネルだけで、車両を直接動かすことはできない。市販ＥＶ車の日産リーフには八五kWのモーターが搭載されているが、車体全面に太陽光発電パネルを設けても晴天・日中で一kW前後の電力しか得られない。ある試算によると直結では人の歩行ていどの速度であり、時間帯や天候によっては走行すらできないので公道走行としては現実的でない。[注24]「ソーラーカーレース」等で専用の特殊な車両が走行しているが、[注25]その構造・形態をみれば公道走行が可能とは思われない。

太陽光は家庭用の電力供給には適しているが、自動車はエネルギーを集中して使用する（エネルギー密度が大きい）ため直接には使用できない。太陽光をEVに利用するには何らかの蓄電システムを介在させる必要がある。いずれにしても再生可能エネルギーを本格的に導入するには大規模蓄電システムや送電網の整備が必要であるが、日本では既存電力事業者による火力・原子力の温存を主としてきたため必要なインフラが整っていない。EVへの再生可能エネルギー利用は当分期待できない。

EVのネットワーク利用は可能か

むしろEVには、交通手段としてよりも別の機能が期待されているのではないか。EVを配電網の一環（V2G・V2H）に位置づける提案がある。「V」はヴィークル（車両）、「G」はグリッド（電力の配電網）、「H」はホーム（家庭）の意味で、電池を搭載するEV（PHV）と配電網や家庭と接続するシステムである。三菱自動車「i－MiEV」の公式サイトでは停電や災害時にも役立つとアピールしている。[注26]現在のEVのバッテリー容量は、低価格帯（といっても三〇〇万円台）では四〇kW時、外国車の高価格帯では一〇〇kW時である。必ずしも災害時に満充電の状態とはかぎらないので半充電で二〇kW時とすると、世帯単位では災害時（短期間での停電解消が望めない状況）に、ＥＶからの給電により一週間程度は最低限の電力供給を持続できる可能性がある。しかし街区全体に非常用電力を供給（ＥＶから逆送電）するにはよほど多数のＥＶが普及しないかぎり不可能である。ここで世帯あたりの乗用車保有率が低い東京都世田谷区と、高い群馬県前橋市を例に試算する。かりに乗用車の二割がＥＶになったとしても、世田谷区では通常の一日の平均電力使用量に対して一割、前橋市では三割ていどの供給にとどまる。災害時であるから電力消費を最低限に抑制したとしても、一日維持できるかどうかというレベルである。もちろん集合住宅では世帯単位では利用できない。

東京電力はＥＶ所有者に優遇措置を講ずるとしてＥＶを奨励している。[注27] 福島原発事故前からＥＶの使い方として「夜間に余る電力を溜めて昼間に使う」ことが提示されていた。これは時間帯にかかわらず一定出力で運転することを求められる原発の存在がその背景にある。火力発電は出力調整ができるので、需要が低下する夜間は出力を下げたり、状況により停止する。再生可能エネルギーは送電の必要がなければ系統から分離することができる。水力発電も必要がなければ発電機に水を通さずバイパスして放流する。「夜間に電力が余って困る」のは原子力発電である。すなわち出力の増減ができない原発を運転し続けるためには、夜間の電力需要を誘発する必要がある。これが自動車業界だけでなく電力会社もＥＶを推進している理由である。

最近、十数分のスパンで出力調整が可能な次世代原子炉の開発[注28]が伝えられているが、安全性の観点からもまだ実証された技術ではない。チェルノブイリ原子力発電所の事故（旧ソ連・一九八六年四月）は出力変動運転が発端となって発生した。事故が拡大した要因として操作員のミスや設計上の欠陥など諸説あるが、[注29]

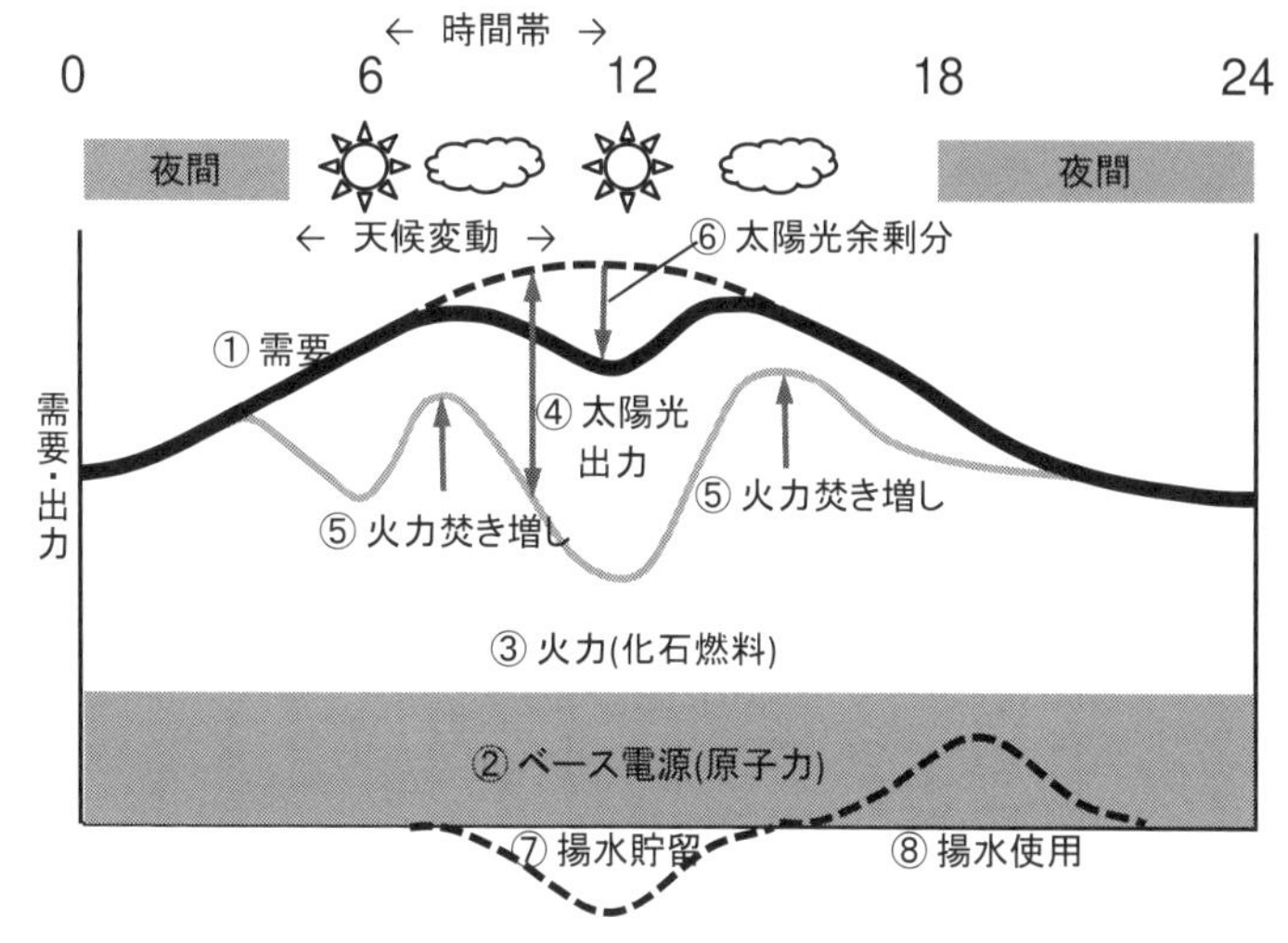

図7－3　再生可能エネルギー導入時の需給バランス

本来出力変動運転に適さない原子力発電の特性に起因することは確実である。

図7－3は再生可能エネルギー（ここでは太陽光）を大量に導入した場合の一日の中での変動パターンを示す。①の需要は社会・経済の活動から発生する需要であり、発電側からはコントロールできない。②は原子力など「ベース電源」と呼ばれる発電システムであり能力は大きいが、分単位・時間単位での需要の変動に即応した出力調整ができない。従来は③の火力で需要に追随していたが、ここに④のような太陽光が本格的に参入してきた場合を考える。太陽光は時間帯・季節・天候等による出力変動があるので、不足する場合は⑤の火力焚き増しで対応するが、逆に⑥のように余剰となる場合がある。火力による調整が追いつかなければ、出力調整により太陽光発電を系列から遮断する必要があるが、そうすると太陽光発電の電力が無駄になる。余剰分は太陽光発電設備に個々に設けられた電池に蓄える方法もあるが、大規模な対策としては⑦の

ように揚水ダムで貯留（ダムに水を汲み上げる）し、⑧のように不足する時間帯に使用する方法が考えられる。こうした揚水の使い方は大きな電池と考えることもできる。貯留した揚水は夜間に太陽光発電ができない時間帯に水を流して発電する。このように再生可能エネルギーの大量導入にはさまざまな仕組みを総合的に考える必要がある。

この⑦の部分でEVを余剰電力の吸収に利用するためにネットワークに接続する提案がある。しかし動力源が電気であろうとなかろうと、車とはユーザーがいつでもどこでも任意に移動できる機能を最大のメリットとする移動手段である。一般に多くの車は昼間に稼動して夜間に駐車している。EVと太陽光と組み合わせて過剰な供給を吸収しようとしても、太陽光が発電している時間帯には多くの車が路上を動くから、その時間的なマッチングは困難であろう。大都市の勤労者世帯でも休日の昼間には自動車を利用する機会が増加する一方で、こうした時ほど余剰電力が発生しやすく吸収が望まれる。しかしEVを駐車場に停めて余剰電力を吸収するように管理できるのだろうか。GPSやIoT（Internet to Things・あらゆる物がインターネットを通じて相互に情報を交換する）の利用により個々の自動車の位置や充電状態の把握が可能であるとしても、車を外部から管理して電力需給の過不足に合わせてEVをステーションに接続して吸収・放電を要請する運用が現実的とは思われない。

FCVも「走る原発」

FCV（燃料電池車）も注目されている。FCVの駆動力はモーターでありEVと同じであるが、通常の

ＥＶは外部の電源からバッテリーに充電した電気を使用するのに対して、ＦＣＶは燃料として水素を搭載し車載の燃料電池で電気に変換して使用する。日本で市販されている燃料電池自動車はトヨタ「ＭＩＲＡＩ」とホンダ「ＣＬＡＲＩＴＹ　ＦＵＥＬ　ＣＥＬＬ」である。ＦＣＶは走行時には水しか排出しないため「究極のエコカー」と呼ばれる。車以外にも発電用や家庭用に水素の用途を拡大する「水素社会」も夢のように語られている。しかしその水素をどのように作るのだろうか。原子力関係者は福島第一原発事故前から次のような見解を示している。[注30]

原子力の有用性を世界的に見直す動きが盛んであるが、必ずしも明確に答えられていない問いは、「ところで一体、原子力を何に使うのか?」ということである。現状で想定される解は、電力用途ということであるが、炉寿命に伴う置き換え分を除けば、主な先進国では、電力用途はほぼ飽和状態にあるという見方もできる。しかし、このような見方は、近未来に大きく変わる可能性がある。つまり、二一世紀には世界的に水素の需要が大きく伸びていくと予想される状況があり、水素製造エネルギー源として、原子力に大いなる可能性があるのである。

先進国では電力用途の増加が見込めないとの前提にもかかわらず原子力を推進する背景の一つは水素製造である。「水素社会」は「原子力社会」と表裏一体の関係がある。再生可能エネルギーによる大量の水素供給は現実的でないとすると、原子力の利用方法として高温ガス炉が登場する。高温ガス炉の開発は福島原発事故以前から行われているが、民主党政権での第三次エネルギー基本計画（二〇一〇年六月）では高温ガス炉の項目が削除されたのに対して、自民党政権での第四次エネルギー基本計画（二〇一四年四月）で復活した。現段階で実在する日本の高温ガス炉は茨城県大洗町の日本原子力研究開発機構に設置されたHTTR（High Temperature Engineering Test Reactor・高温工学試験研究炉）である。高温ガス炉は、冷却機能を喪失しても核暴走やメルトダウンに至らない特性を持つこと、国内に蓄積している余剰プルトニウムを消費できること、比較的小型で冷却に水を使わないため内陸部など立地が比較的自由なこと、水素プラントと組み合わせて電力・水素の併産ができることなどが特徴とされている。[注31]

しかし運転すれば核分裂生成物（いわゆる「核のごみ」）が蓄積する問題は変わらない。高温ガス炉を利用して製造した水素にはトリチウムが混入する。いま福島第一原発から排出される汚染水でトリチウムが問題となっているが、汚染水はタンクに貯留するなど管理が可能である。しかし路上を移動する車から排気ガスとして放出されるトリチウムはそのまま環境中に排出される。これらの詳細は拙著『「走る原発」エコカー──危ない水素社会[注32]』を参照していただきたい。

補助金漬けのエコカー

CO_2や原子力といった物理的な負の外部性とともに、「エコカー」に公費で補助金（すなわちユーザーが負担しない費用）が投入されているとすれば、これも負の外部性にあたるのではないか。エコカーに対して、普及促進のために「直接補助金」と「減税」の二種類の経済的優遇が提供されている。ことに「次世代自動車」に対しては多額の補助金が提供される。

表7－3　次世代自動車補助金の例（単位・万円）

種別	車名の例	メーカー希望小売価格（税別）	ＣＥＶ直接補助金	エコカー減税・グリーン化特例
燃料電池車（ＦＣＶ）	トヨタＭＩＲＡＩ	645.5	117.3	4.9
（純）電気自動車	日産リーフＳ	302.0	38.8	4.9
プラグインハイブリッド車	トヨタプリウスＰＨＶ	307.5	22.0	5.7
クリーンディーゼル車	トヨタランドクルーザープラド	393.6	2.6	6.4
ハイブリッド車	トヨタプリウスＳ	273.1	対象外	2.3

次世代自動車振興センター[注33]という組織があり、①電気自動車・プラグインハイブリッド車・クリーンディーゼル車の購入者に補助金の交付、②電気自動車・プラグインハイブリッド車の普及拡大を図るため自動車用充電設備の設置者に補助金の交付、③燃料電池車の早期普及を図るため水素供給設備の整備を行う者に補助金の交付等の事業を行っている。同センターでＣＥＶ（クリーンエネルギー自動車）と定義されているのは、電気自動車・プラグインハイブリッド車・燃料電池車のほかディーゼル車のうち「クリーンディーゼル車」に該当する車種は補助対象となっている。補助金の内容は、同センターのウェブサイトに個別の車名ごとに金額が示されている[注34]。代表的な車種について示すと**表7－3**のとおりである（二〇二二年一月現在）。特に燃料電池車に対しては、直接補助金一一七万円という高額な補助金が提供される。なお「クリーンエネルギー自動車」に指定されないハイブリッド車についても、エコカー減税・自動車グリーン減税（国土交通省ウェブサイト「自動車関係税制について」）が適用されるので併せて**表7－3**に示す。

現状の電源構成でのＥＶ、あるいは現状の水素製造法での

表7－4　2030年における電源構成想定

	発電電力量 億 kWh	構成比（%）
石油等	200	2
石炭	1,800	19
LNG	1,900	20
原子力	1,900～2,000	20～22
再エネ	3,300～3,500	36～38
水素・ アンモニア	90	1
計	9,300～9,400	100

ＦＣＶは実質的に脱炭素に全く寄与していないし、むしろ原発存続に逆用されている。しかも実効炭素価格をかりにCO_2一トンあたり三〇ユーロ（約三九〇〇円）とすれば、ＥＶ補助金の三八・八万円はCO_2一〇〇トン、ＦＣＶ補助金の一一七・三万円はCO_2三〇〇トンに相当する。かりにＥＶあるいはＦＣＶのエネルギー源をすべて再生可能エネルギーで供給して耐用年数まで使用したとしても全く回収できない量である。むしろグリーンウォッシュ（実質的に効果がないのに環境に配慮しているように装うイメージ操作）の部類ではないか。経済的理由で若者の車ばなれが指摘される環境で誰がＥＶを買うのか。現状（二〇二二年一月）では、国産車で低価格帯の日産リーフで三三〇〜四七〇万円、輸入車のテスラが低価格帯で四四〇〜五二〇万円、その他の輸入車では二〇〇〇万円を超える車種もある。[注35] 同サイズのガソリン車と比較すると相当な価格差がある。現状では富裕階層向けの買い替えあるいは二台目以降の複数保有が対象であり環境への配慮ではない。二〇二二年からは「軽四輪ＥＶ」が市販されるが依然として割高である。[注36] いずれにしても市中への普及には遠いと言わざるをえない。

ＥＶの社会的費用は高い

表7－5　エネルギー面の社会的費用

	エネルギー原単位	現状電気	原発電気	2030想定
	MJ／人km	¥／人km	¥／人km	¥／人km
ガソリン車	2.40	0.58	0.58	0.58
ガソリンHV車	0.90	0.22	0.22	0.22
純EV	0.30	0.14	1.97	0.49

二〇二〇年一〇月に菅義偉首相（当時）は「カーボンニュートラル宣言」を発表した。一方で原子力について河野規制担当相（当時）や小泉環境相（当時）は懐疑的な見解を表明し積極的な活用は明言しなかった。これに対して二〇二一年一〇月に岸田政権はカーボンニュートラルには原発が不可欠と表明し、原発回帰との批判もみられた。[注37] この時点のエネルギー基本計画（前出）によれば、二〇三〇年度における発電電力量を九三〇〇～九四〇〇億kW時と想定し、電源構成は次の**表7－4**のように想定されている。これに対応してCO_2排出量では二〇三〇年に二〇一九年比で四六％削減相当としている。

これを各々の交通手段に対するエネルギー面での負の外部性と関連づけて評価するとどうなるであろうか。特に原子力の場合、事故費用が大きなウェイトを占める。福島原発事故前の二〇〇五年に朴勝俊（京都産業大学・経済学）が関西電力大飯三号機をモデルとして試算した損害額[注38]では、公衆被害額は六二兆円、最悪の場合に二七九兆円（事故後五〇年間の総額の現在価値[注39]）と推定している。

一方、現実に発生した福島第一原発事故の事故処理費用については民間シンクタンクが三五兆～八〇兆円と推定している。[注40] 両者の推計方法や被害の定義・集計範囲は異なるが、朴推計のほうが金額が大きい理由は、福島と比較して大飯原発の南方五〇～六〇kmに京阪神の人口密集地があり福島よりも厳しい条件で試算されたことが影響していると思われる。この朴推計に対して、非現実的あるいは過大推計として電力関係者から多数の強い反論が寄せられた。[注41] しかし結果として福島第一原発事故の被害額と矛盾はなく予想は的確であった。反論を寄せた論者はどのように釈明するのであろうか。

　自動車の動力源別エネルギー消費に関する基礎データ[注42]とおよび福島事故以後に検討された各々の電源別の一kW・時あたりの環境外部費用[注43]から内燃（HV）自動車・電気自動車について一人・kmあたりの外部費用を推計すると**表7―5**のようになる。現状の電源構成では原発の比率が小さく、輸送量（人km）あたりのエネルギー面での社会的費用はEVが最も小さい。逆に全ての電力を原子力で賄うとすればEVが最大となる。エネルギー基本計画で想定する二〇三〇年の電源構成ではその中間となる。原子力をエネルギー基本計画どおりに使用した場合には、総合的に評価すればEVは「環境に優しい」とはいえない。

　ここまではEVの走行時のエネルギー面での社会的費用のみを検討したが、EVに必須となる電池に起因する懸念がある。一般に「リチウムイオン電池」と称されているが、原料としてリチウムだけでなくニッケル・コバルト等が必要となる。これらの金属資源の安定的な大量供給体制はまだ不確定である。[注44] これらの資源採掘に際して、リチウムは過剰な地下水の汲み上げによる環境破壊、コバルトでは採掘労働者の劣悪な環境などが指摘されている。[注45]

MaaS（マーズ）は車社会を変えるか

　二〇一五年頃から「MaaS（マーズ・Mobility as a Service）」が注目されている。説明の一例として、あらゆるサービスを組み合わせて、クルマを所有する生活よりも、より良い生活を実現するサービスを作り出すとされるが、[注46]新しい概念だけに必ずしも定義は定まっておらず論者により認識が異なる場合もある。日本では二〇一八年一〇月に豊田章男（トヨタ自動車社長）が、自動化・電動化・情報ネットワークと自動車との結合（コネクティド）・共有化（カーシェアリング）など社会の変化により自動車業界が大きな変化に直面している状況から、これからは「自動車を製造する企業」から「モビリティカンパニー」への変革を目指すとアピールした。[注47]

二〇〇〇年代初頭から社内ではこの議論がなされていたようであり、筆者もトヨタの若手社員から同趣旨のヒアリングを受けたことがある。モビリティカンパニーの方向性はＭａａＳと関連が深いようにも思えるが、一方で豊田社長は二〇二二年一月に日本自動車工業会の会長の立場として、自動車の買い替え促進が自動車の出荷額や雇用が増え経済の循環につながるとして、政府と実現に向けた政策を議論するとアピールした。[注48]モビリティカンパニーとしてクルマを所有しないライフスタイルを位置づけているとは思われない。

ＭａａＳ自体は新しい用語だが、概念は新しくはない。欧州ではすでに一九六〇〜七〇年代から過度な自動車依存を見直す動きが始まっている。日本では公共交通の大部分は私企業により運営され、そのため独立採算制を求められる。大井尚司（大分大学・経営学）は日本の公共交通は「乗り合わせ」を意味するだけで、経営形態とは関連がなく何ら公共のシステムとして運営されていないと指摘する。[注49]これに対して欧州では公共交通は公的な運営が原則であり、また都市（都市圏）で鉄道・バスなどが一元的に運営され、もともと統合が進んでいる。たとえば「ゾーン制」が実施されており、一定のゾーンの中ではどの交通機関を選択しても共通運賃で利用できる。歩行者・自転車を尊重したまちづくりなども一連の流れの上にある。

それらは情報技術の進展とは関係がない。本来のＭａａＳはこうした基盤の上に成立するシステムであるが、日本のＭａａＳは似て非なるものであり、少なくとも現時点ではスマートフォンの「乗り換え案内アプリ」の域を出ない。欧州の多くの都市（圏）では短距離でも別の交通機関を乗りつぐとそのたびに運賃を払いなおす方式ではない。日本では同一事業者の中での路線に乗り継いでも別料金を要するケース（東急電鉄世田谷線など）さえある。近年はＩＣカードの利用が定着し、どの事業者のカードも共通に利用できるようになったが、料金の引き落としが自動化されているだけでモビリティという点では何も改善されていない。

そもそも公共交通自体が、大都市圏以外では便利とはいえない。県庁所在地レベルでも、バスは土休日全便運休となる路線がみられる。ＭａａＳを利用したところで「やはり公共交通は使えない」ことがわかるだけではないか。道路が整備されるほど公共交通が不便になる現象さえみられる。岩手県盛岡市〜宮古市を結ぶバス路線（通称「１０６急行」）では、都市間輸送が中心ではあるが途中区間で地域交通として一定の利用がみられた。ところが二〇二一年三月に「宮古盛岡横断道路（国道一〇六号の改良）」が開通して集落を通らなくなり、それまで一日二〇便が利用できた地域で一挙に一日五便に削減された。またＪＲ東日本の陸羽西線（山形県の新庄〜余目）は、並行する道路工事（国道四七号線の高規格化）の支障になるとして二〇二二年五月から二年間、全面運休となる。新庄までは新幹線が到達しているのに、その先で鉄道を利用できなくなる。このように長期間の運休は、そのまま廃線の布石ではないかと危惧されている。

また筆者の体験として、広島県庄原市（旧東城町地域）では、タクシー事業者はあるが、数時間にわたり一般利用者には配車できないとして利用を断られたことがある。小学校の統廃合の影響で徒歩通学が困難になり、平日の一五時から一七時頃までは自治体によるタクシー借り上げの児童送迎に専念するためである。当地域にはＪＲ西日本の芸備線（東部区間）があるが、これも一日三便・日中八時間空白など壊滅状態に近い。バスは民間事業者が撤退した後に自治体が廃止代替バスを運行している。最近この地域でもＭａａＳを名乗る実証実験が行われ、[注50]代替バスの一部を予約性にして電話やインターネットで予約するシステムが導入された。しかし利用者と事業者の手間が増えただけで何ら住民のモビリティ向上に寄与していない。

また愛知県の小都市における調査では、デマンド方式のバス（定時・定路線ではなく、利用者の事前予約に応じて経路などを変更して運行される）の問題点として「予約が面倒」「利用できる曜日が少ない（特定の曜日しか運行されないため）」等が上位の理由として挙げられた。[注51]こうした状況では従来と異なるシステムを導入しても住民の利便性向上には寄与しない。筆者自身もこうした地域をしばしば訪問するが、地域外からの来訪者も制約なく利用でき、たとえ便数は少なくとも所定の時刻に待っていれば必ずバスがやって来る従来型の路線バスのほうがはるかに安心して利用できると実感している。

地方都市圏では公共交通の料金は割高であり、ことに家族で外出すると人数分の運賃がかかるため一万円札が消えてしまう。大都市圏でも条件は緩和されない。日本の鉄道は時間が正確というメリットはあるが、逆にいえばそれだけが優位性である。鉄道が選択されるのは「消極的選択」である。大西隆は「満員電車は、とてもサービス精神のある人が提供する乗り物とは思えないし、職場を起点に、仕事であちこち移動する際にも自動車でスムースに走れれば快適そうだからである。つまり、不快指数の高い東京の通勤電車は耐え難いが、それでも自動車がまったく定時性を持たない以上、他に代替手段がなく、仕方なく電車に乗っているというのが実感である。条件が変われば、車庫に眠っている車が動き出す可能性は十分にある[注52]」と述べている。

「条件が変われば」とはまさに新型コロナがその一例である。自動車は利用者にとって一つでもメリットがあると、社会的な負の外部性がいかに大きくても利用される。しかもひとたび自動車を利用すると、徒歩でも数分の距離など自動車の利用が不合理的な状況でさえも、自動車が利用されるようになる。逆に公共交通はダイヤが不便、運賃が高い、座れないなど、利用者にとって一つでも抵抗があると選択されない。筆者は大都市に住んでいるが、あるときバスの停留所で待っていると、後から来た若者が時刻表をのぞき込み「一五分に一本だって！冗談じゃない」と言ってすぐさまタクシーを止めて乗り込んでいった。もともと公共交通が選択肢に入っていない車利用者向けにＭａａＳを提供して使ってもらえるだろうか。

また免許の有無や地域の公共交通の状況の差異による高齢者の外出行動の実態に関する調査では、運転免許を返納する契機として「公共交通が便利になったら」「宅配サービスが充実したら」等を挙げる回答者は少なく、ほとんどの高齢者は運転を続けたいと考えている実態が示された[注53]。

ＪＲの地方路線では、一列車あたりの編成両数が減っている上にロングシート（横方向のベンチシート）化の影響が複合して、着席可能な座席数が国鉄時代の数分の一に減っている地域が少なくない。ＪＲの発足前後の時期に、編成両数を減らす代わりに増便（フリクエントサービス）によるサービス向上が試みられた時期があったが、時間の経過とともに次第に後退し「座れない」現象だけが残る線区も少なくない。

ＩＴを活用した新しいモビリティサービスとして、タクシー配車・デマンド交通・カーシェアリング・超小型モビリティ・自動走行バスなど、ソフト・ハード面での注目すべき取りくみは多数あり、各地で実証実験も行われている。しかしこれらはITと関連づけるまでもなく、規模によっては人間が電話とノートで運用したほうがはるかに便利な場合も少なくない。MaaSの概念そのものに反対すべき要素はないが、MaaSが成立する基盤が整っていない状況で表面だけMaaSを導入しても、利用者にとっては「操作が面倒な乗り換え案内アプリ」の域を出ず、肝心の公共交通そのものが崩壊しつつある現状では活用は期待できない。

注

1 『日本経済新聞』「データセンター、消費電力急膨張 一〇年で一五倍の試算も」二〇二二年一月二三日。
2 トヨタ「ロードサインアシスト（速度制限標識など）」「スマートアシスト（進入禁止標識）」。https://toyota.jp/safety/scene/scenes/index3.html
日産「アクティブセーフティ標識認識機能」。https://www.honda.co.jp/tech/auto/safety/traffic-sign-recognition.html
3 CNN日本版「米テスラ、五万台超をリコール 運転支援機能めぐり」二〇二二年二月二日。https://www.cnn.co.jp/business/35182956.html
4 日産プレスリリース「Nissan IDS Concept 日産が目指す未来のEVと自動運転を具現化した革新的コンセプトカー」二〇一五年一〇月二八日。http://www.coi.nagoya-u.ac.jp/develop/center/slocal
5 自動車技術会JASOテクニカルペーパー「自動車用運転自動化システムのレベル分類および定義」。http://www.jsae.or.jp/08std/data/DrivingAutomation/jaso_tp18004-18.pdf
6 竹内一正「テスラ車で一〇人が死亡しても一切謝罪せず」『プレジデントオンライン』二〇二一年一〇月一二日。https://president.jp/articles/-/50728

7 ANN News「〝怖っ〟車の間から女性　飛び出しかわすも目前に」二〇二一年九月一七日。
8 上岡直見『自動運転の幻想』緑風出版、二〇一九年。
9 『共同通信』配信「選手村で自動運転バス接触事故　柔道代表二週間のけが」二〇二一年八月二七日。
10 【選手村】トヨタ自動運転車の人身事故について【e-Palette】。https://www.youtube.com/watch?v=nza2JAW6KzQ
なお「白杖あるいはそれに準ずるもの」の携帯は公道上での規定であり、公道でない選手村では適用されない。
11 時事通信「選手村バス事故で書類送検へ」二〇二二年一月五日。
12 「自動走行システムに関する公道実証実験のためのガイドライン」。https://www.npa.go.jp/koutsuu/kikaku/gaideline.pdf
13 『日本経済新聞』「自動運転「レベル4」解禁へ　政府、法改正案を閣議決定」二〇二二年三月四日。
14 （財）日本自動車研究所・JHFC総合効率検討特別委員会「JHFC総合効率検討結果」二〇〇六年三月。http://www.jari.or.jp/Portals/0/jhfc/data/report/2005/pdf/result_main.pdf
15 自動車工業会「気になる乗用車の燃費」。https://www.jama.or.jp/user/pdf/jitsunenpi.pdf
16 間瀬貴之「電動車と内燃機関車の製造と走行に伴うGHG排出量評価—事業用火力発電比率に応じた比較分析—」『電力中央研究所研究資料』Y21503、二〇二一年六月、二六頁。
17 資源エネルギー庁「エネルギー基本計画（素案）の概要」二〇二一年七月二一日。https://www.enecho.meti.go.jp/committee/council/basic_policy_subcommittee/2021/046/046_004.pdf
18 https://www.iea.org/news/new-cem-campaign-aims-for-goal-of-30-new-electric-vehicle-sales-by-2030
19 IEA "Global EV Outlook 2019" https://www.iea.org/reports/global-ev-outlook-2019
20 「日本カー・オブ・ザ・イヤー」公式サイト。http://www.jcoty.org/record/coty2011/

21　電気事業連合会（任意団体）「日本の電力消費」。https://www.fepc.or.jp/smp/enterprise/jigyou/japan/index.html

22　日産「リーフ」の諸元表では走行電力消費率は一二〇～一五五Wh／kmとなっている。

23　『ＥＶ／ＨＥＶ用電池と周辺機器・給電システムの最適化・効率化技術』（株）情報機構、二〇一一年六月。

24　『日経ＸＴＥＣＨ』「東芝の亜酸化銅太陽電池　四年後に太陽電池だけで走るＥＶ実現か」二〇二一年一二月二二日。https://xtech.nikkei.com/atcl/nxt/column/18/00001/06383/?n_cid=nbpnxt_mled_fnxt_hatsuwari22

25　ＪＡＦ　ＭＯＲＴＯＲ　ＳＰＯＲＴＳ「二九回目のソーラーカーレース鈴鹿」。なお当レースは今回で終了した。https://motorsports.jaf.or.jp/enjoy/topics/2021/20210812

26　三菱自動車「ｉ－ＭｉＥＶ」公式サイト。https://www.mitsubishi-motors.co.jp/lineup/i-miev/

27　東京電力エナジーパートナー「さあ、ＥＶのある暮らしを始めよう！」。https://evdays.tepco.co.jp/entry/2021/11/09/000023

28　『日本経済新聞』「三菱重工、原発を十数分で出力制御　再生エネ補う」二〇二二年一月一五日。

29　原子力百科事典ＡＴＯＭＩＣＡ「チェルノブイリ原子力発電所事故の原因」。https://atomica.jaea.go.jp/data/detail/dat_detail_02-07-04-13.html

30　日本原子力産業協会・原子力システム研究懇話会「原子力による水素エネルギー」二〇〇二年六月）。

31　原子力百科事典「高温ガス炉の安全性」。http://www.rist.or.jp/atomica/data/dat_detail.php?Title_Key=03-03-03-02.html

32　上岡直見『「走る原発」エコカー――危ない水素社会』コモンズ、二〇一五年。

33　（一社）次世代自動車振興センター。http://www.cev-pc.or.jp/

34　（一社）次世代自動車振興センター「銘柄ごとの補助金交付額」。http://www.cev-pc.or.jp/hojo/pdf/r03/R3_

meigaragotojougen.pdf

35　東京電力エナジーパートナー「さあ、ＥＶのある暮らしを始めよう！」。https://evdays.tepco.co.jp/entry/2021/11/09/000023

36　『ベストカー』Ｗｅｂ版「二〇二二年春発売「日産＋三菱の新型軽ＥＶ」は日本のクルマ社会を変えるか」。https://bestcarweb.jp/feature/333785

37　『毎日新聞』二〇二一年一〇月六日「岸田政権　原発回帰色濃く」

38　朴勝俊「原子力発電所の過酷事故に伴う被害額の試算」『國民経済雑誌』一九一巻三号、一頁。

39　現在価値とは、将来の金銭価値を一定の割引率を使って現在時点に換算した仮想的な価値（将来になるほど価値が下がる）である。割引率は通常三％などが採用される。

40　日本経済研究センター「事故処理費用、四〇年間に三五兆～八〇兆円に」二〇一九年三月七日。

41　エネルギー問題に発言する会「私の意見」石川迪夫（二〇〇三年一一月二五日）、林勉（同二九日）、天野牧男（同二九日）、神山弘章（同一二月四日）、小笠原英雄（同一二月二五日）など。http://www.engy-sqr.com/watashinoiken/index.htm

これに対する朴勝俊の再反論は朴勝俊「朴勝俊論文に関するご批判にたいして」京都大学複合原子力科学研究所原子力安全研究グループ、二〇〇四年三月三〇日。http://www.rri.kyoto-u.ac.jp/NSRG/genpatu/hihanwoukete.pdf

42　日本自動車研究所「ＪＨＦＣ総合効率検討結果報告書」二〇〇六年三月。

43　国家戦略室「コスト等検証委員会第九回会議」資料三「Call for Evidence により得られた情報等とそれを踏まえた対応（案）社会的費用」二〇一二年三月一四日。https://www.cas.go.jp/jp/seisaku/npu/policy09/pdf/20120314/shiryo3.pdf

44　（独法）石油天然ガス・金属鉱物資源機構「ＥＶ向け電池関連金属資源の最近の動向」。http://mric.jogmec.

go.jp/reports/current/20180611/86983/

45　ＹｏｕＴｕｂｅ個人動画「【知らないとダマされる】電気自動車の「不都合な真実」を暴露します」。https://www.youtube.com/watch?v=tD28KOjxIGA

46　植田悦子・森口将之『最新　図解で早わかり　ＭａａＳがまるごとわかる本』ソーテック社、二〇二〇年、一〇頁。

47　トヨタ自動車（株）社長メッセージ「一〇〇年に一度の大変革の時代を生き抜くために」。https://www.toyota.co.jp/pages/contents/jpn/investors/library/annual/pdf/2018/ar2018_1.pdf

48　前出（第4章注14）

49　大井尚司「地域鉄道が『地域』『公共交通』たりうるには―鉄道の「特別」性と地域のかかわりに関する考察―」『運輸と経済』八一巻九号、二〇二一年九月、一二頁。

50　庄原市「廃止代替バス（始終線）が予約制バスで試験運行されます」。https://www.shobaramaas.net/2021project/taishaku/

51　劔持千歩・三輪富生・森川高行「中山間地域における地域バス利用意識の差異に関する研究」『第六四回土木計画学研究発表会・講演集』二〇二一年、ＣＤ－ＲＯＭ版。

52　大西隆「人間中心の交通体系を実現する緒方策」『ＣＥＬ』（大阪ガスエネルギー・文化研究所）六二号、二〇〇二年一二月、一九頁。

53　吉田裕彦・大枝良直・外井哲志「運転免許の有無および自動車の利用環境が高齢者の外出行動に及ぼす影響に関する研究」『第六四回土木計画学研究発表会・講演集』二〇二一年、ＣＤ－ＲＯＭ版。

8. ポストコロナのクルマ社会

新型コロナとクルマ社会

新型コロナに関してさまざまな対策や「新しい生活様式」が提案されている。しかしその対象は「デスクワークに従事する正社員のホワイトカラーで、経済的・身体的にも必要に応じて車を利用できる」という条件が暗黙のうちに設けられており、これに外れた人々は議論の対象から抜け落ちている。現実にはこの条件に該当する人は社会全体のごく一部であって、条件から外れている人々のほうが圧倒的に多い。本書執筆時点では、新型コロナがいつどのように収束するか不明であるが、アフター・コロナにおける交通や車社会はどのようになるであろうか。その背景となる経済・社会・文化の変化、あるいは人々の住み方・働き方・暮らし方の変化、国土利用や都市のあり方から考える必要がある。新型コロナを契機にこうした議論がふたたび注目され、政府は「新しい生活様式」を提唱したが、実際にはどのていどの変化があるだろうか。リモートワークもあるていど実施されているが弊害も指摘されている。現実の交通状況をみれば、飲酒運転・ひき逃げ・店舗突入などが新型コロナの状況と無関係に繰り返されている。

「新しい生活様式」は持続的でない

すでに半世紀以上前から大都市圏への人口・経済・社会機能の一極集中が指摘されてきたが、新型コロナの感染者が大都市圏に集中したことから、改めて一極集中の弊害を指摘する議論がみられる。東京への人口集中は方向転換すると予測する論者もある。[注1] しばしば欧州のように中小規模の都市が分散して国土を形成している構造がモデルとして提示される。しかし日本のあらゆる分野のビジネスモデルひいては社会のあり方そのものが「三密」を前提に作られているのに、方向転換は現実的だろうか。一部の人の「田舎ぐらし」指向ていどでは構造の転換にならない。

新型コロナによる在宅（遠隔）勤務の経験から「住む場所が制限されなくなった」「環境のいい田舎へ」といった動機で地方の不動産物件が注目され、これまで買い手がつかなかった空き家などの物件に対する需要が発生するなど変化がみられるという。[注2] ある記事では「仕事も在宅でこなせれば、ネット通販が発達しているので、地方での暮らしも以前ほど不便さは感じられないだろう」としているが、重大な視点の欠落がある。本当に外界と隔絶して自給自足生活を営むのであれば別だが、いま一般に認識されている「田舎暮らし」はそのようなライフスタイルではない。現代的な利便性を維持したままの田舎暮らしであるとすれば、車がないと日常の買い物や医療など基本的な生活インフラにさえアクセスできない生活は持続的ではない。

宗健（大東建託賃貸未来研究所）によると、地方移転あるいは二点間居住のブームが起きているように伝えられるのは、例外的な事例を全般的な傾向のように捉える認識のバイアスであり、実際に不動産の市場構造が大きく変わるような変化はないと予想している。インターネットによるアンケート調査（二〇二〇年三月から二カ月おきに四回）によると「コロナを契機に郊外への引越しを考えている」あるいは「二点間居住を考えている」とする回答は全体の一〇％以下であり、しかもこれは「考えている」だけであって実行する割合はさらにその一部と指摘している。[注3]

また地方自治体の財政が今後ますます逼迫する状況下で人々が分散して居住すれば、ごみ収集・上下水道・積雪地域での除雪など、あるゆる面で公共サービスの費用の負担が問題となる。大都市圏は別として、その他の全国の県庁所在地クラスの都市でさえ国勢調査のたびにＤＩＤの人口密度が低下（いわゆる「スプロール化」）し、やがてＤＩＤが消滅すると危惧されている都市がある。このまま市街地の拡散が続いてゆくと、公共交通も成り立たず、自治体は財政難に陥り、鉄道駅を軸としてきた既存の商店街はシャッター街と化す一方で郊外にロードサイド店が立ち並ぶ「人の顔がみえない街」になる。さらにロードサイド店も業績が低下すると撤退して「郊外シャッター街」が出現する事態さえ起きている。[注4]

田舎暮らしを勧める記事に「三〇分ほど自動車を走らせれば大きな町のスーパーに買い物に行ける」「週二回、移動販売車が巡回に来てくれる」[注5]との記述があった。車で三〇分の距離は徒歩や自転車では代替できない。一部に移動コンビニの試みもあるが、[注6]永続性は保証されない。よほど覚悟を決めて自給自足の暮らしを営むのでないかぎり「田舎ぐらし」で社会のあり方が大きく変わるとは思われない。

現に「コロナ移住」と称しても都心まで鉄道路線があり始発駅が利用できる等の条件で選んだとの例[注7]もあり、多少の人口移動がみられたとしても一極集中の範囲を出ない例が少なくないのではないか。実際にも総務省の人口移動報告によると、東京二三区では二〇二一年に転出超過（転入より転出が多い）となった

一方で、転出先の多くは隣接県であり首都圏全体ではなお転入増加であるという。[注8]

クルマへのシフトの動き

感染に対する懸念から、都市内の移動で、徒歩・自転車で可能な距離を超える移動については公共交通からクルマへの転換がみられる。「新型コロナウイルスの感染リスクを避けられる交通手段として乗用車での移動が人気となっている」[注9]「少しでも感染リスクを減らそうと、新幹線ではなくマイカーでの移動を考えている人も多いだろう」[注10]「公共交通機関で他の多数の乗客と共に、長時間、同じ機内・車内にとどまらなければならないというのは、なんとなく不安がつきまとう」[注11]など、公共交通を敬遠する動きがみられた。

自動車関連企業が、二〇二〇年の段階でマイカーを所有している二〇～六九歳の一〇〇〇人にネットアンケートを実施したところ、全体の六割（二〇代男性では八割）が「緊急事態宣言下、クルマを運転する機会が増えた」と回答している。[注12]また在宅勤務をした人に「車の中で仕事をしたことがあるか」を聞くと一割が「ある」と回答している。アンケートでは「車内テレワーク」と名付けているが、日本の住宅事情を反映して仕事に集中するためにクルマが利用されている実態が示された。

また別の調査では、コロナを契機に「クルマを買いたくなった人」が「買うのを中止・延期した人」を上回り、生活に必要な移動を安全に行うことができると認識され、特に東京ではクルマ移動が増加した結果が示されている。[注13]資料では「[新しい日常] を前向きに捉え、プライベート空間としてのクルマをうまく使いながら安全に自分の時間を楽しむ人々が今後はさらに増加するものと推察する」「新しい日常に向け、プライベート空間としてのクルマニーズが高まる。クルマは、〝新たな移動様式〟を支えるパートナーへ」などと新たな役割を与えられている。

これらはいずれも自動車関連企業によるインターネット調査であり客観的資料として採用できるかは疑問であるが、全体として公共交通の利用が敬遠された分だけマイカーによる移動のニーズが高まったと考えられる。また感染の不安やソーシャル・ディスタンスを意識するわずらわしさを避けて、車に乗ったまま映画を鑑賞する「ドライブインシアター」も復活している。[注14] 屋外での映画や音楽イベントを推進する団体の代表は「電気自動車（ＥＶ）を対象に環境に配慮したイベントで地方の観光誘致にも活用できる」と述べている。

ホテル・旅館等でも、他の都道府県からの宿泊客を警戒して、平常時にはみられなかったさまざまな制約を課すなどの動きが報告されている。

しかしマイカーでは夜間に道の駅に駐車して車中泊を行う行為がしばしばみられる。道の駅によっては車中泊を公認しているケースもある。平常時は宿泊代節約が主な目的であったが、今後は新型コロナ対応の煩わしさを嫌うことによる車中泊が増加する可能性もある。いずれにしても地域のホテル・旅館等の収入がそれだけ失われる。またこれを見越して「軽自動車でも車中泊がしやすい推奨車種」などの宣伝もみられるようになった。[注15]

自動車か、移動の自由か

人々は自動車が必要なのか、それとも移動の自由が必要なのか、今こそ選ばなければならない。移動の自由とは利便性の問題ではない。日本国憲法では多くの基本的人権を記述している。「集会、結社及び言論、表現の自由（第二一条）」「居住、移転及び職業選択の自由（第二二条）」「学問の自由（第二三条）」「健康で文化的な最低限度の生活を営む権利（第二五条）」「教育を受ける権利（第二六条）」「何人も、裁判所において裁判を受ける権利を奪はれない（第三二条）」などである。これらの多くは移動の自由がなければ実体を失う。「リモート」で代替しうる項目はごくわずかである。憲法に明記はないが移動の自由は基本的人権の前提である。あえて憲法で「記述している」としたのは、憲法が国民に保障する自由や権利は「不断の努力により（第一二条）」保持しなければならないからであり、それを怠れば容易に崩壊し形骸化してしまうからである。

憲法第二七条には「すべて国民は、勤労の権利を有し、義務を負ふ」とあり、勤労は義務であると同時に権利でもある。生活保護の受給に対して「働かずに金を手にしている」と解釈するバッシングが今もしばしばみられるが、就労の意思があるのに交通手段がないためにその機会が得られないのであれば、義務の履行を怠っているのではなく、権利の侵害として捉えるべきである。新型コロナも交通の問題を抜きにしては論じられない。日本では海外ほど強力な移動規制はなかったが、企業によっては公共交通での通勤を禁止した例がある。[注16]

愛知県に本社を置く工作機械メーカーは二〇二〇年四月初旬時点で、全国の業務拠点で鉄道・バス等の公共交通機関での通勤を禁止した。[注17] マイカーや自転車で通えない場合は在宅勤務や有給休暇などで対応するとしているが、製造業なので在宅勤務で対応できる業務は限られるであろう。電車通勤を理由に解雇された事例も報告されている。和食店で長年働いてきた従業員が「電車通勤の者は感染リスクが高い」として雇用主から解雇を通告された事例が報じられた。[注18] このような状況が常態化すれば自動車所有の有無で就労の機会に格差が生じる。

中小企業や自営業では、代替通勤手段の提供や、在宅でも可能な業務への職務転換は困難であろう。また正規・非正規雇用者の格差も指摘されている。待遇の差にとどまらず、新型コロナに起因して、あるいはそれを口実として非正規雇用者から先に解雇される事例がたびたび報告されている。収入が途絶えるとただちに生活に困窮する非正規雇用者が自動車を購入・維持することは難しい。自動車がないと就業機会が奪われる問題は、これまで中小都市・農山村の課題であったが、これからは大都市でも起きる可能性がある。

二〇二〇年の前半から一般市民を対象にＰＣＲ検査が行われるようになったが、検査が行われる施設ではすぐさま「ドライブスルー検査」が用意された一方で、車を利用できない受診者には「公共交通を利用しないように」と呼びかけられるだけで何の配慮もなされなかった。感染症という性格から近所の人や知人に乗せてもらうこともできない。地方都市や農山村では指定された施設はごくまばらにしか存在ない。数十㎞を徒歩か自転車で来いというのだろうか。感染症と自然災害の複合時の避難が現実の問題となっているが、最近では避難所での「三密」を避けて車中泊を推奨する提案もある。車のない人（世帯）はどうするのか。

自動車の普及により、一見すると人々の移動の自由が増進されたように思われる。しかし社会のあらゆるシステムや活動が自動車を前提に作り変えられ、自動車の保有・運転ができない人々にとっては逆に不利・不自由が発生している。自動車の利便性の代償として多くの社会的共通資本が破壊された。宇沢は社会的共通資本は「自然環境」「社会的インフラ」「制度資本」の三分野があるという（前出・第6章一三三頁）。いずれも破壊は容易であるが、再建しようとすれば大きな困難を伴う。半世紀以上にわたり国策と巨大な利権の下で推進されてきた自動車社会の方向転換は容易ではなく、一部の項目をいくらか緩和するだけでも多大な時間がかかるであろうが、自動車の社会的費用の削減は、おのずと社会的共通資本を守り、あるいは再構築する政策につながる。

自動車の社会的費用（負の外部性）のほとんどが自動車の走行距離に比例して発生する以上、それを緩和・低減するには自動車の走行距離を抑制するほかはない。経済政策の面では費用の内部化が対策の一つではあるが、第6章で検討するように「環境税」という形では本来の目的に対して逆効果をもたらす可能性がある。また代替手段もなしに自動車の走行距離抑制は現実的でない。人々の権利と社会的共通資本を守りながら、自動車の走行距離を抑えるさまざまな対策を動員する必要がある。それには何も斬新な対策を考案する必要はなく、従来から提唱されているとおり公共交通の充実と、自動車を使わなくても暮らせる地域の形成を正攻法で推進することである。移動の自由と持続可能性を両立させるのは公共交通である。また安易かつ場当たり的なテクノロジー依存は、社会的費用の緩和・低減に寄与しないばかりか、逆効果をもたらす可能性があり注意が必要である。

現実の問題として地方都市・農山村はもとより大都市でも車が必要な場合はある。しかし最近はサブスクリプション（サブスク）のビジネスモデルが普及している。その定義は必ずしも統一されていないが、要するに「商品」を個別に所有するのではなく必要な時だけ「機能」を利用するシステムである。これまでサブスクは音楽や動画の配信等のソフト分野で利用されてきたが、最近では衣類、家具・家電、自動車なども物品にも対象が広がっている。自動車分野ではレンタカーやリースとどう違うのかについてはいくつか説明があるが[注19]、いずれにしても最新テクノロジーを持ち出す必要はなく現状で十分対応可能である。

高速道路はSDGsか

近年は「SDGs」が強調されている。SDGsとは外務省の解説によれば「二〇一五年九月の国連サミットで加盟国の全会一致で採択された「持続可能な開発のための二〇三〇アジェンダ」に記載された、二〇三〇年までに持続可能でよりよい世界を目指す国際目標」である。[注20]一見すると社会的共通資本と共通するようでもあるが、持続的な社会を目指す政策提言は半世紀前から数多くなされている一方で、改めてSDGsが何をめざすのか必ずしも共通の理解は得られていない。「SD」はSustainable Developmentの意味であるが、寺西俊一（環境経済学）はこれを「持続可能な開発」と解釈することに疑問を呈している。[注21]この用語が「開発の持続性」を目的とするかのように誤解され、本来期待されていた社会的な衡平性、エコロジーへの配慮、経済的な効率性といった趣旨を失っていると指摘する。SDGsでは持続可能な開発目標として一七目標（分野）が提示されているが、逆に何でもSDGsに引き寄せた説明が可能となる。

たとえば東日本高速道路（株）は高速道路事業も「保健」「経済成長と雇用」「インフラ、産業化、イノベーション」「持続可能な都市」「気候変動」に該当しSDGsへの貢献だとアピールしている。[注22] このような例は「SDGsウオッシュ[注23]」、すなわちSDGsに貢献するかのようにアピールしながら実態が伴わない見せかけ、あるいは本来の趣旨に逆行する企業行動と言わざるをえない。

二〇二〇年一〇月に同社は東京外環自動車道の大深度工事により東京都調布市の住宅街で陥没事故（第4章参照）を発生させ、二〇二一年二月には東京地裁より工事差し止めの仮処分の決定を受けるなど、およそSDGsとは相容れない実態が露呈している。

自動車走行量の減少

二〇〇〇年頃より、道路整備を正当化するために、道路交通需要の将来予測に関して恣意的に過大な推計がなされているとの批判が高まった。需要推計は、年齢構成別の人口・免許保有率・GDP・自動車保有台数の推移などから、乗用車類と貨物車類の総走行距離を推定するモデルである。国土交通省では「将来交通需要のあり方に関する検討委員会[注24]」「社会資本整備審議会道路分科会[注25]」などで検討がなされた。過去に実施された推計と実績の比較を**図8－1**に示す。過去の推計でも二〇二〇年以降は減少に転じる予測になっていたが、それ以前から実績が予測を下回っていた。さらに推計の要因の一つであるGDPも当時の設定からすでに下振れしている。

推計当時は予測できなかったとしても新型コロナの影響も加わる。新型コロナの今後の動向について執筆時点では予測困難であるが、自動車交通量については移動の自粛・経済活動の低迷・テレワークの普

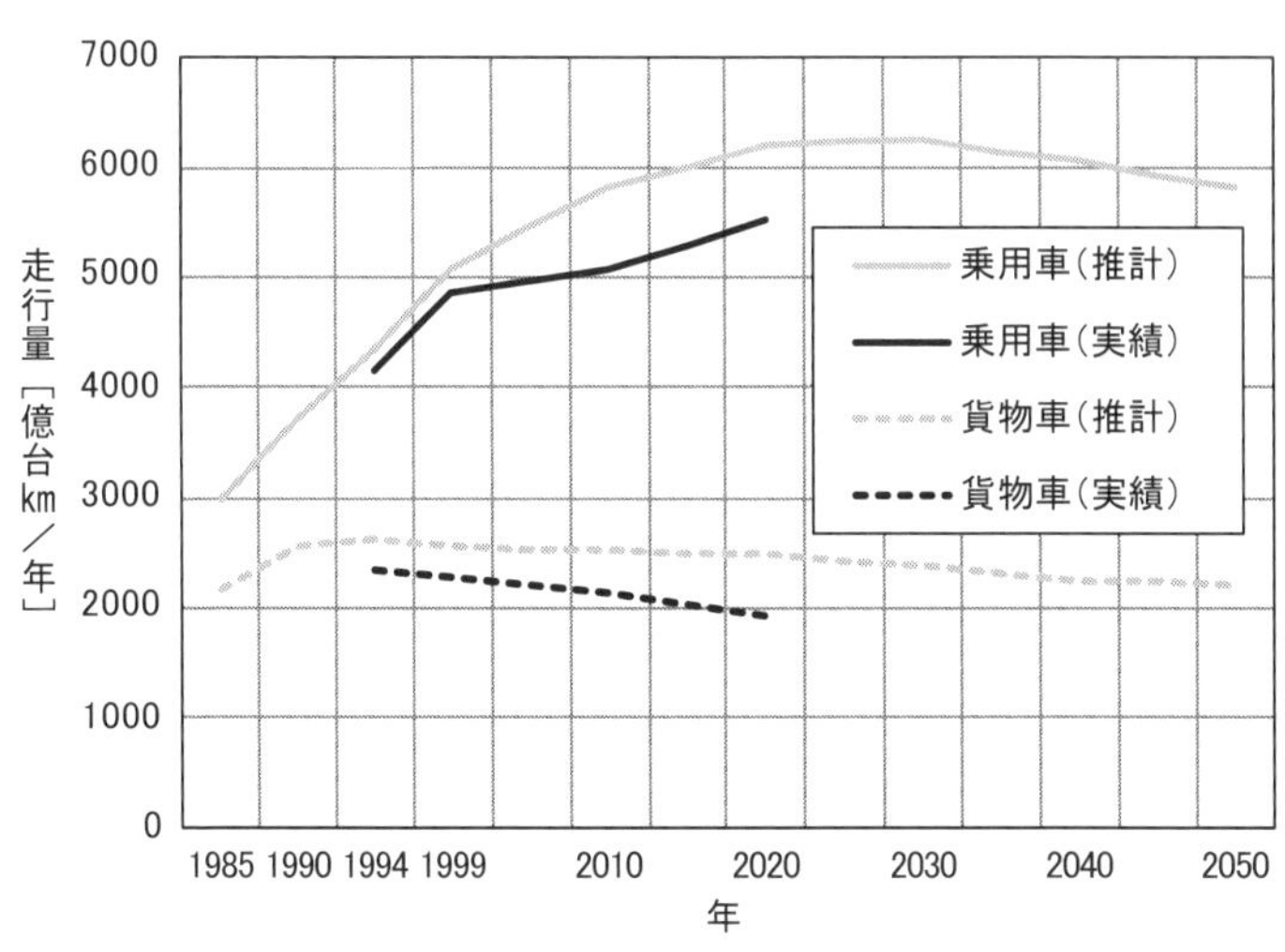

図8－1　全国交通量の実績値と推計値

及などによる人や物の動きの減少要因がみられる一方、宅配需要など増加要因も考えられる。いずれにしても総体として高度成長期のような「右肩上がり」の増加は今後考えられない。かりに道路整備を行うにしても「量より質」の時代になった。

図8－2は東京都市圏パーソントリップ調査[注26]（第3章参照）から、一九九八年・二〇〇八年・二〇一八年の三時点について、東京都区部の自動車トリップの発生・集中（ある地区について自動車を使用した出発回数と到着回数）の推移を示す（白・一九九八年、グレー・二〇〇八年、黒・二〇一八年）。コロナの影響以前でも年々減少していることを示す。このように地域レベルの交通量の減少だけでなく、個別の道路ごとにみても減少している状況が示されている。[注27]

これからの国土利用のあり方

将来の人口・年齢・国土利用については多くの予測

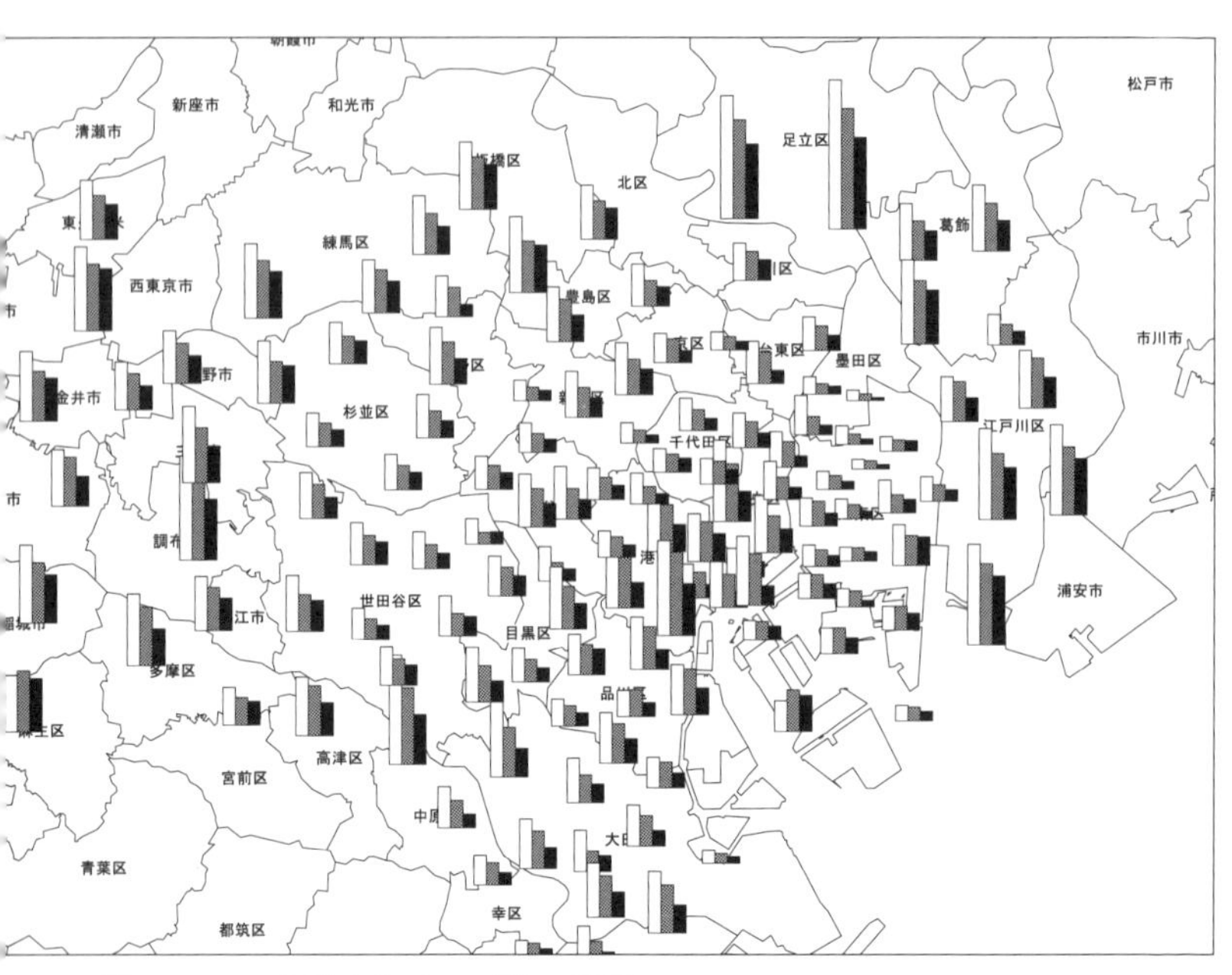

図8－2　自動車トリップ数の推移

やシミュレーションが報告されているが、国土政策・交通政策と関連づけたものとして、東日本大震災直前の二〇一一年二月に国土審議会政策部会長期展望委員会が「国土の長期展望中間とりまとめ」を報告している。[注28]同報告書では、①長期展望の前提となる大きな潮流、②地域別にみた人口減少及び少子高齢化、③人口、気候等の変化がもたらす人と国土の関係への影響、④今後実施すべき複数シナリオによる検討の例という分野別に検討が行なわれている。もし社会的諸要因が現状のまま推移した場合、二〇五〇年頃には総人口が一億人を下回り、高齢化率は約四〇%になると見込まれ、「人と国土」の関係性が現在とは大きく異なると推定している。**図8－3**は、東京圏、中京・京阪神圏、それ以外の地域別に人口予測を示す。全体として人口減少の中でも都市集中が続く一方で三大都市圏以外の人口減少は加速する。

　これまでの都市間の高速交通体系においては、

たしかに都市間における所要時間短縮効果は実現できたものの、いわゆる「ストロー効果」として、日本全体としては東京一極集中、あるいは北海道内での札幌集中、九州内での福岡集中をもたらしたのであって、都市間の高速交通体系が経済的・社会的機能の分散に寄与したとはいえない。このような背景の下で、自動車・道路政策はいかにあるべきだろうか。

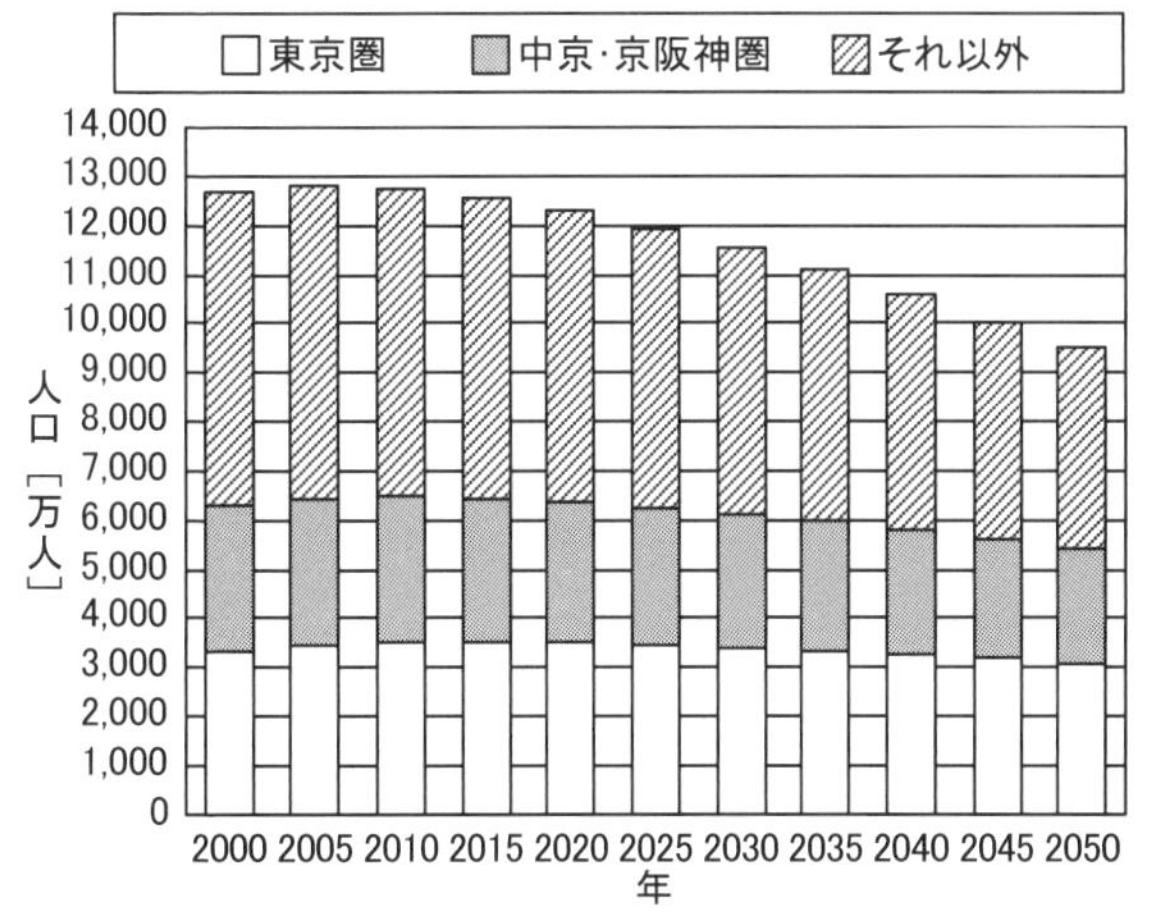

図８－３　国内の地域別の人口推移予測

「クルマノミクス」からの脱却

自動車産業は経済成長や雇用の創出に貢献しているという固定概念は根強い。日本自動車工業会の豊田章男会長（トヨタ自動車社長）は二〇二二年一月に、自動車の買い替え促進で自動車の出荷額や雇用が増え経済の循環につながるとし、政府と実現に向けた政策を議論するとした。その経済効果について、自動車出荷額が年間七・二兆円増加し税収が消費税の一％分に相当する二・五兆円増えるとの試算を示した。[注29] 自動車の需要が増加すれば企業の利益や被雇用者の賃金・俸給が増加し、それに応じて税収が増加するためである。しかし生産波及効果は

表8－1　乗用車製造を1.0とした場合の各種分野の経済効果・エネルギー誘発の比較

	乗用車	電子機器	情報サービス	社会福祉	教育
粗付加価値誘発	1.00	1.10	1.41	1.55	1.61
雇用者所得誘発額	1.00	1.06	1.35	1.83	1.95
租税効果	1.00	1.10	1.41	1.55	1.61
就業者誘発	1.00	1.13	1.38	2.36	1.63
エネルギー誘発	1.00	0.93	0.39	0.70	0.66

自動車産業だけが有しているわけではない。

企業利益や就業者の賃金・俸給、税収の増加を目指すなら、自動車製造よりも効率の良い産業分野が他にも多数あり、しかもそれらはエネルギー消費が少なく、社会的共通資本の保全にも役立つ。たとえば同じ金額で乗用車を購入する場合と、電子機器を購入する場合、また製品ではなくサービスの面、たとえば情報通信サービス、福祉サービス、教育に投資した場合について、粗付加価値（GDP）効果、雇用者所得誘発効果、租税効果、就業者誘発効果、エネルギー誘発量について、それぞれ乗用車製造を一・〇とした場合の相対的な倍率を**表8－1**に示す。ほとんどの項目で経済効果は乗用車製造を上回る一方で、エネルギー消費量は少ない。

自動車産業そのものにも大きな変化が訪れようとしている。技術体系として「自動車とはエンジンなり」と表現しても過言ではないが、EV化によりエンジンが近い将来に激減する可能性もある。自動車は関連産業が多くいわゆる「裾野が広い」が、中でもエンジンとトランスミッション（伝達機構）こそが在来の自動車を構成してきた主要技術である。エンジンを構成する部品は一～三万点に対してEVのモーターの部品は制御部品を加えても一〇〇点程度とされる。EV化は一台あたり五〇万円程度の需要の消失に相当すると推定される。[注30]

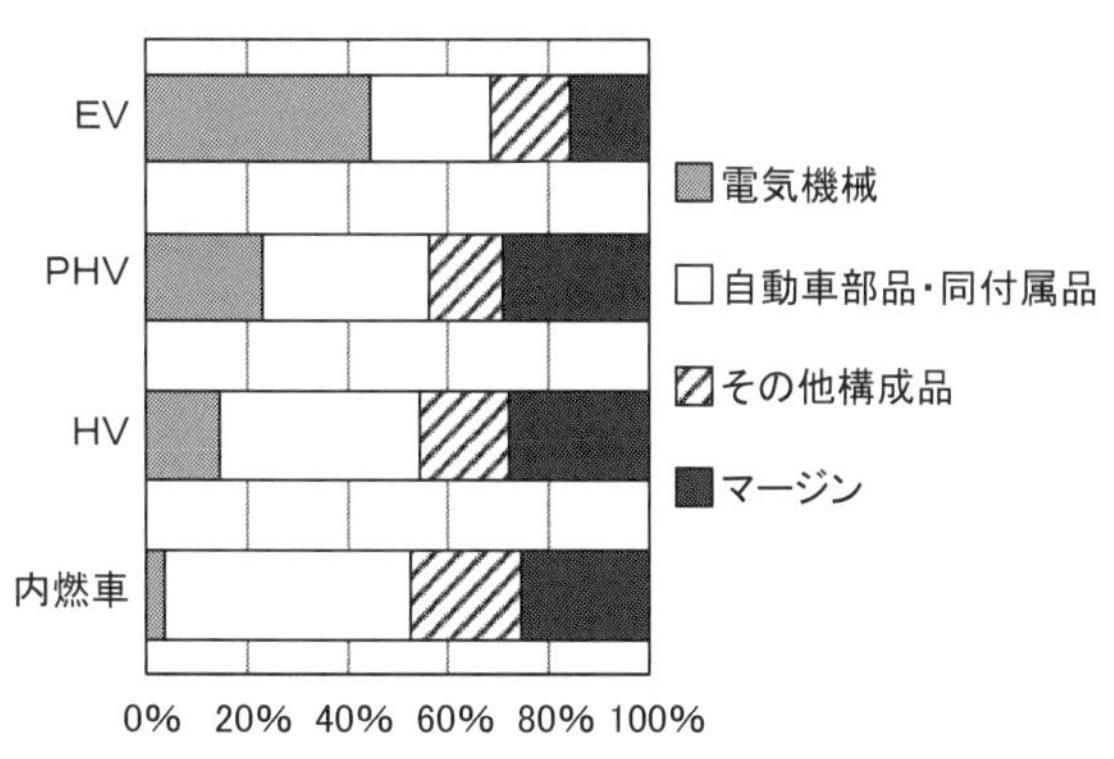

図8－4　在来車と電気自動車の構成要素の価格比率

在来車でも電装品がなければエンジンもかからないくらいにシステムに関与してはいるが、あくまで補助機構である。それがEVでは大きな比率を占めるようになり、構成が全く異なると予想される。現在のEVは低価格帯でも三〇〇万円台であり、さらに高級・高性能指向の車種もみられるが、近い将来に廉価版のEVも参入する可能性がある。車種により電池の容量が異なり、電池の輸入割合などにより価格が大きく左右されるのであくまで一例であるが、間瀬（前出）による在来の内燃車・HV（ハイブリッド）・PHV（プラグインハイブリッド）・EVでの構成品の価格構成比率の予測を**図8－4**に示す。[注31]

現在の自動車産業のうち乗用車部門がどのような原材料・資材・機材を購入しているかを産業連関表[注32]のデータとしてみると、乗用車部門ではエンジンを二兆五七一一億円、エンジン関係電装品を三三四四億円、その他在来のエンジン車用部品を六兆八一七一億円などであるが、全面的にEVに置き換わったとすればそれらの需要が消失する。一方で電池は、現在はHV（ハイブリッド車）用と少数のEV・PHV（プラグインハイブリッド車）用、および一般車の電装品の一部として一二九〇億円を購入しているに過ぎないが、全面的にＥＶが普及すれば電池が大きな需要となる。

また自動運転に関連して半導体・集積回路等の比率が大きくなる。自動運転が進展した場合のＡＩなど制御関連の需要額は予測しにくいが、自動運転の開発では、電子デバイス（カメラ・レーダーなどの電子機器）よりもソフトウェア（情報を処理・判断する人工知能等）の技術が中心となる。既存の自動車メーカーが、どの部分をどれだけＩＴ系の外部企業と分担するかは不確定である。しかしＩＴ系の企業がリードすることは間違いないだろう。

在来車とＥＶの経済・環境面での比較に関して鷲津明由（早稲田大学・環境影響評価）らによる「次世代科学技術経済分析研究所[注33]」によりデータが提供されている。ＥＶは在来車と構成要素が大きく異なるが、従来の産業連関表の自動車部門ではＥＶは分離されていないため、鷲津らは分離した部門を作成している。また再生可能エネルギーについても従来の産業連関表では明確に対応していなかったが、各種方式（太陽光・風力・地熱・バイオその他）の再生可能エネルギーについて各々の投入構成（原材料、工事方法など）に対応して分離した部門を設けている。

ただし現状のＥＶは、同サイズの在来乗用車と比べてかなり高価格である。産業連関分析は価格を媒介にして計算するため、現状ではＥＶのほうが経済・雇用効果（生産波及によるＧＤＰの誘発・雇用者の誘発）とも大きく算出される。しかしＥＶの大量普及時に廉価版ＥＶの比率が大きくなれば、計算上はＥＶの経済・雇用効果は在来車より小さくなる。これは産業連関分析の計算原理からやむをえないので、ＥＶに関しては他の手法との比較検討が今後の課題である。

販売面についてはどうだろうか。産業連関表から乗用車部門の販売額（ディーラーのマージン等を除いた出荷額）を集計すると、一般ユーザー向けが五兆三七二〇億円、公務部門向けが一〇〇八億円、産業部門向けが二兆三三八四億円の合計七兆八一一三億円が内需にあたる。これに対して輸出は一〇兆一四九八億円である。[注34] しかし近い将来にカーシェアリングなど車を個人所有しないライフスタイルが普及すれば新車購入需要は減少する。民間シンクタンクの推定によると、所有形態の変化により新車購入需要への影響は、条件にもよるが年間一六万台～六〇万台の需要の減少と推定している。[注35]

またユーザーの観点から、車を保有して利用（ガソリン使用）する場合と、同じ金額で公共交通を利用する場合を比較するとどうなるであろうか。車については車両価格、年間の走行距離、燃費性能、ガソリン価格などにより条件が異なり、また鉄道については運賃の他に新幹線（特急）料金が必要な場合もある。厳密な比較は難しいが、かりに平均的な車種で年間五〇〇〇kmと仮定すると、その費用で鉄道では車の二～三倍以上の距離を移動できる。日本の鉄道運賃・料金は海外先進国に比較すると割高であるが、それでもこれだけ有利である。

「ドウロノミクス」からの脱却

道路建設が経済や雇用を支えているという「ドウロノミクス」の固定概念も捨てなければならない。道路投資額は最盛期に比べると激減しているが、道路の建設に依存した雇用では、建設が終わると逆に失業者を生み出してしまうので次々と新しい「工事」を必要とする。このため経済効率を無視してでも道路建設を続けざるをえなくなる。新型コロナに際して、日本は人口あたりの感染者数が海外より桁ちがいに少

表8－2　道路建設を1.0とした場合の各種分野の経済効果・エネルギー誘発の比較

	道路建設	建設補修	医療	社会福祉	教育
粗付加価値誘発	1.00	1.01	1.05	1.13	1.18
雇用者所得誘発額	1.00	1.03	1.07	1.29	1.38
租税効果	1.00	1.01	1.05	1.13	1.18
就業者誘発	1.00	1.04	0.81	1.19	0.82
エネルギー誘発	1.00	1.06	0.61	0.79	0.75

ないにもかかわらず医療崩壊が懸念されるなど、社会的共通資本としての医療が設備・人員とも脆弱であることが露呈した。道路事業は既存設備の補修と安全に関わる改良に限定し、国民の生命・健康を守る分野に公共投資を転換すべきである。しかもこれは道路事業と比較すると経済にも良い影響がある。「市民がつくる政策調査会」は、道路を中心とする公共事業は本来の社会資本整備の目的を失っており、実質は景気対策、雇用対策になっていると して、環境負荷の少ない目的に転換すると、むしろ雇用誘発量が多くなる結果を報告している。[注36]

同様に道路建設への投資と、同額で住宅の省エネ化促進を比較した試算もある。[注37]ここでは道路建設による渋滞解消でCO_2が削減される効果も考慮しているが、道路建設に伴うCO_2発生のほうが上回り逆効果となった。一方でGDP誘発効果では住宅省エネ化のほうがわずかながら上回った。第4章で述べたように、現在はむしろインフラの老朽化が深刻となっており、同じ建設分野でも新設より補修業務を優先すべきである。技術的には性格が類似した内容であり、建設業界にとっても抵抗は少ないはずである。

「クルマノミクス」での試算と同様に、同じ金額で道路建設に投資する場合と、建設補修・医療・福祉サービス・教育の各分野に投資した場合について、粗付加価値（GDP）効果、雇用者所得誘発効果、租税効果、就業者

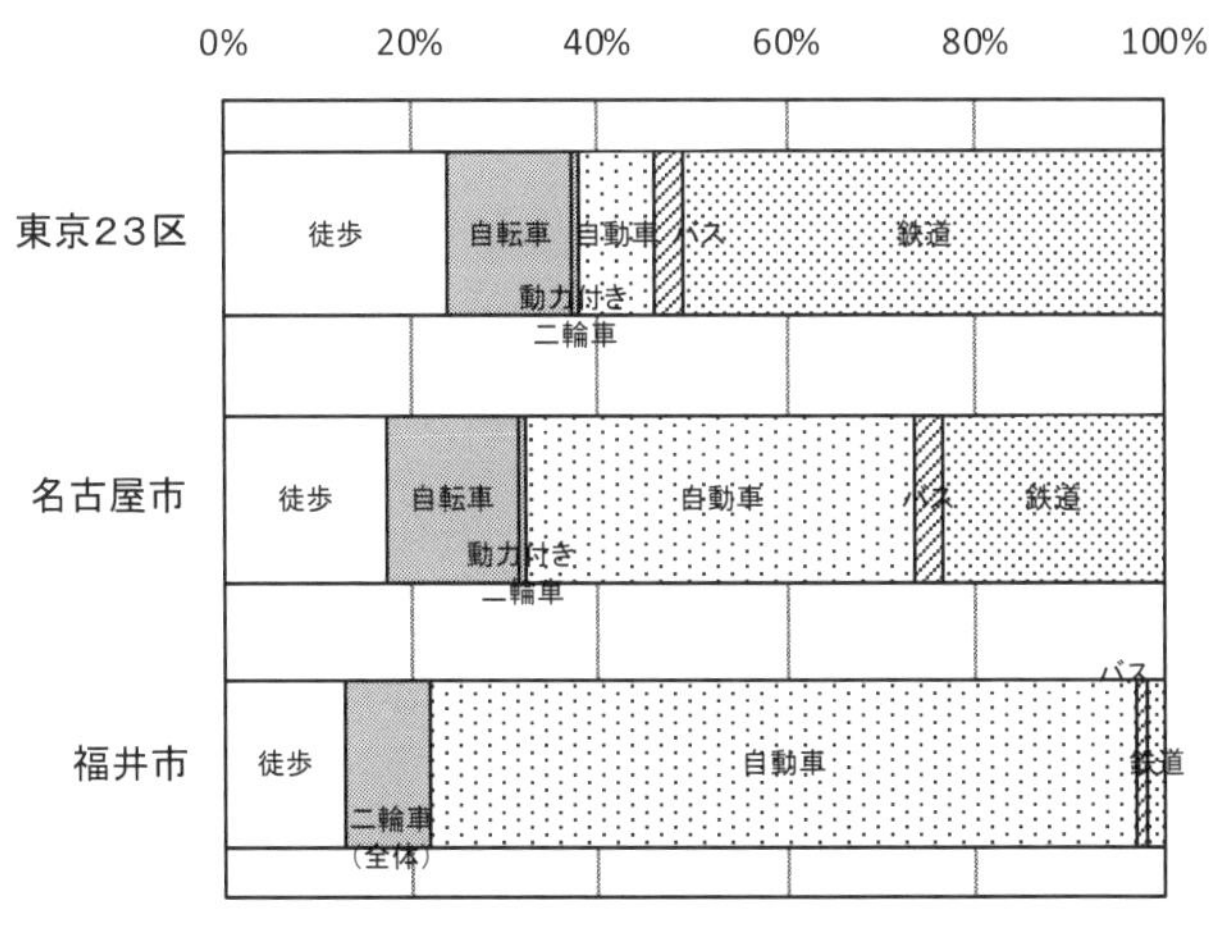

図8－5　各都市での交通手段の分担

誘発効果、エネルギー誘発量について、それぞれ道路建設を一・〇とした場合の相対的な倍率を**表8－2**に示す。いずれの代替分野も、道路建設に比べて粗付加価値（GDP）効果、雇用者所得誘発効果、租税効果、就業者誘発効果が上回る一方で、エネルギー誘発量は少なくて済む（建設補修のケースを除く）。

「低速交通」の重視

これまでの交通政策では「交通」といえば自動車交通を指し、自転車や歩行者は脇役どころか自動車交通の邪魔者と位置づけられてきた。交通研究者の世界でも二十世紀のうちは、自転車交通の活用を提唱すると「左翼」と言われたという。しかし今こそ「低速交通」の役割に注目すべきである。

図8－5は、①鉄道が最大限利用されている東京都二三区、②大都市ではあるが自動車依存度が高い愛知県名古屋市、③典型的な「クルマ社会」とみなされる福井

県福井市の三パターンについて、トリップ数でみた場合の交通手段別の分担率を示す。なお福井市は自転車と動力付き二輪車（原付・自動二輪）の合計を「二輪車」として表示している。動力付き二輪車の中には、小さいエンジンを装備しただけの原付自転車から、法令上は自動車扱いとなる中・大型バイクまで性質が異なる形式が混在するが、欧米ではいずれも自動車（Motor Vehicles）に対して物理的に脆弱という意味でVRU（Vulnerable Road Users）[注38]として分類される場合がある。ここでは動力付き二輪車も「低速交通」とする。**図8―5**のように三パターンで交通手段の分担に差がみられるが、典型的な自動車依存社会の福井市でさえも「低速交通」の分担率は二割あり、名古屋市で三割、東京都二三区では四割近くに達する。すなわち「低速交通」に配慮した都市・道路（街路）のあり方が求められる。

東京都では二〇〇八年から自転車通行空間の整備が始まったが局部的にとどまっている。一方、二〇一二年から生活道路を中心に警視庁が「自転車ナビマーク（青矢印の路面表示）」の導入を始め、二〇一六年からそれが交通量の多い幹線道路にも拡大された。しかしこれは自転車利用者に危険をもたらしているとの指摘がある。[注39] 並行して、法的に自転車は車両という解釈から自転車の車道通行を指導するようになった。**図8―6**（写真）は千代田区内の「自転車ナビライン」である。写真の箇所は東京五輪を契機に設定された。[注40] しかしこのナビラインとは「自転車の通行方法を示す表示」の意味しかなく、自転車の保護・優先は法的に規定されていない。写真のように駐車車両で自転車の通行が妨害される場合が多いが、警視庁は「駐車車両があったら避けて走れ」などと本末転倒の解説をしている。[注41] 二〇二〇年五月一二日には自転車の配達員が首都高速を走行する事案が発生した。[注42] 警視庁の任意聴取に対して配達員は「時間短縮のために首都高速を走った」と説明したが、このような実態では首都高を走りたくなるのは当然である。

図8－6　自転車走行空間の妨害

原田昇（東京大学・交通工学、都市計画）は「交通まちづくり」の観点から、まちづくりと一体となった交通整備を提案している。[注43] まず「歩いて暮らせる」まちづくりが重要である。人との交流すなわちソーシャルネットワークは心身の健康にとって重要である。新型コロナでは逆に「ソーシャル・ディスタンス」が重視されたが、これはあくまで緊急事態であって「新しい常態」として固定すべきではない。活動の低下はフレイル（虚弱）のリスクを増すことは既に多くの指摘がある。さらに原田は「歩けなくても暮らせる」まちづくりも提起している。その手段としては外出支援・移動販売・移動代替（通信手段など）である。これも言いかえれば「低速交通」「小さい交通」の重視であり、マイカーに依存して「駐車場の中に街がある」ような都市（第3章参照）では物理的に実現が不可能である。公共交通を軸としたコンパクトシティが前提となる。

どうしても自動車の機能が必要な場合、超小型モビリティの利用が考えられる。二〇一九年四月の東池袋自動車暴走事故では、東京都区部の中での移動のために八七歳（当時）の男性が運転していた。東京都区部では、人口のうち鉄道駅から五〇〇mまで六一％、一㎞まで八八％、二㎞まで九九％がカバーされている。それでも自ら運転するほうが移動が楽なため運転していたと考えられるが、これは自動車というより電動車椅子としての利用形態である。もともと東京都区部では自動車の平均走行速度は二〇〜三〇㎞／時ていどであり、最高速度をこの程度に抑えた超小型モビリティがあればこうした悲惨な事故は防げたはずである。東池袋の事故に関して、そのような高齢でなぜ運転するのかと批判がみられたが、二〇二二年一月には川崎市で五〇歳（当時）の女性運転者が助手席のペットに気を取られたと思われる原因で同様の事故を起こしている。

現在、超小型モビリティとして一〜二人乗りの車両で、法的には原動機付自転車の枠で「ミニカー」と、軽自動車の枠で「認定車」「形式認定車」の枠が定められている。市販車としてはトヨタではＣ＋ｐｏｄ等がある。トヨタの説明によると、Ｃ＋ｐｏｄの最高速度は六〇㎞／時で、高速道路を使わない近距離移動には充分な速度であり、満充電からの走行距離は一五〇㎞であり日常の移動には充分としている。[注44]公道走行には普通運転免許（軽自動車枠の車両）が必要で、一般車両と混在して走行する以上はやむを得ないが高齢で免許証を返納すれば使えない。一方で平均的な世帯では三人以上の家族・グループでの移動の必要性があり、通常の乗用車も必要となる。Ｃ＋ｐｏｄのメーカー希望小売価格が一七一・六万円で通常のコンパクトカーと同程度の価格帯であることから考えても、Ｃ＋ｐｏｄは富裕階層向けの複数保有の奨励である点に注意が必要であろう。こうした点からもトヨタが「モビリティカンパニー」を指向するとのアピールは信用できない。なお「低速交通」と対極にあるリニア新幹線も全く無駄な事業であり、ただちに中止してその財源を地域の「低速交通」と鉄道貨物の復活に振り向けるべきである。本書では紙幅の制約からリニアについては触れないが、すでに拙著ほか多くの批判的資料が刊行されているので参照していただきたい。[注45]

外国の交通政策との比較

交通関係の研究や提言では海外の事例がしばしば紹介されるが、残念ながら「検討すれども採用せず」で実際の政策に反映されないケースが多く、あるいは取り入れても「似て非なるもの」が多い。このため本書では海外事例の紹介には重点を置かないが、方向性として重要なEUのプロジェクトである「ヨーロピアン・モビリティ・ウィーク（EMW）」の提言を紹介する。一九九八年にフランスで始まったカーフリーデー（都市で車を使わない日）のイベントを発祥として、世界各国に波及するとともにEUのプロジェクトに採用され、対象を都市の交通政策全体に拡大してEMWとして続けられている。環境負荷が少なく持続的な交通を志向することにより、公衆の健康と生活の質（QOL）の改善を趣旨として二〇〇二年から続けられている。二〇一九年からは新型コロナの混乱に直面したが「ロックダウン中に得られた、都市のより良い移動に関する一〇の教訓」を提示している。日本でも共通に推進すべき内容である。[注46]

「都市は自動車のためにではなく、人のために運営されるべきこと」
「これまで注目されなかったエッセンシャルワーカーの存在を評価すべきこと」

「大気汚染や騒音が低下したこと（今まで気づかなかったことが可視化された）」
「人々の移動が余りにも急ぎすぎていたこと」
「より健康的な生活を維持すべきこと、ただし運動器具等に依存するのでなく徒歩と自転車が最適な〝ジム〟であること」
「在宅勤務が普及したこと、ただし通勤が必要な人々のために安全な移動を計画すること」
「子どもの通学（送迎）は、自動車より持続的な通学手段に転換すべきこと」
「交通をより効率的に利用するためにデジタルツールを活用すべきこと」
「宅配はロックダウンに必要な手段であるが、ゼロエミッションの輸送手段を検討すべきこと」
「車いす利用者等のバリアフリーを推進すべきこと」

本書執筆時点では各国で新型コロナは収束していないため評価は難しいが、いくつか事例を紹介する。ドイツに関してバーバラ・レンツ（ドイツ航空宇宙センター・交通研究所所長）は、公共交通が「ソーシャル・ディスタンス」の制約を受けることで大きな問題に直面しているが、人々が感染拡大を恐れて公共交通の利用を恒常的に避けることはないだろうと希望的に述べている。また同所の調査によれば（公共交通を避けて）自家用車の利用が急激に上昇しているが、これも一時的な現象であろうと予測している。[注47] 全体として今回の危機は都市交通について、こと自転車の活用についても再考する機会となっている。

イタリアでは短距離の移動に徒歩・自転車が推奨され、早急に歩道の拡幅、自転車レーンの整備、自転車購入費の補助が実施された。このように迅速な対応の背景には、都市の交通部局が地下鉄・バス・路面電車・自転車等の交通モードを一元管理している制度がある。自転車については単発的・臨時的な「ポップアップレーン（コーンや白線などで臨時に設定したレーン）」ではなく本格的なネットワークが必要と指摘している。

イタリアではコロナにより日本とは桁ちがいの被害を生じたが、イタリア・ミラノ市在住者による現地の状況（二〇二〇年五月末）が報告されている。[注48] 高額の罰金を伴う厳しいロックダウンが注目されたが、福祉など社会的機能の維持で通勤が必要なエッセンシャルワーカーのために、便数は削減されながらも運行は継続されていた。五月四日には経済活動の再開、同一八日には州内の移動解禁、六月三日にはEU間の移動解禁が実施された。利用時のソーシャルディスタンス確保などの呼びかけがなされる一方で「公共交通の利用は安全」という広報活動が積極的に行われたことは日本との大きな相違である。

長年クルマ社会を続けてきた米国でも公共交通の見直しに転換しつつある。米国は政権交代により政策が揺れるので断定はできないが、前トランプ政権（二〇一七年一月〜二〇二一年一月）では新型コロナへの対応として、公共交通に対して連邦政府が迅速な対処を実施した。一般に自由経済重視で公共投資に消極的と認識される共和党政権ではあるが、合衆国運輸省（日本の国土交通省に相当）によると、コロナ危機下における地域公共交通の運行を維持するために合計二五〇億ドル（約二・五兆円）を全額連邦政府として支出する決定に二〇二〇年三月二七日に大統領がサインした。[注49]

大統領選挙（二〇二一年一月）対策の性格もあったが、日本とは規模・質・スピード感に格段の差があり、緊急事態の政策遂行の仕組みに大きな差異があると評価されている。[注50] 次のバイデン政権（二〇二一年一月〜）では連邦政府の公共交通への支出を大幅に増加し、八年間で八五〇億ドル（約九・三兆円）を都市の公共交通

システムの近代化と拡張のために使うとしている。また新規道路新設を抑制し補修を重視する方針である。[注51]

注

1 沖有人「コロナ後遺症で人が流出、東京が［人口減少都市］へと一変する日」『ダイヤモンドオンライン』二〇二〇年六月一八日。https://diamond.jp/articles/-/240524

2 日刊ゲンダイ「地方物件への関心コロナで増加　田舎の在宅勤務に注意点も」二〇二〇年七月二日。https://www.nikkan-gendai.com/articles/view/money/275378

3 宗健「ｗｉｔｈコロナ時代の住まい選択と地方交通」交通権学会二〇二一年度研究大会（二〇二一年一一月二八日）。

4 冨山和彦『なぜローカル経済から日本は甦るのか』ＰＨＰ新書№九三二、一三七頁。

5 池滝和秀「コロナで強制移住した男性［田舎暮らしの実態］」『東洋経済オンライン』二〇二〇年七月一〇日。https://toyokeizai.net/articles/-/361493

6 『日本経済新聞』「コンビニ、過疎地に参上　移動販売広がる　セブンやファミマ、専用車」二〇二一年七月三日。

7 中川寛子「コロナ移住、結局［首都圏近郊］が人気なワケ　現実的に考えると地方移住のハードルは高い」『東洋経済オンライン』二〇二〇年八月六日。https://toyokeizai.net/articles/-/366933

8 日本経済新聞』「東京二三区、初の転出超過　二一年人口移動報告」二〇二二年一月二八日。

9 『日刊スポーツ』「［県外ナンバー狩り］に注意…お盆帰省もコロナ変化」二〇二〇年八月九日。https://www.nikkansports.com/general/nikkan/news/202008080000696.html

10 『ＮＥＷＳポストセブン』「見直されるマイカー　長距離運転も苦にならない［意外な五台］」二〇二〇年八月一〇日。https://www.news-postseven.com/archives/20200810_1584709.html

11 『Jタウンネット』「[ほぼ毎週車中泊]［暇さえあれば次の行き先探す］一度ハマったら抜け出せないドライブ中毒の症状とは」二〇二〇年八月二五日。https://news.nifty.com/article/item/neta/12150-771186/
12 ㈱ホンダアクセス「緊急事態宣言下のカーライフに関する調査」二〇二〇年七月一日。https://www.honda.co.jp/ACCESS/press/2020/pdf/hac2020070102.pdf
13 ㈱デルフィス「コロナ禍における［移動］［クルマ］に関する意識調査を実施」二〇二〇年五月一九日。https://www.delphys.co.jp/activities/detail.php?id=37
14 『東京新聞』「ドライブインシアター　続々と復活　ｗｉｔｈコロナで接触避ける」二〇二〇年六月二六日。
15 「軽自動車で車中泊！フルフラット仕様ができるおすすめ一六台」https://cobby.jp/smallcar-shachuhaku.html
16 日経（ウェブ版）「百貨店は時短拡大・バス減便　愛知独自の緊急事態宣言」二〇二〇年四月九日。https://www.nikkei.com/article/DGXMZO57874370Z00C20A4L91000/?n_cid=SPTMG002
17 「百貨店は時短拡大・バス減便　知独自の緊急事態宣言」『日本経済新聞』二〇二〇年四月九日。
18 藤田和恵「四〇歳料理人をクビにした社長の酷すぎる言い分」『東洋経済オンライン』二〇二〇年六月一二日。https://toyokeizai.net/articles/-/354938
19 『カルモマガジン』「サブスクリプションとレンタルの違いは？便利に使い分ける方法とは」https://car-mo.jp/mag/category/tips/subscription/difference/rental/
20 外務省「ＳＤＧｓとは」。https://www.mofa.go.jp/mofaj/gaiko/oda/sdgs/about/index.html
21 寺西俊一「脱クルマ依存へ　その文脈を追う」『世界』二〇二一年二月号、八四頁。
22 東日本高速道路（株）「ＮＥＸＣＯ東日本グループのＳＤＧｓへの貢献と取組み」。https://www.e-nexco.co.jp/csr/group/sdgs.html
23 ＹｏｕＴｕｂｅ「【知らないとダマされる】ＳＤＧｓの不都合な真実を暴露します」。https://www.youtube.com/watch?v=rQe1XheB6lo

24　国土交通省「将来交通需要のあり方に関する検討委員会」（二〇〇三年二月～二〇〇四年三月）。https://www.mlit.go.jp/road/ir/yosoku/index.html

25　社会資本整備審議会道路分科会第二六回基本政策部会資料一―二「新たな将来交通需要推計」（一九九八年一一月）。https://www.mlit.go.jp/road/ir/kihon/26/1-2.pdf

26　東京都市圏交通計画協議会「パーソントリップ調査データ」データ提供ページ（前出）。
中京都市圏交通計画協議会「パーソントリップ調査データの提供」データ提供ページ（前出）。

京阪神都市圏交通計画協議会「パーソントリップ調査データ」データ提供ページ（前出）。

27　国土交通省「平成二七年度全国道路・街路交通情勢調査一般交通量調査集計表」ほか各年版より。https://www.mlit.go.jp/road/census/h27/

28　国土審議会政策部会長期展望委員会「国土の長期展望　中間とりまとめ」。http://www.mlit.go.jp/policy/shingikai/kokudo03_sg_000030.html

29　前出（第４章注14）

30　中島徳至「ＥＶにより変化する産業構造」Ａｌｌ Ａｂｏｕｔ車・バイク。https://allabout.co.jp/gm/gc/423948/

31　間瀬貴之「産業連関表における電動車部門の推計と電動車の生産台数シェア上昇のシミュレーション分析」『電力中央研究所社会経済研究所ディスカッションペーパー』ＳＥＲＣ１８００１、二〇一九年一月、四頁。

32　総務省「産業連関表」統計表一覧（二〇一五年表）。http://www.soumu.go.jp/toukei_toukatsu/data/io/ichiran.htm

33　早稲田大学・スマート社会技術融合研究機構・次世代科学技術経済分析研究所「二〇一一年次世代エネルギーシステム分析用産業連関表」のデータ引用。http://www.f.waseda.jp/washizu/index.html

34　総務省「産業連関表」統計表一覧（二〇一五年表）。http://www.soumu.go.jp/toukei_toukatsu/data/io/

ichiran.htm

35 アーサー・ディ・リトル・ジャパン『モビリティー進化論』日経ＢＰ社、二〇一八年、一六八頁。

36 市民がつくる政策調査会・グリーン交通研究会『税財政を中心とする道路政策転換への提言』一九九九年、九一頁。

37 竹下貴之・藤井康正「省エネルギー公共投資のマクロ経済及び産業毎の影響に関する研究」『第一六回エネルギーシステム・経済・環境コンファレンス』講演論文集、二〇〇〇年、一〇三頁。

38 EU "ITS & Vulnerable Road Users" https://ec.europa.eu/transport/themes/its/road/action_plan/its_and_vulnerable_road_users_en

39 早川洋平「世界の潮流から外れる日本の自転車政策―ドグマ化した車道通行原則と非科学的な政策形成」『交通権』三六号、二〇一九年一二月、四三頁。

40 千代田区「自転車走行空間整備状況図」。https://www.city.chiyoda.lg.jp/documents/27387/setsubi-jokyo.pdf

41 警視庁「自転車ナビマーク・ナビライン」。https://www.keishicho.metro.tokyo.jp/kotsu/jikoboshi/bicycle/menu/navimark.html

42 『日本経済新聞』「自転車が首都高を走行　ウーバー配達員か」二〇二〇年五月一三日ほか各社報道。

43 原田昇「［歩けなくても暮らせる］交通まちづくり～おでかけ支援×集いの［場］の構築」『第２回人生百年時代の包摂と支援の生活環境をつくる　コンパクトシティの住環境再考』二〇一八年一一月一九日。http://up.t.u-tokyo.ac.jp/SpecialSeminar/documents/20181119harata.pdf

44 トヨタ「Ｃ＋ｐｏｄ」。https://toyota.jp/cpod/

45 刊行順に、ストップリニア東京連絡会編『リニア―破滅への超特急 テクノロジー神話の終着点』柘植書房、一九九四年・橋山禮治郎『必要か、リニア新幹線』岩波書店、二〇一一年・リニア・市民ネット編『危ないリニア新幹線』緑風出版、二〇一三年・橋山禮治郎『リニア新幹線　巨大プロジェクトの「真実」』集英社、二〇一四年・平松弘光『「検証」大深度地下使用法　リニア新幹線は、本当に開通できるのか!?』プログレス、二〇一四年・国鉄労働組合リニア中央新幹線問題検討委員会「リニア中央新幹線の検証―国民的議論を、今こそ―」二〇一四年・西川榮一『リニア中央新幹線に未来はあるか　鉄道の高速化を考える』自治体研究社、二〇一六年・樫田秀樹『〝悪夢の超特急〟リニア中央新幹線 建設中止を求めて訴訟へ』旬報社、二〇一六年・「リニア新幹線　夢か悪夢か」『日経ビジネス』一九五四号（二〇一八年八月二〇日）二〇頁・上岡直見『鉄道は誰のものか』緑風出版、二〇一六年・上岡直見『鉄道は誰のものか』緑風出版、二〇一七年など。

46 "EUROPEAN MOBILITY WEEK"（一社）カーフリーデージャパン・谷本文子訳。https://mobilityweek.eu/news/

47 バーバラ・レンツ談・ソーレン・アメラングのインタビュー「パンデミックによってラッシュアワーは公共交通の［究極の問題］へと変わる」（訳文は環境エネルギー政策研究所編集の「Energy Democracy」による）。https://www.energy-democracy.jp/3228

48 ヴァンソン藤井由美（談話）「新型コロナの感染者・死者数の多かったイタリア・ミラノ〜これからの暮らしと交通政策について聞く〜」日本モビリティ・マネジメント会議「ＣＯＶＩＤ19特設ページ」。ｈｔｔｐｓ://www.jcomm.or.jp/20052701/

49 "U.S. Transportation Secretary Elaine L. Chao Announces $25 Billion to Help Nation's Public Transportation Systems Respond to COVID-19" U.S.Department of Transportation, April 2, 2020 https://www.transportation.gov/briefing-room/us-transportation-secretary-elaine-l-chao-announces-25-billion-help-nations-public

50 地域公共交通研究所「新型コロナウィルス影響下での地方生活交通維持に向けた緊急対策提言」二〇二〇年四月七日。https://chikoken.org/message/20200407/

51 Ｎｅｗｓｐｈｅｒｅ日本版「脱車社会、バイデン政権がバス・鉄道整備へ　高速鉄道は?」https://newsphere.jp/economy/20210409-4/

9. 物流をどうするか

誰がトラックを走らせているか

二〇二〇年以降の新型コロナ拡大により生活面でさまざまな制約が生じた。しかし数カ月を経ずに生活必需品の供給は平常に復し日常生活の混乱は解消した。海外と人の往来がほぼ停止状態であるにもかかわらず物資の輸入が途絶えていないのはむしろ不思議に感じるほどである。国際海運の分野では、新型コロナの状況変化に伴い経済回復の一方で港湾側の荷役・輸送の停滞によりコンテナ不足とその取り合いによる運賃高騰が発生した。[注1] その影響もあり成田国際空港の統計によれば、二〇二一年八月の国際線旅客便の発着回数が二〇一九年同月（コロナ前）の二六％に減少しているのに対して、貨物便は逆に一八六％に増加した。[注2]

人々の生活が「物」に依存せざるをえない以上、物流はきわめて重要な問題であるとともに自動車交通が深くかかわっている。貨物車の大半は、営業用・自家用とも業務上で運転されるため、乗用車に比べると一般市民の注目を惹かず実態はあまり知られていないし、研究者でさえ物流の専門家は少ない。斎藤実（神奈川大学・交通論）は「かつて企業組織の中で物流部は、華々しさからはほど遠い、人事の吹き溜まりの部門だった。物流部に配属されることは左遷を意味していた。このことは、かつて企業の中で物流部がどのような位置づけにあったかを端的に示している。つまり、多くの企業にとって、物流は欠かせないものではあるけれども、とりあえず必要な機能を満たしていればそれでよく、経営戦略的に重要な部門ではないことを示していた」という。[注3]

宇沢の議論では社会的費用について「自動車」と一括しており、乗用車と貨物車、あるいは自家用と営業用を分離していない。しかし国内の道路を走行する自動車の走行距離のうち約三割が貨物車であり、ことに大型車は環境（大気汚染・騒音・振動）への影響や事故発生時のダメージが大きいことを考慮すれば、社会的費用の議論でも貨物車の議論が多くのウェイトを占めてもよいはずである。

トラックは何らかの職業上・業務上の理由により走行しているから、乗用車とは異なる検討が必要である。高速道路や幹線道路を昼夜走行する多数のトラック（貨物用車両全般）は、誰が何のために走り、あるいは走らせているのか考えてみたい。乗用車のドライバーからは、トラックの走行を迷惑・危険とみなす言説がしばしば聞かれる。しかし有形の商品はもとよりサービスの生産にもトラックは必要である。この中には自家用（自らの貨物を自身で運ぶ）と営業用（他人の求めに応じて事業として運ぶ）がある。いずれも生産・流通・消費のしくみを通じて、意識せずとも消費者自身がトラックを走らせている。

食料品は物理的に最終ユーザーに現物を届けなければならない。たとえば東京中央卸売市場に到着するトマトの平均輸送距離（輸入品を除く）は一九六五年には一二〇㎞であったが、二〇一〇年には三七三㎞に伸びている。[注4] かつてはトマトは夏の産物であったが今では季節と関係なくトマトを購入できる。季節によって出荷地を南北に移動しつつ年間を通じてトマトが入荷するように調達しているためであり、一方でこのようなライフスタイルが日本全体に膨大な物流が発生する要因の一つともなっている。

消費者が商品を購入するとき、その舞台裏で発生している貨物車の動きは意識されず、一般消費者の目に触れるのはせいぜいスーパーやコンビニの納品、宅配便のトラックなどであろう。しかしそのバックヤードには膨大な物流が存在する。商品によってさまざまな経路があるが、もし原材料が輸入品であれば港湾から工場まで、工場から倉庫まで、倉庫から小売店までと多段階の物流が発生している。工業製品は派生的に何十～何百という物品の組み合わせで作られているし、流通のためには容器・包装も必要である。さらに何かを消費すれば必ず廃棄物が出るからその処理も必要となる。発注や決済は電子的に処理できるとしても、これらはすべて何らかの手段で物理的に移動しなければならない。消費者が平均的な生活を営むだけで膨大なトラックの走行を誘発しており、それに伴う社会的費用も膨大である。トラックを迷惑視するどころか、消費者がそれを負担すべきではないだろうか。

ここでその額がどのくらいになるか試算を示す。産業連関表と走行距離統計を組み合わせて推計すると、家計消費に起因して、年間に小型トラックが八九九億km、大型トラックが四三五億km、合計一三三四億kmの走行を誘発している。これは国内のトラックの走行量の六七％にあたる。世帯あたりでは大型トラックを約七八〇km、小型トラックを約一六二〇km走らせたことになる。乗用車を所有していない世帯でも、平均的な消費生活を営んでいるかぎりこのくらいのトラックを走らせていることになり、意図せずとも自動車に依存せざるをえなくなっている。これに兒山の試算（第6章）による走行kmあたりの社会的費用を適

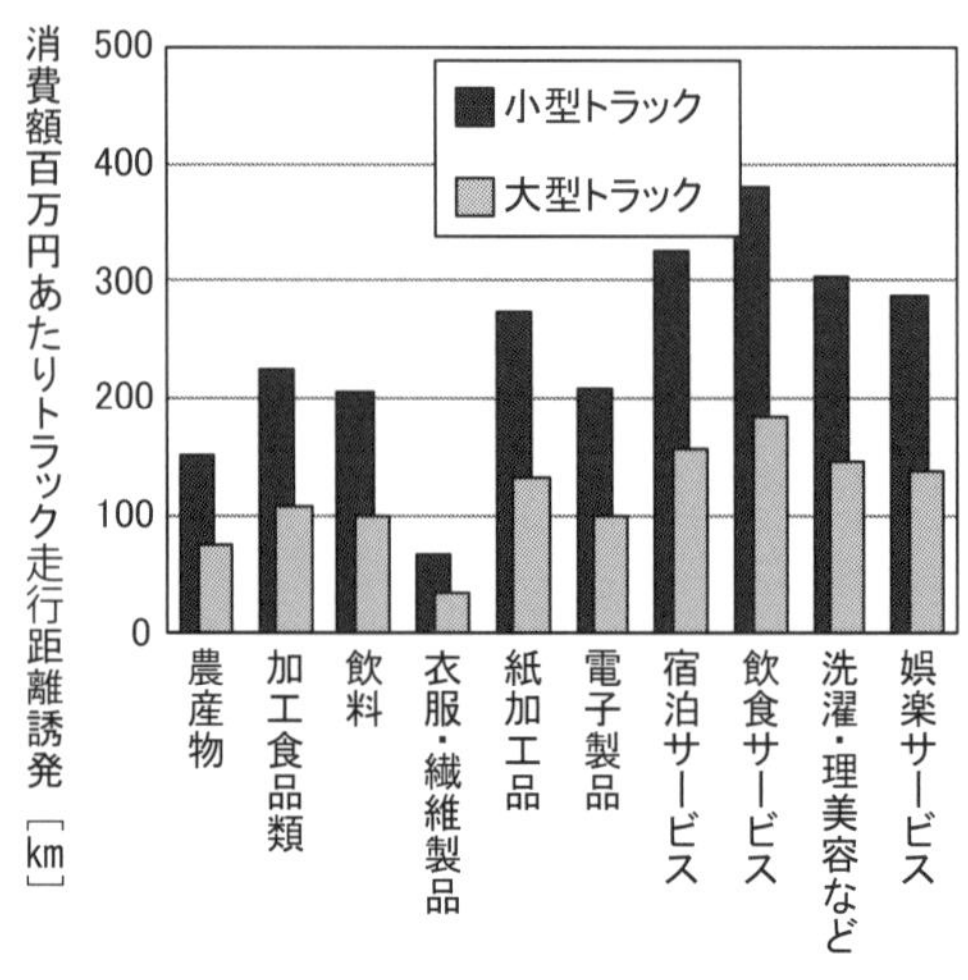

図9－1　消費額百万円あたり発生するトラック走行距離

用すると、小型トラックが二兆五五二五億円、大型トラックが三兆七八二四億円、合計六兆三三四九億円に相当する。世帯あたりでは約一二万円となり軽視できない額である。参考までに、各項目百万円の消費（購入）を行った場合に、その舞台裏でどのくらいトラックの走行を誘発しているかを**図9－1**に示す。同じ金額あたりでみれば、意外にも有形の物品よりサービスのほうがトラックの走行を多く誘発している。

インターネットは「物質転送機」ではない

新型コロナに関して、二〇二〇年五月四日には厚生労働省が専門家会議の「提言」を受けたと称して「新しい生活様式」と称する「実践例」[注5]を公開した。その中で通販の利用や持ち帰り・出前・デリバリーの利用が記載されている。著名人やタレントも同調して「巣ごもり生活」を誇示・奨励する言説を吹聴した。しかしそのような生活様式は持続可能ではない。世の中の大多数の人々が現場での生産や流通に従事せず「宅配生活」を実行すれば、究極的には全員が餓死するほかはない。

通販やフードデリバリーの注文はインターネットで可能であるが、少なくとも食品は現地に現物が届かなければ無意味である。あたかもインターネットを「物質転送機」のように捉えている議論が多く、物流に携わる人の労働が視野に入っていない。アンケート調査の例[注6]によれば、新型コロナの拡大影響後にインターネットで購入・契約した品目として食べ物の出前や宅配・持ち帰り、食材（米・野菜・肉など）、レトルト・インスタント食品が挙げられている。ほとんどの項目はデータのやり取りでは済まず現物の移送が必要になる。できるだけ外出しないことが感染予防だと呼びかけられる中で、過酷な労働環境かつ低賃金で配送作業に従事する労働者によって市民の生活が支えられている。

各種資料[注7]から推定すると、市中の小規模小売店舗も合わせて全国で一日平均およそ二・六億個（点数）の買い物が行われている。これに対して宅配便取扱個数は全国の一日平均でおよそ一二〇〇万個である。日常の買い物の一部でも通販すなわち宅配に移行すれば、たちまち宅配事業の能力を超える。しかも日常の買い物であれば異なる種類の商品を購入し持ち帰ることができるが、ネット通販の場合は商品の種類ごとに別々の配送となるケースが多く、ますます配送効率が低下し配送回数が増える。「宅配生活」は物理的に持続不可能である。物流が崩壊すれば、従来から障害や高齢などのために食品など生活必需品の入手を宅配に依存する人などに危険を及ぼす。

人々が「ステイ・ホーム」を実行するには「ワーク・アウト」すなわち外で働く人が必要である。現代は農家の人でさえスーパーで買い物をして暮らしている時代である。人々が外出を極力自粛して自宅生活を行えば人の移動が大きく削減できるだろうか。そう単純ではない。非常事態下であっても、あるいは非常事態だからこそ、食品など生活必需品の生産・流通や医療・福祉サービスを止めることはできない。厳しい外出規制を実施した外国でも、食品など生活必需品の入手のための外出は、移動範囲の制限等を設けながらも認めざるをえなかった。

自給自足の暮らしを営んでいないかぎり少なくとも食品は購入しなければならない。食品を購入するには、それを製造する人・輸送する人・売場の人が外に出て仕事に従事しなければならない。食品を製造すれば、あるいは自宅で消費すれば廃棄物が発生するから、それを処理する仕事もある。電気・ガス・水道のライフラインも必要である。これらが供給されなければそもそも家にいられない。また水道を使う結果として、下水道が整備されている地域では下水処理も稼働しなければならない。それにはやはり電気などのエネルギーや資材が必要である。

多くの人々が「ステイ・ホーム」を実行するには、その舞台裏でどのくらいの人々が「ワーク・アウト」する必要があるか筆者が試算したところ、就業者の数は約二四〇〇万人（事業主と従業員の合計）に達する。いかに「ステイ・ホーム」を唱えたところで、就業者の約半分は外に出て働く必要がある。「八割削減」とは、大企業の正規雇用者でホワイトカラー等で、遠隔勤務が可能な人々のみである。

トラックドライバーの実態

宅配便はたしかに「便利」である。筆者の経験では東京都千代田区で一五時に集荷された荷物が静岡

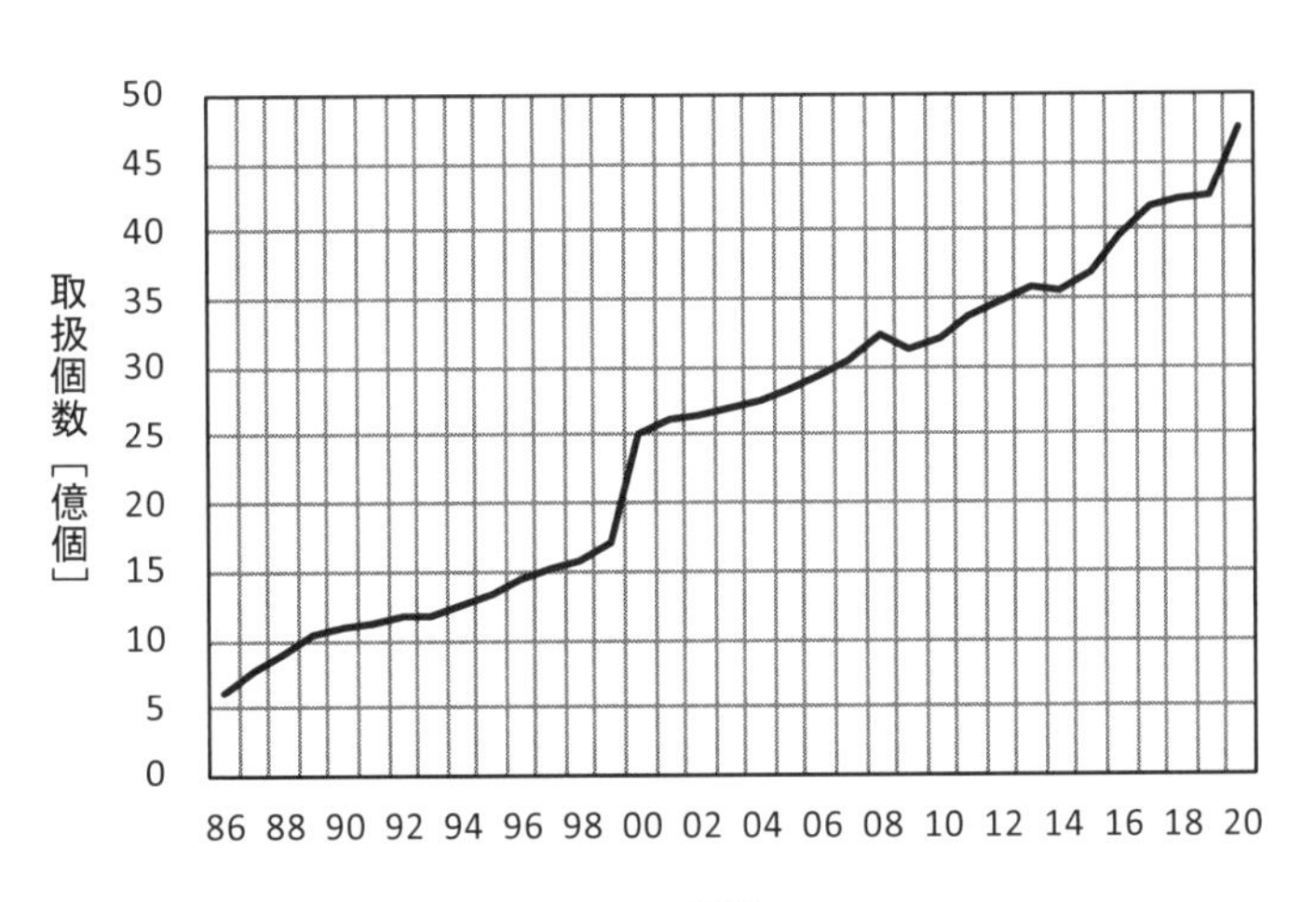

図9－2　宅配便の取扱い個数の増加

県浜松市（旧引佐町）に翌日一〇時に着いた。一九七六年に大和運輸（現・ヤマト運輸）が「宅配便（ヤマト運輸の商標では「宅急便」）」という新たなサービスを開拓して以来、同社はじめ宅配事業者の取扱個数が**図9－2**のように年々増加を続けた。[注8] ことに二〇一〇年代後半からはEC（ネット通販）の増加に伴い。一方で配達現場のドライバー不足から二〇一七年にはヤマト運輸を中心に宅配事業者が荷受量の抑制と配送料の値上げを顧客に要請するなど、通称「宅配クライシス」[注9]が発生したが、それでも取扱個数は伸び続けた。

さらに二〇二〇年には新型コロナによる在宅生活の増加に伴い「巣ごもり需要」が発生し、取扱い個数は五〇億個に迫った。大手宅配事業者のセールスドライバーは平常時で一日平均一五〇個の荷物を扱うというが、佐川急便によると日用品の荷物は新型コロナ前より一〇～二〇％増えたとしている。[注10] またヤマト運輸でも荷物は前年同期比で約一・五倍となり労働環境は厳しいものとなっている。[注11] 近年の物流では全体として小ロット化（荷

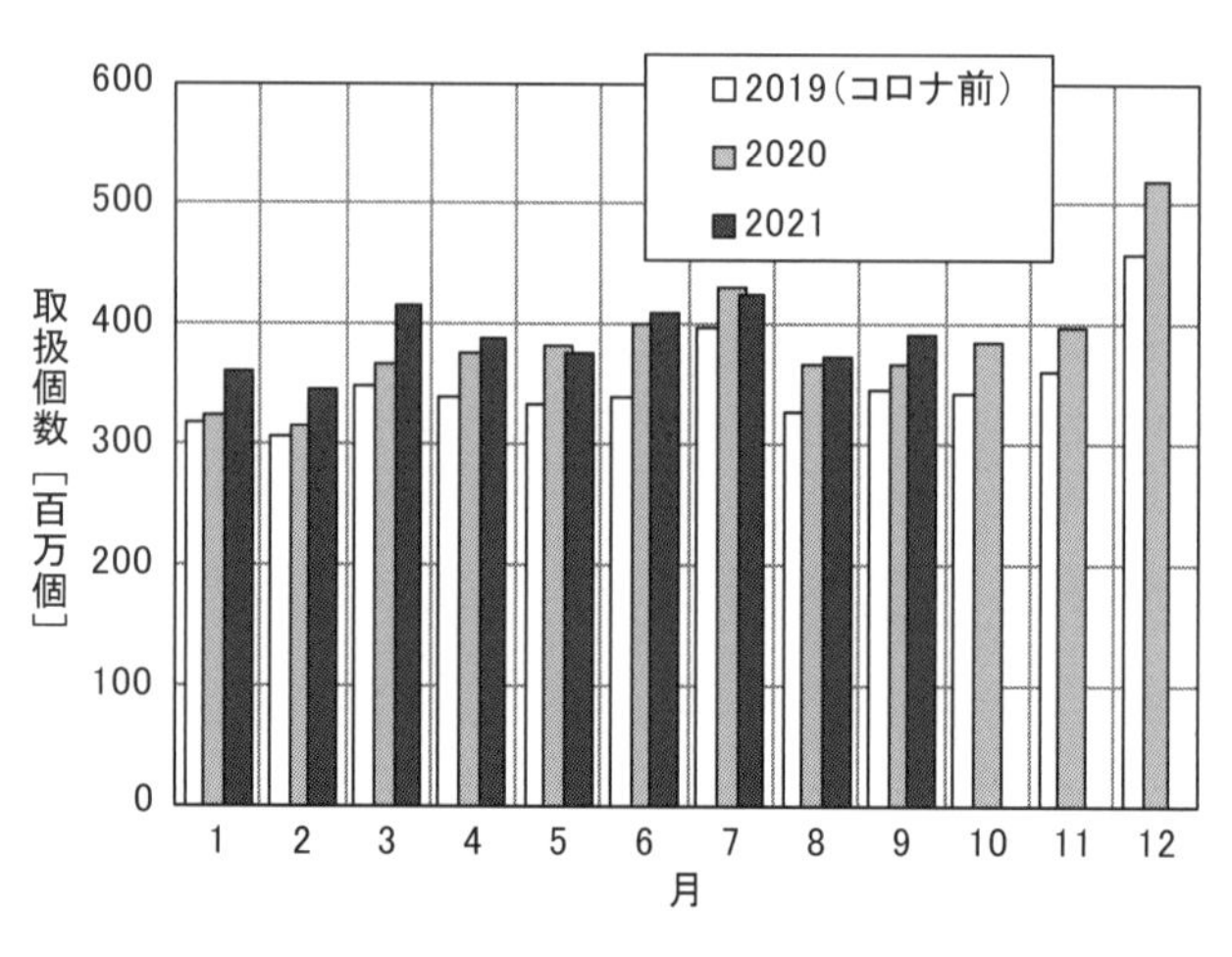

図9－3　宅配便の取扱い個数の月別変化

物・貨物一個あたりの重量の軽量化）が進展している。その背景にはBtoB（企業間の移送）からBtoC（企業から個人・通常のネットショッピングの形態）およびCtoC（個人相互間・ネットフリーマーケットなど）の増加がある。これらのビジネスでは、取引額が一定以上の場合は「送料無料」としているケースが多い。しかし表示上は「無料」であるとしても配送コストは無料ではない。プラットフォーマー（ネット上のマーケット設置者）・出品者・利用者の間でコストを押しつけ合っている構造は、最終的には配送ドライバーの労働の軽視に帰着しているとの批判もある。[注12]

図9－3は二〇一九年（コロナ前）と二〇二〇年・二〇二一年の各月別の取扱い個数の推移（二〇二一年は九月まで）を示す。いずれの月も対前年で取扱い個数が増加している。加えて統計に捕捉されない「隠れ宅配」の増加が指摘されている。EC（Electric Commerce・いわゆる「ネットショッピング」）では発注・決済は電子的にできても、商品は現物を動かす必要がある。既存の宅配事業

	出勤～退勤	睡眠時間
第1日	14:42	6:05
第2日	14:40	5:35
第3日	12:45	5:25
第4日	14:55	5:50
第5日	13:44	4:45
第6日	14:37	5:10
第7日	13:45	5:30

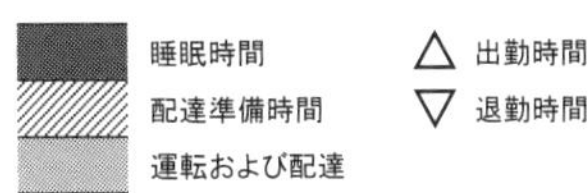

図9－4　宅配便ドライバーの勤務実態

者を使わず、各々のEC事業者が自前の配達事業者を利用しているためと思われる。統計上の宅配便であれ「隠れ宅配」であれ、物理的に物品が動く以上はそれに伴うトラックの走行が誘発されている。

宅配便に従事する運輸労働者の問題もある。**図9－4**は川村雅則（北海学園大学・労働経済学）が宅配ドライバーと生活を共にして記録した例である。[注13] 若干古い資料であるがその後の類似調査がなく貴重な資料なので紹介する。毎日五時前後の起床から、出勤して帰宅するまで一三～一四時間の拘束時間があり、睡眠時間も時として五時間を切るなどの実態が記録されている。現在は「置き配」「宅配ボックス」の対応が増加しているが、不在時の再配達もドライバーの大きな負担となる。届け先が不在であると、通常の勤務者が帰宅する時間帯になってから再配達の作業が始まる。

落ち着いた環境で食事・休憩がとれないこと、さらに再配達の作業に対しても手当てそのほか何の保証もされないなど過重な勤務状況が示されている。一瞬の集中力の弛緩で生命にかかわる事故をもたらす運転を伴う作業だけに、こうした労働環境は問題が大きい。**図9－3**のように平常時でも年末の繁忙期には取扱い個数が二～

三割増加する。前述の調査では、繁忙期には月間の休日数がゼロあるいは一~二日という実態が記録されている。宅配便従事者だけでなく長距離トラックについても労働環境は厳しい。一運行の平均拘束時間が一六時間を超えるなどの結果が報告されている。[注14]

新聞記者が長距離トラックに同行取材したルポの例がある。運送会社の下請けの「傭車(ようしゃ)」と呼ばれる形態で、そのつど指示を受けて運送に従事し、物流の季節変動の調節弁のような役割を果たしている。ルポの実例では、熊本県に自宅のあるドライバーが一三日間の車中泊で九州と首都圏の間を往復し、荷役も自分で担当しながら日に二〇時間も勤務し休息も不十分である。国の労働基準に違反するが生活のためやむをえないという。違法薬物ではないものの睡眠のために向精神薬を常用している。同行取材中にも居眠りで事故寸前の事態があった。[注15]

トラック・バス・タクシー等の運転労働が過酷であることは一般に認識されており、勤務環境が誘因となった事故に関してはメディア等でも取り上げられるが、実際はその働き方が法的には容認されている場合が多いという。[注16] 川村が指摘している問題は雇用された運転労働者が対象であり、規模はともかく管理者が設けられている場合である。これに対して前述のデリバリー宅配等で急増する自営形態の事業者(実際には個人)では管理は存在しないも同然である。

コロナの影響で飲食店のフードデリバリーサービスの需要が急増した。代表的なビジネスとしては「ウーバーイーツ」が知られている。雇用の創出という面だけに注目すればプラスに評価できるかもしれないが、個々の雇用者の待遇や権利が保証されているわけではない。現にフードデリバリーサービスでは、新型コロナで仕事を失った人々が多数参入した影響で、一人あたりの収入が減少し配送員は苦境に陥って

いるという。[注17]

鉄道貨物の活用は可能か

日本は明治初期に西欧から鉄道技術を導入したが、鉄道の創成期には旅客輸送よりも貨物輸送が重視された。井上勝（鉄道頭〜鉄道庁長官）の回顧として「偶々茲歳［注・一八六九年］東北及九州地方ニ凶荒アリ。米価非常ニ騰貴シ、外国米ヲ輸入シテ救済ス。而シテ北陸其他ニ低価ノ米穀剰残スルモ運輸ノ不便ナルニ依リ以テ此ノ急ヲ救フ能ハサリシ。パークス氏ハ拠テ以テ例証トシ、切ニ鉄道布設ヲ勧告ス[注18]」という例が挙げられている。

トラック輸送が発達した現代では、鉄道で貨物を輸送しようとしてもトラックとの積み替えが必要となるから、全体をトラックで輸送したほうが効率的であるという見解が聞かれる。しかしこれは皮相的な理解である。多くの市民が利用する宅配便では、末端ユーザーに対しての集配は小型（軽）トラック、あるいは自転車（リヤカー）から手押し台車まで活用されているが、それらが個別に目的地に向かうのではなく集配センターで集約して幹線トラックに積み替えて輸送する。積み替えが必要となる形態については鉄道だから非効率という評価は該当しない。現に東京〜大阪間では宅配便事業者が二〇〇二年からJR貨物の高速貨物列車を貸切で利用している。また一方で中長期的にはトラック運転者の不足が深刻化すると予想されている。

日本全体の物流に占める鉄道貨物のシェアは、全国を一括した統計からみれば、二〇一〇年で輸送重量

（トン数）にして約一％、輸送量（トンkm）にして約九％等[注19]であり、一見するとシェアは小さい。しかし末端の小口配送や地域内の物流はもともと鉄道輸送の対象ではなく、それらを除いた拠点間での中・長距離輸送や大量・定型品の輸送としてみると鉄道貨物のシェアは必ずしも低くない。JR貨物の輸送が行われている路線は東名・名神・山陽・東北・北陸などの主要な高速道路と並行している。もしJR貨物の鉄道輸送がなかったとした場合、トラック交通に転換したとすればその交通量が該当する高速道路に対して大きな交通負荷となる。

最近の貨物は高付加価値・軽量・小口の割合が増え、また多頻度少量輸送が求められるから、鉄道は貨物輸送にますます適さなくなったという論説もみられる。しかしこれも皮相的な理解である。その最終製品の量は軽量・小口であっても、製造過程では製品の重量に対して数千倍、数万倍の原材料などを取り扱う場合が多い。だからこそ高付加価値の製品ができるのである。軽量・小口の物流が増えるとすれば、その裏で鉄道輸送に適した重量・大型品の動きもおよそ比例して増えるはずである。たとえば電子・通信機器産業の最終製品だけをみれば鉄道で運ぶ必然性は乏しい。しかし産業連関表から検討すると、たとえば半導体や電子機器の製造部門は原材料として年間に化学製品を五五万トン、重油など燃料を二八万キロリットル、鋼材や金属製品を四六〇万トン購入している。[注20]このような物品は不特定多数の消費者を相手にするスーパーマーケットやコンビニエンスストアのような形態での輸送は必要なく、生産計画に従って物品が順次到着する機能が必要なのであり、無条件にトラックを前提とする必然性はない。

「物流」というと製造業に関連した輸送の印象を受けるが、人が集まる大都市には必ず物流が発生する。大都市は人口密集地域であるため、同じトラックの排気ガスでも沿道の人々に対してより深刻な被害を及ぼす。現在の都区内で利用できる鉄道貨物路線は限られている。かろうじて使われていた山手貨物線も旅客線（埼京線）に転用された。大型トラックに関する各種の排気ガス対策は講じられてきたが、東京の大気汚染の真の原因は交通政策の誤りである。

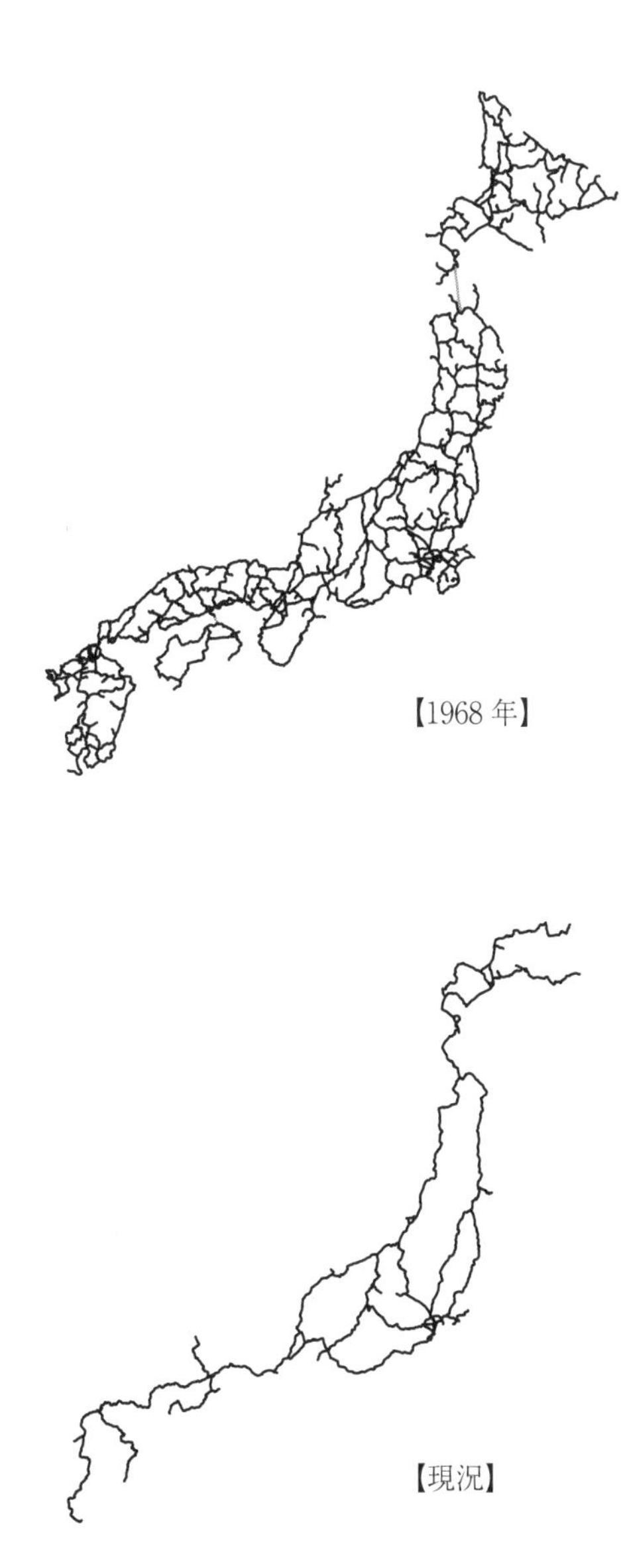

図9－5　貨物営業路線の経緯

鉄道貨物の縮小経緯

トラックによる社会的費用の増加は鉄道貨物の縮小に起因する。**図9－5**は貨物列車運転区間の変遷を示す。同図の上は一九六八年の貨物輸送の最盛期の状態である。同図の下は現在の貨物列車運転区間を示すが大幅にネットワークが縮小されている。ＪＲ東日本（国鉄）の新宿駅でさえ一九八四年まで貨物を取り扱っていた。またＪＲ東日本・飯田橋駅（飯田町駅）は国鉄の分割民営後にも一九九七年まで貨物列車（印刷会社・新聞社向けの紙専用列車）の乗り入れが続いていた。現在は首都圏で鉄道貨物にアクセスできる主要なポイントが都心から離れ武蔵野線のラインまで後退しているから、それ以降は都内を大型トラックが走行せざるをえなくなっている。

鉄道貨物は一般市民の日常生活にも無縁ではない。東京都には全部で一一カ所の市場があり、その総称が「東京都中央卸売市場」である。このうち旧築地市場は水産物・青果物を中心に取り扱っていたが、二〇二〇年一〇月に豊洲に移転した。旧築地市場には「東京市場駅」という貨物駅があり、全国から貨物列車が直接乗り入れて水産物・青果物を搬入していたが一九八四年に廃止された。しかし鉄道による輸送を廃止した後は、その分だけ大型トラックが都心に乗り入れているはずであり、大気汚染や騒音の影響は都民全体に及ぶ。

このほか距離が短いため図には表れないが貨物専用線の設備がある。これはＪＲ路線の近傍に立地する製造業で原材料、製品、廃棄物などの入荷・出荷に使用する線路で、その接続駅（分岐駅）でＪＲの貨物列車と受渡しを行う設備である。道路輸送よりも鉄道輸送に適した貨物（セメント・鉱石・大型機械・石油類・

化学薬品など）が対象となる。一九七〇年には専用線に分岐する駅が一二七九駅存在したのに対して現在はごく少数しか残っていない。このような輸送を大型トラックに代替すれば多数のトラックが走行することになる。

貨物列車が運転されなくなった線区では、線路設備を撤去したり線路の保守体制を変更（重量の軽い旅客列車のみを前提とした保守）してしまうために、貨物列車の運行を復活しようとしても対応できなくなる。筆者は一九九〇年代の著書で、災害時の代替輸送のため貨物列車が運転可能なルートを維持すべきと提案していたが、[注21]二〇一一年三月の東日本大震災に際してそれが実証された。

東北地域での燃料不足を救済するためJR貨物は首都圏から新潟を経由して迂回するルート（首都圏から高崎線・上越線・信越本線・磐越西線を経由して郡山へ）で臨時の燃料輸送列車を運行した。磐越西線内ではタンク貨車一〇両編成（約六〇〇kℓ）の列車として運行されたが、その量をトラック（タンクローリー）で輸送すれば三〇〜四〇両のトラックと各々のドライバーが必要となる。それを可能としたのは二〇一一年時点では磐越西線に貨物列車の運転可能な条件が残っていたためである。

社会的費用のケーススタディ

鉄道貨物は主に大型・長距離トラックに転換されたと考えられるが、それに起因する渋滞・事故など社会的費用が増加しているはずである。『JR貨物時刻表』二〇一六年版では英国での検討例として「渋滞によりトラック輸送の一／四以上が遅延しているという統計があります。渋滞が解消すれば、遅延により失われたお金を国民総生産（ＧＤＰ）に換算して毎年七〜八億ポンド（約一二一〇〜一三八〇億円・当時）の経済効果があると言われ、一九九九〜二〇〇九年の間でトラックによる事故は一二万四五〇〇件あり、シフト後は事故の減少にもつながります。これは日本にはない考え方です［以下略］」としている。[注22]

これを日本に適用するとどのような数値になるだろうか。兒山著書（前出）では大気汚染・気候変動・騒音・交通事故・道路混雑についてトラックの走行距離（km）あたりの外部費用を推定[注23]しているので、これらの数値を用いてかりにＪＲ貨物が存在せずその分のトラックが走行したとすればどのくらいの社会的費用が発生するかを推定した。なお兒山著書では道路施設の整備費用を外部費用として扱っているが、この部分については第6章で述べたように負担関係が曖昧であるので計算から除外した。全国を一括した概算ではあるがＪＲ貨物は大気汚染・気候変動・騒音・交通事故・道路混雑に関して年間およそ三兆七八〇〇億円の社会的費用の回避に貢献している（二〇一五年時点）。一方で実際の企業としてのＪＲ貨物は辛うじて経常黒字を計上している状態であるが、社会的共通資本としての鉄道の価値を何らかの形で反映させるべきではないか。

次に特定のルートを想定した輸送手段による比較も検討する。北海道で運行される「タマネギ列車」を例に試算する。タマネギは主食ではないが需要が絶えない食材として、東京に入荷するタマネギは年間約一万五〇〇〇トンに達し、そのうち一万トンは北海道産[注24]である。ＪＲ貨物はＪＲ北海道内の石北本線（旭川〜北見間）でタマネギ輸送の専用列車を運行（出荷期のみ季節運行）している。石北本線自体が維持困難として廃止候補に挙がっており、たびたびトラック輸送に転換する提案がなされているが、鉄道輸送の存続を望む意見もあり現在に至っている。この「タマネギ列車」がどれだけ社会的費用の発生を回避しているか、主に大気汚染の観点から評価する。北海道から東京までは次のケースを想定する。

①全行程を鉄道輸送（現状）、ただし現地での集荷や東京での市場への搬入はトラック
②石北本線の輸送のみトラックに代替し、北旭川から函館本線の貨物列車に継送
③北海道内トラック→苫小牧西港からフェリーで大洗港へ（苫小牧西港～東京港の直行フェリー航路はないため）→トラックで東京へ
④北海道内トラック→函館港からフェリーで大間（青森県）港へ→トラックで東京へ

鉄道・トラック・フェリーの走行（航行）距離あたりの大気汚染物質の発生量については国立環境研究所の資料[注25]を利用した。なお鉄道ルートのうち石北本線は（旭川～北見間）非電化区間のためディーゼル機関車を使用する。このため大気汚染に関してはディーゼル機関車と電気機関車を分離した数値を用いる。ディーゼル機関車は排気ガスを直接排出し、電気機関車は発電を通じて大気汚染物質を排出しているのでそれらを考慮する。

試算の結果、社会的費用として①の現行ではタマネギ一万トン輸送あたり三八七四万円、②では六八五三万円、③では二億二九〇四万円、④では三億二〇九七万円と推定される。すなわち現行のタマネギ列車に対して、北旭川までトラック輸送に代替すると二倍以上の社会的費用が発生し、さらに鉄道貨物を全く使わず全行程をトラックとフェリーで輸送する場合には外部費用はより大きくなる。

別の事例として自動車企業の鉄道貨物利用がある。自動車の製造では全国的に広範囲の分業が行われて

おり、トヨタ自動車は愛知県名古屋市周辺から岩手県金ヶ崎町の組み立て工場まで部品を供給している。以前は名古屋港から仙台港までをフェリーで輸送し、仙台から金ヶ崎町まではトラックを使用していたが、二〇〇六年から名古屋から盛岡までの区間を専用コンテナ列車に代替した。「トヨタロングパスエクスプレス」として現在も継続しているほか二〇一七年からは宅配便事業者の佐川急便もこの列車を共同利用している。トラックによる輸送距離を短縮した分だけ環境負荷が低減される。名古屋側での具体的な出荷工場名（複数）についてはは公開されていないが同社工場群の存在する豊田市内と想定して次のルートを想定する。

①フェリーとトラックのケース　トヨタ出荷工場～名古屋港～仙台港～金ヶ崎町（フェリー部分七五二km、名古屋側・岩手県側のトラック部分一七一km）

②JR貨物中心のケース　トヨタ出荷工場～名古屋南貨物駅～名古屋臨海鉄道～東海道本線～武蔵野線～東北本線～盛岡貨物ターミナル駅～金ヶ崎町（鉄道部分九二二km、アクセストラック部分九四km）

この転換により一日あたり一〇トントラック一六〇台相当を代替し、年間約一万四〇〇〇トンの CO_2 が削減されたほか所要時間も短縮されたとしている。[注26] ただし社会的費用の観点では大気汚染に起因する数値が大きいので前述の条件により兒山の試算値を用いて推計する。コンテナの積載率（積載可能な最大重量に対して、実際に積載されている正味の貨物の重量）が不明なので推定にとどまるが、社会的費用として転換前が約二八億八〇〇〇万円に対して、転換後は約四億六〇〇〇万円に節減される。正味の荷物一トンあたりでは、転換前が一万五〇〇〇円に対して、転換後は二四〇〇〇円となる。このルートでのコンテナ貨物の運賃はJR貨物とトヨタとの個別契約のため不明であるが、名古屋〜盛岡間での貨物一トンあたりの基本運賃が一万円前後であるところから、社会的費用が現実の運賃にいくらかでも反映されるとすれば鉄道利用の方が経済的にも圧倒的に有利になるであろう。

いずれにしても鉄道貨物ネットワークの縮小は後世に悔いを残す愚策であった。総論的にはモーダルシフト（トラックから鉄道・海運への転換）が推奨されているが、荷主とJR貨物の契約関係での運賃で評価するだけではモーダルシフトは進展しない。現実には貨物設備の跡地を鉄道以外の用途に転用しビル等を建ててしまったケースも多く、実際の復活は困難が大きい。せめて鉄道貨物輸送を現状から後退させないための公的支援が必要である。

トラックドライバーの不足

貨物の中でも石油類・液状の化学品・石灰・セメント・穀物や飼料・肥料などは、個々の荷物単位ではなく全体を均一な流体とみなして扱える。これらの品目は専用の荷役設備を備えた企業ユーザー間の輸送がほとんどであり、鉄道輸送に適している。

たとえば石油の輸送について、鉄道とトラック（ローリー）で必要な労働力を比較してみる。鉄道は「タキ四三〇〇〇形式」のタンク車を想定する。鉄道貨車は単独で自走できないから機関車が必要であるが、EF210形式機関車で一三〇〇トンを牽引できるものとする。

一方トラック（ローリー）は標準的な一一トン型の車両を想定する。このほか路線の条件などいくつかの技術的な設定が必要であるが、石油類一〇〇〇トンを輸送するとして試算すると、鉄道タンク車では三三両、ローリーでは一三六両が必要となる。なお鉄道では機関車の牽引能力や列車の長さの制約から貨物列車としては二本に分ける必要がある。このため鉄道では運転士二名が必要となるが、ローリーでは車両ごとにドライバーが必要であるから一三六名となる。したがって同じ石油類一〇〇〇トンを輸送するために、ローリーは鉄道の六〇〜七〇倍の運転従業者を必要とする。またJR貨物職員の現金給与月額は約三九万円[注27]、トラック従業者は企業規模・業態により差があるものの平均で三八万円であり[注28]、概ね同等であることから人件費としても六〇〜七〇倍の差がある。

最近はトラックドライバーの不足が懸念されており、さらにドライバーの労働環境の改善が求められている[注29]。JR貨物は約四八〇〇名の職員（運転士だけでなく全体）で一九七億トン・kmの輸送実績（いずれも二〇二〇年）である[注30]。トラックに関しては貨物運送事業（営業用）に従事する者が約七七万人に対して一七六〇億トン・kmの輸送実績である[注31]。就業者一名あたり年間の輸送実績としてみると、鉄道は四〇〇万トン・kmに対して、道路貨物運送は二三万トン・kmである。単純にいえば営業貨物輸送に対して同じ輸送実績を達成するのにトラックは鉄道の約一七倍の人員を必要とする。トラック輸送のすべてを鉄道にシフトすることはできないが、一部でもシフトすればトラックドライバー不足に対して効果が期待できる。

大型トラックに関しては、現在でもフェリーでトレーラー部分のみを航送し[注32]、海上部分ではドライバーが同行しなくてもよい方式が実施されている。これをさらに発展させて隊列走行の方式がある。国土交通省と物流事業者はドライバー不足に対応して「連結トラック実験」（先頭車のみドライバーが運転し、複数の後続車が自動操縦で追随する）を開始している。鉄道の貨車のように連結器で機械的に結合することはできないので、自動制御を用いて先行車と続行車の車間距離を最小限に保ちながら複数の車両を連ねて走行させる。先頭車はドライバーが運転するので無人走行ではなく、自動運転の中では技術的ハードルが低いので期待される技術であり実験としては成功している。[注33] 一方で課題としては、隊列を解散してからは個々の車両にドライバーが乗車しなければならないこと、ドライバーの作業内容の中で多くを占める荷役の負担は解消できないこと等である。また隊列の集合・解散のために専用のスペース（駐車場）が必要となり、どこにどの程度のスペースを設ければ効率的に隊列走行が運用できるのか検討の必要がある。

注

1 国土交通省「コンテナ不足問題に関する連携の促進に向けて～関係者による情報共有会合の開催結果～」二〇二一年五月七日。https://www.mlit.go.jp/report/press/tokatsu01_hh_000553.html

2 成田国際空港（株）「空港の運用状況」。https://www.naa.jp/jp/airport/unyou.html

3 斎藤実『物流ビジネス最前線』光文社、二〇一六年、六頁。

4 国土交通省「物流を取り巻く現状について」二〇二一年一一月。http://www.mlit.go.jp/common/000229345.pdf

5 厚生労働省「新型コロナウイルスを想定した『新しい生活様式』の実践例を公表しました」二〇二〇年五月四日、同六月一九日改訂。https://www.mhlw.go.jp/stf/seisakunitsuite/bunya/0000121431_newlifestyle.html

6 「コロナ影響下での消費者動向、アフターコロナへの展望を調査」『マナミナ』。https://manamina.valuesccg.com/articles/885

7 全国スーパーマーケット協会「スーパーマーケット年次統計調査報告書」二〇一九年一〇月。http://www.

super.or.jp/wp-content/uploads/2019/10/2019nenji-tokei.pdf

8 国土交通省「月例経済」各月版より。https://www.mlit.go.jp/statistics/details/geturei_.html

9 日本経済新聞社編『宅配クライシス』二〇一七年。

10 『日本経済新聞』「荷物増に感染リスクも 宅配網、綱渡りの新常態」二〇二〇年七月五日。https://www.nikkei.com/article/DGXMZO61033840R00C20A7H11A00/

11 「ヤマトＨＤ（ホールディングス）、［宅配便急増］でも喜べない深刻事情」『東洋経済オンライン』二〇二〇年六月九日。https://toyokeizai.net/articles/-/355377

12 ［「送料」は「無料」じゃない！「送料無料」を喧伝する裏に潜む運送業軽視」『ハーバー・ビジネス・オンライン』二〇二〇年二月七日。https://hbol.jp/212374

13 川村雅則「軽貨物運送自営業者の就業・生活・安全衛生」『交通権』二〇号、二〇〇三年、八〇頁。

14 国土交通省「トラック輸送状況の実態調査結果概要一覧表」平成二八年調査。https://wwwtb.mlit.go.jp/chugoku/content/000041351.pdf

15 『朝日新聞』「ルポにっぽん 下請けドライバー、車中泊連続2週間」二〇〇八年七月二一日。

16 川村雅則「自動車運転労働者の働き方改革実現に向けて（二）」『北海道労働情報ＮＡＶＩ』。https://roudou-navi.org/2021/12/28/20211228_kawamuramasanori/

17 「ウーバーイーツ配達員の収入が減ったワケ コロナで沸く物流業の裏側」『週刊東洋経済』二〇二〇年六月二七日号。

18 原田勝正『鉄道史研究試論』日本経済評論社、四一頁。

19 国土交通省「鉄道輸送統計調査」「自動車輸送統計調査」等より。

20 総務省「産業連関表」二〇一五年版物量表より。http://www.soumu.go.jp/toukei_toukatsu/data/io/ichiran.htm

21　上岡直見『乗客の書いた交通論』北斗出版、一九九四年、二四〇頁。

22　『ＪＲ貨物時刻表』二〇一六年版、三四頁。

23　兒山真也『持続可能な交通への経済的アプローチ』（前出）。

24　東京都「市場統計情報」各年版。http://www.shijou-tokei.metro.tokyo.jp/

25　国立環境研究所「産業連関表による環境負荷原単位データブック（３ＥＩＤ）」二〇〇二年、三四頁。http://www.cger.nies.go.jp/publications/report/d031/jpn/pdf/1/D031.pdf

26　『レスポンス』ウェブサイト「線路の上を走る「ＴＯＹＯＴＡ」…ＪＲ貨物の「トヨタ・ロングパス・エクスプレス」二〇一三年七月九日。https://response.jp/article/2013/07/09/201787.html

27　国土交通省「鉄道統計年報」令和元年度。https://www.mlit.go.jp/tetudo/tetudo_tk2_000053.html

28　厚生労働省「労働統計要覧　産業別月間現金給与総額」。https://www.mhlw.go.jp/toukei/youran/indexyr_e.html

29　国土交通省ウェブサイト「ドライバー不足等トラック業界の現状と課題について」。https://wwwtb.mlit.go.jp/chubu/jidosya/tekiseitorihiki/img10/10shiryou1.pdf

30　前出注27（鉄道統計年報）

31　総務省「平成二七年国勢調査抽出詳細集計・就業者の産業」、国土交通省「交通関係統計資料・自動車輸送統計調査」等より。

32　（株）フェリーさんふらわあウェブサイト。https://www.ferry-sunflower.co.jp/corporate/cargo/multimodal/

33　経済産業省製造産業局「トラック隊列走行の実証実験について」二〇一九年一月二〇日。http://www.mlit.go.jp/road/ir/ir-council/nls/pdf02/06.pdf

10．公共交通と社会的共通資本

車がいらない社会をめざして

自動車の社会的費用の多くは自動車の走行に起因して発生する。自動車の社会的費用の内部化は理論的に妥当であるが、現実は「自動車強制社会」であり、自動車の利用者に社会的費用の負担を転嫁する直接的な方法では、弱者ほど負担が重くなり逆進性・不公平性が避けられない。また移動の自由とは利便性の問題ではなく、基本的な人権と切り離せない条件である。人々の移動を制約する形で自動車の社会的費用を削減・緩和しようと試みるのは本末転倒であろう。

人と物の移動の自由を確保しながら、できるだけ自動車を走らせなくてもよい社会を目指すことが社会的共通資本を守ることにつながる。同時に、持続的な社会はおのずと自動車の走行が少ない社会となるはずである。それには公共交通が大きな役割を果たす。せめて公共交通のサービスレベルを現状から後退させないことを提言したい。クルマ社会の転換という大きなテーマを掲げたわりにはささやかな提言と思われるかもしれないが、新型コロナの影響もあり、これだけでも現実の政策としてハードルの高い施策である。

大都市圏以外では公共交通が乏しいため、日常の移動のために車を「持たざるをえない」人々が多く存在する。そうした人々は経済的負担の少ない軽四輪を選択するケースが多い。ある自動車雑誌では、二〇三〇年燃費規制[注1]への適合のために技術的対策（ハイブリッド化など）を導入すると価格が上がり、車を買えないユーザーが出るおそれがあると指摘し、対策として軽四輪の規格を引き上げて大型化（エンジン排気量が現行六六〇ccから八〇〇cc）すべきだと提言している。[注2]

一見すると矛盾しており関連性がわかりにくいが、現状の軽自動車は車両重量の割に排気量が小さいため新たな技術的対策を導入する余地が乏しいのに対して、八〇〇cc程度まで拡大すればむしろ価格を抑えて燃費を向上させられると説明している。

日本軽自動車協会連合会は以前に「この狭い国に、クルマがひしめきあっています。道路を広げるのも、駐車場を増やすのも限界があります。では、どうすれば?これはもうクルマを小さくすることが、もっとも現実的な対応ではないでしょうか。それとも、クルマ…やめますか?」との意見広告を掲出したことがある。[注3]しかし実際には、衝突時の安全性を確保するためには大型化が不可避との理由で一九八九年に軽自動車の規格（エンジン排気量と車体寸法）が拡大されている。そのように矛盾に矛盾を重ねてゆく方向ではなく、高齢ドライバーの増加などの現実的な面からみても「車がいらない社会」を指向するほうが合理的である。

公共交通は格差緩和のシステム

どのような社会でも何らかの格差の発生は不可避であるが、それを放置すれば格差は拡大しやすい。そこで政策的にさまざまな格差緩和の方策が議論されてきた。小島英俊（交通史・近代史）は「十九世紀前半に理想主義を掲げたフランスのサン・シモン派の人たちは『駅や車内でのコミュニケーションが、単に人間相互を近づけるだけでなく、それによって階級差別もなくす役割を果たすのではないか』と、鉄道による平等化の実現に期待を示している」という主張を紹介している。[注4]公共交通は格差緩和のシステムである。

日本では明治維新前の一八六〇（万延一）年に幕府の訪米使節団が鉄道に乗り、団員の村垣範正はその驚きを記録している。原田勝正（和光大学・近代史）は「この体験は、当時身体をよせ合って交通機関に乗る、すなわち乗合いの機会がほとんどない、少なくとも陸上交通機関ではまったくないために、非常におどろくべきものであったにちがいない。また、上級武士として、彼は自分の身分より低い者が、身体を接して同席するなど思いもよらぬことだったであろう。それは、いちじるしく彼の身分意識を刺激したにちがいないのである[注5]」と述べている。

現代の生活を考えた場合、地域における「生活の質」を左右する要因はいくつか考えられるが、重要な生活インフラの一例として総合医療機関へのアクセスを例に考える。もし鉄道やバスが存在しなければ、最寄りの総合医療機関まで一～二㎞を越える距離ではマイカーあるいはタクシーを使う必要がある。しかし鉄道やバスがあれば移動の負担が緩和される。かりにタクシーを使ったり別の人に送迎してもらうにしても、全行程でそれに依存する必要はなく負担が少なくて済む。

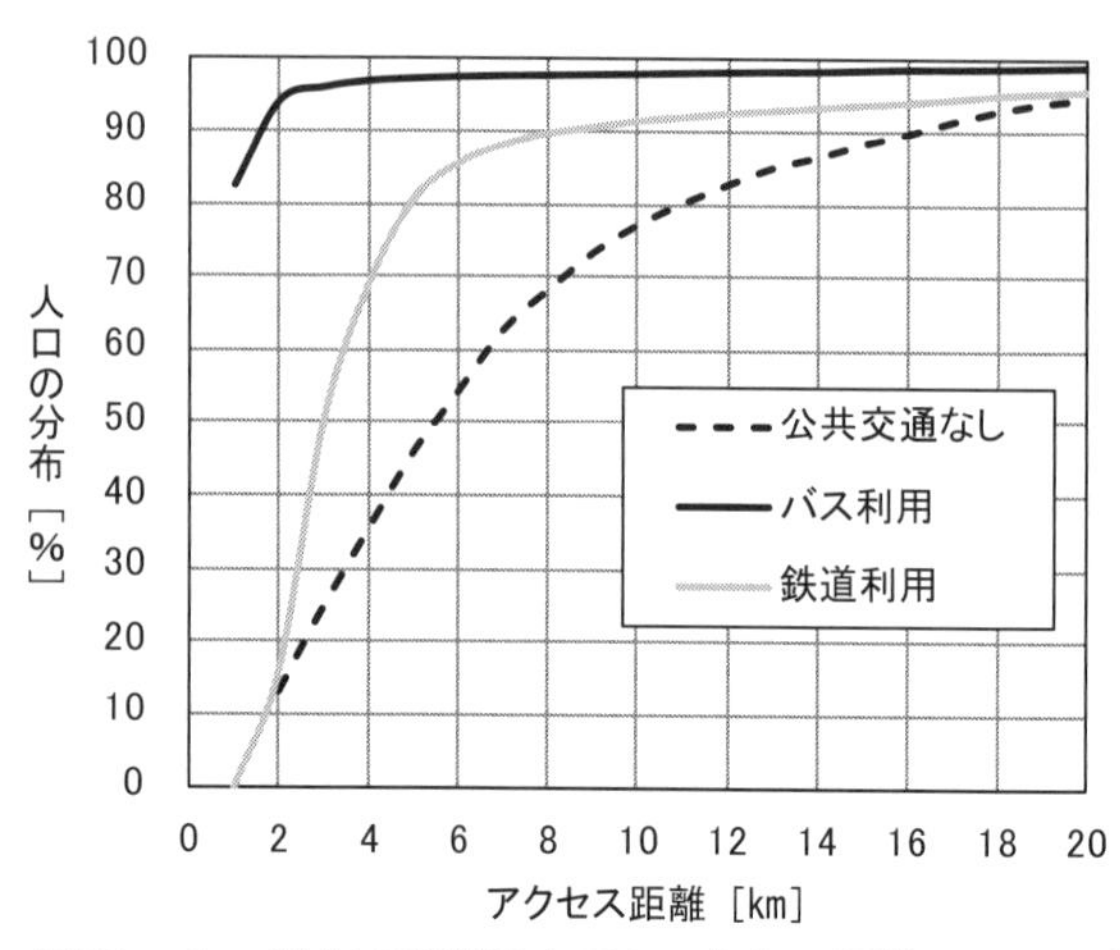

図10－1　総合医療機関までのアクセス距離の人口分布

図10－1は愛媛県を例に、①公共交通機関が全くなかった場合、②鉄道が利用できた場合、③（②に加えて）バスが利用できた場合の三ケースについて、最寄りの総合医療機関までどのくらいの割合の人口がどのくらいの距離でアクセスできるかを示す。[注6] バスを利用した場合、利便性（一日あたりの本数など）の制約はあるにしても九割以上の人口が最寄りのバス停まで一～二kmでアクセスできる。また鉄道は限られた地域でしか利用できないが、それでも五kmまで人口の八割がカバーされる。三大都市圏に比べて鉄道やバスが便利とは言いがたい愛媛県でさえ、公共交通の存在はこのように人々の生活の質の格差緩和に貢献している。ただし公共交通の駅あるいはバス停までのアクセスを考慮する必要がある。「ラストワンマイル」という用語がある。本来は物流の最終拠点（宅配便の営業所など）から届け先までの配送を指していたが、[注7] 旅客交通の分野では公共交通の駅や停留所と自宅・目的地までの最終アクセスの意味でも使用される。第1章で触れたように一般人の感覚で「抵抗なく歩ける距離」は

一㎞以下であるから「マイル（一・六㎞）」は実際の距離ではなく比喩であるが、このラストワンマイルの抵抗を解消しないと公共交通が人々の選択肢から除外されてしまう。

自家用車の利便性は、随時性（公共交通のダイヤに制約されず好きな時に出かけられる）や、個室性（プライバシーの確保）など、要するに他人の意志の介在なしに自由に移動できる機能に依っているはずである。しかしこれは、自家用車を自分で運転するか、乗車する全員が同一の行動をとる場合に限って成立する。相乗りや、乗せてもらう（乗せられてしまう）利用法ではこれらの利点は失われる。交通という行為はその過程の質も重要である。公共交通が不便、あるいは存在しない地域でも、いろいろな理由により自分で運転できない人がいる。その場合、家族やそのほか周囲のだれかに乗せてもらう形で物理的には移動できる。しかしそれは自由な移動とはいえない。

金持伸子（日本福祉大学・社会学）によるローカル線が廃止された沿線住民の生活実態調査によると、私的・個人的な相乗りでは、通院など度重なる利用は頼みにくく、[注8]あるいは乗本吉郎（島根大学・過疎問題研究）は家族といえども運転する人の感情や都合に依存し心理的なストレスが大きい[注9]等を指摘している。これは依頼される側にも同様のストレスを与えている。宇佐美誠史（岩手県立大学・交通工学）らは東北地方での調査により同様の結果を報告している。また代替移動手段としてデマンドバスの利用により健康状態が改善したとしている。[注10]

楠田悦子（モビリティジャーナリスト）編著の『移動貧困社会からの脱却』ではこれを「家族タクシー」と表現しているが、[注11]モータリゼーションが世界に先がけて進展した米国では一〇〇年前からこの問題が指摘されている。湯川（前出）は一九二五年の『インディペンダント』誌の引用として、ニューヨーク郊外に住む主婦の例で「彼女は運転して夫を朝の列車に送る。また夜に彼を迎えに行く、子どもを学校に送って行く、迎えに行く、女中を駅に送りに行く、数マイル離れた友人に会いに行く。彼女は私に一日にこの三マイルの道を六往復したことがあると語ったことがある。もし職業を聞かれたら、彼女は主婦と答えるべきかタクシー運転手と答えるべきか迷うのではないだろうか」としている。[注12] 自家用車のドア・ツー・ドアという物理的な利便性よりも「交通の質」の面から公共交通の利用を望む人もある。これに対して事業制度としての相乗りでは、前述の心理的な負担は緩和される。しかし逆に乗用車の定員制約から予約や申込を必要としたり、さらに乗用車の定員を超える利用者が現れると対応できなくなるなど柔軟性に欠ける。やはり在来型の公共交通の価値は失なわれない。

地域の持続性と交通

図10−2は北陸三県（富山・石川・福井）を例に、駅から半径二km以内のメッシュ（格子状の区画）と、それ以外で、一九九五年と二〇一五年の二〇年間の人口の変化を比較したものである。[注13] 北陸は大都市圏ではないが、かつては「国鉄の駅ごとに私鉄が接続している」と言われるほどの私鉄王国であった。それらの路線の多くは一九八〇年代までに廃止されたが、その後の沿線の人口変化を検討する。「〇〜二五％（ほぼ消滅）」「二五〜五〇％」「五〇〜七五％」「七五〜一〇〇％（ほぼ一九九五年を維持）」「一〇〇％以上（増加）」の五段階で比較すると、駅が存在しないメッシュでは人口の減少が大きいのに対して、駅から半径二km以内のメッシュでは人口の減少が抑制されている。これだけでは鉄道駅が人口の維持に貢献しているという

確実な証明はできないものの、地域鉄道の存在価値を示す一つのヒントとなると考えられる。

　冨山和彦（経営コンサルタント）は、地方再生はコンパクトシティ化と駅前商店街の復活が要点になると指摘している。[注14] 郊外型のロードサイド店に在来の商店街の客が奪われ「シャッター街」と化した経緯はもはや過去のできごとであり、現在はその郊外店すら退出が始まり「郊外シャッター街」が出現していると指摘している。郊外店は基本的に自動車での来店を前提としたビジネスであるが、高齢化・人口減少に伴って自動車での来店の機会が減ってゆく。地方を成り立たせるためには、駅を核とした歩いて暮らせる範囲に各種の生活機能が集約されたコンパクトシティが有効であると提案している。

　地方都市では駅前がシャッター街と化している地域が実際に多いが、それでも鉄道駅の周辺はあるていど生活機能が集約されてコンパクトシティ的な特性を有し、人口の減少が抑制されていると考えられる。これは鉄道が地域社会の維持に果たす役割を示唆しているのではないだろうか。

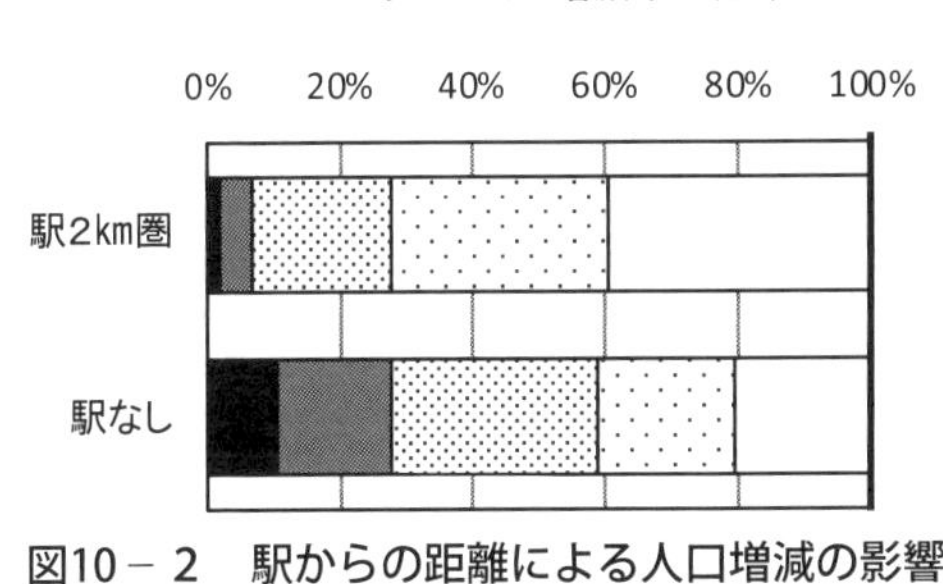

図10－2　駅からの距離による人口増減の影響

道路を、取り戻す

日本では一九六〇年代から七〇年代にかけて、自動車交通の妨

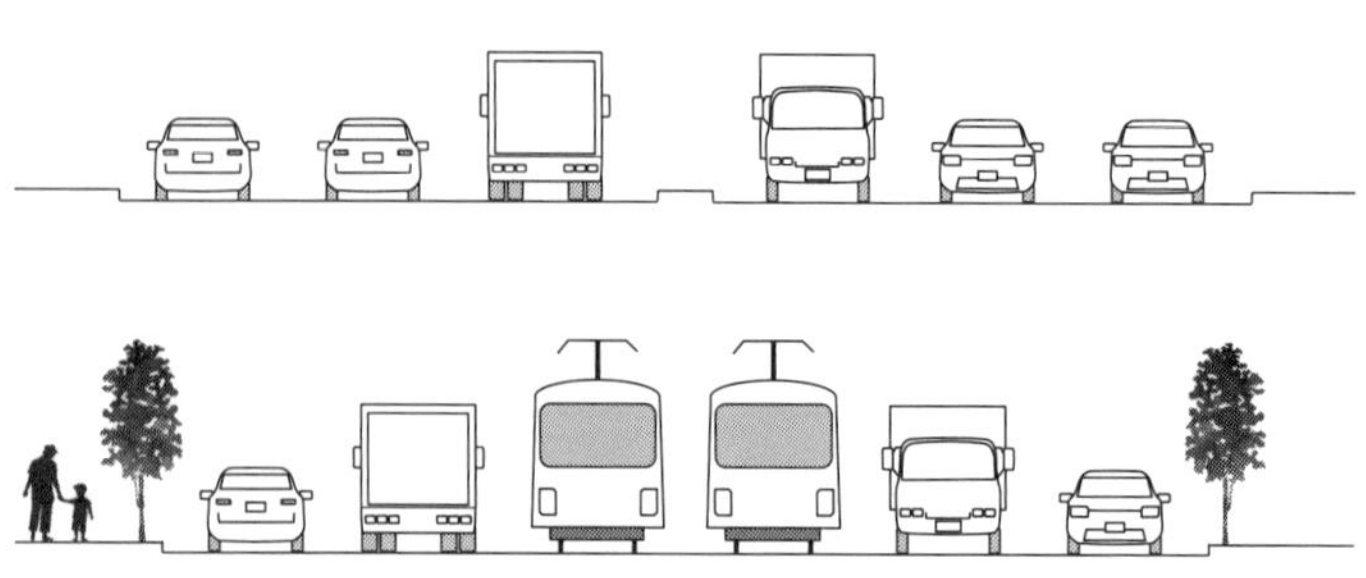

図10－3　道路空間の再配分

害になるとして多くの都市で路面電車が廃止された。戦後から現在まで路面電車が存在したことがある都市（圏）は六一都市であるが、現在は一八都市（圏）に減少している。第一章で例示した東京・大阪をはじめ横浜・名古屋・京都・神戸・福岡なども同様である。しかし都市の交通問題は解決せず、さらに都市に自動車を呼び込む結果を招いた。路面電車が大都市で機能しなくなった大きな要因は、多くの都市で軌道内に自動車の通行を認めた（併用軌道）ことにある。これに対して広島市で路面電車が現在も活用されているのは専用軌道（軌道内に自動車の乗入れを認めない）の要因が大きい。

東京二三区には最盛時には延長二一三kmの路線ネットワーク（都電）があり年間五億五〇〇〇万人を輸送していた。限られた面積に人の動きが集中する大都市では、道路の効率的な利用が必要であり、路面電車を利用したほうが経済的観点では便益が大きい。

もし現在も都電のネットワークが利用されていたらどのくらいの便益が発生したか試算する。二三区の主な道路に路面電車を専用軌道として復活させたとすると、車線面積が全体で約一五％占有される。その一方で自動車交通から路面電車へ転換することにより、自動車の走行量が朝夕ピーク時で約二六％減少する。双方の影響を合わせると二三区の朝夕ピーク時の

図10－4　単線で路面電車を敷設する方法

平均走行速度が一九・六km／時から二一・一km／時に向上する。わずかな差のように思えるが、このとき二三区を走行する自動車の利用者全体がその恩恵を受けるのであるから、時間価値で換算（前出）して全体を積算すると年間約二〇八〇億円の便益に相当する。言いかえれば都電を廃止したことによってそれだけの便益が毎年失われてきた。道路空間を再配分することによって、道路空間の有効利用、環境の改善、移動制約者への配慮など、より効率的に都市交通の質を高めることができる。

図10－3に一例を示すが、片側三車線の現状（上）を路面電車に再配分する（下）。これは空想ではなくフランスのストラスブールで実施例がある。[注15] いかにＭａａＳ等を導入したところで道路の使い方が変わらなければ人々のモビリティ増進にはならない。

日本では道路が狭く欧米と同様の施策はできないという見解が示されることがあるが、工夫次第である。**図10－4**のように単線で既存の道路の片側に路面電車を敷設する方法もある。地方都市であれば富山ライトレールにみられるように単線でも途中に行き違い設備を設けることにより適切な運行頻度を確保できる。あるいは**図10－5**の米国オレゴン州ポートランドの路面電車「ノース・サウス・ライン」のように、隣接した街路を利用した循環ループ方式にすると、形状は単線であっても実質的に複線と同等の輸送力が得られる。

図10－5　ポートランドの単線ループ方式（Google Earth に筆者補足）

交通機関とエネルギー

これまで鉄道（軌道系公共交通）を推進すべき理由の一つとして、輸送量あたりのエネルギー消費量が自動車より少ない優位性が挙げられてきた。これ自体も条件によっては従来から必ずしも成立していなかったが、ＥＶの本格普及によりその評価が大きく変わる可能性がある。動力源が何であれ「同じ質量の物体を動かすには同じエネルギーが必要」という物理的な事実は変えようがないが、エネルギーの変換過程にさまざまな要素が関与するため見かけの現象に違いが生じる。

たとえば一般道よりも高速道路を走ったほうが燃費が良い現象はよく知られているが、速度が高いほうが消費エネルギーが少ない結果は一見すると物理法則に反している。これは街中では発進・停止によるエネルギー損失が大きいため、一定速度で走行できる高速（自動車専用）道路のほうが、総合的に効率が良くなるためである。内燃エンジン車は出力の低い領域での効率が低いため市街地の低速走行では特に効率が悪く、ことに大都市での利用は非効率的である。ＨＶ車は電気と組み合わせて出力の低い領域の効率を改善した方式である。

いずれにしても現実の道路の走行速度は全国的な平均で三五㎞／時ていどであり、大都市ではさらに低下して二〇㎞／時を下回る。ところが平均的なエンジン車は六〇〜八〇㎞／時前後で最大効率が得られるように設計されている。南斎規介（国立環境研究所・化学工学）らの整理によると、六〇〜八〇㎞／時で走行している乗用車の割合は一一％（走行距離の累計でみて）にすぎず、残りは遅い速度で使用されている。[注16]

鉄道・航空機・自動車の輸送量（人㎞・一人を一㎞運ぶ）あたりのエネルギー効率を比較する場合には注意が必要である。車は一トン前後の車体に平均一・六人が乗って移動するが、輸送量にかかわらず車体重量に対する乗車人数の比率は同じ（台数が増えるだけ）なので、輸送量あたりのエネルギー効率は変わらない。これに対して公共交通（鉄道・航空機・バス）では、その車体（機体）重量に対する乗車（搭乗）人数は大都市とローカル線など状況によって大きく変わる。このため公共交通の輸送量あたりのエネルギー効率は状況によって異なる。

鉄道やバスでどのくらいの乗客が利用しているかは、一日・一㎞あたり何人が通過しているかを示す「輸送密度（「通過数量」という場合もある）」という指標で表され、単位は「人／日」である。数値の目安としては、在来線ではＪＲ東日本の山手線が一〇〇万人／日、首都圏のＪＲ・大手民鉄の主要路線が一〇万〜数十万人／日、地方主要都市圏の幹線が数万人／日、いわゆる「ローカル線」や中小民鉄が数千〜一万

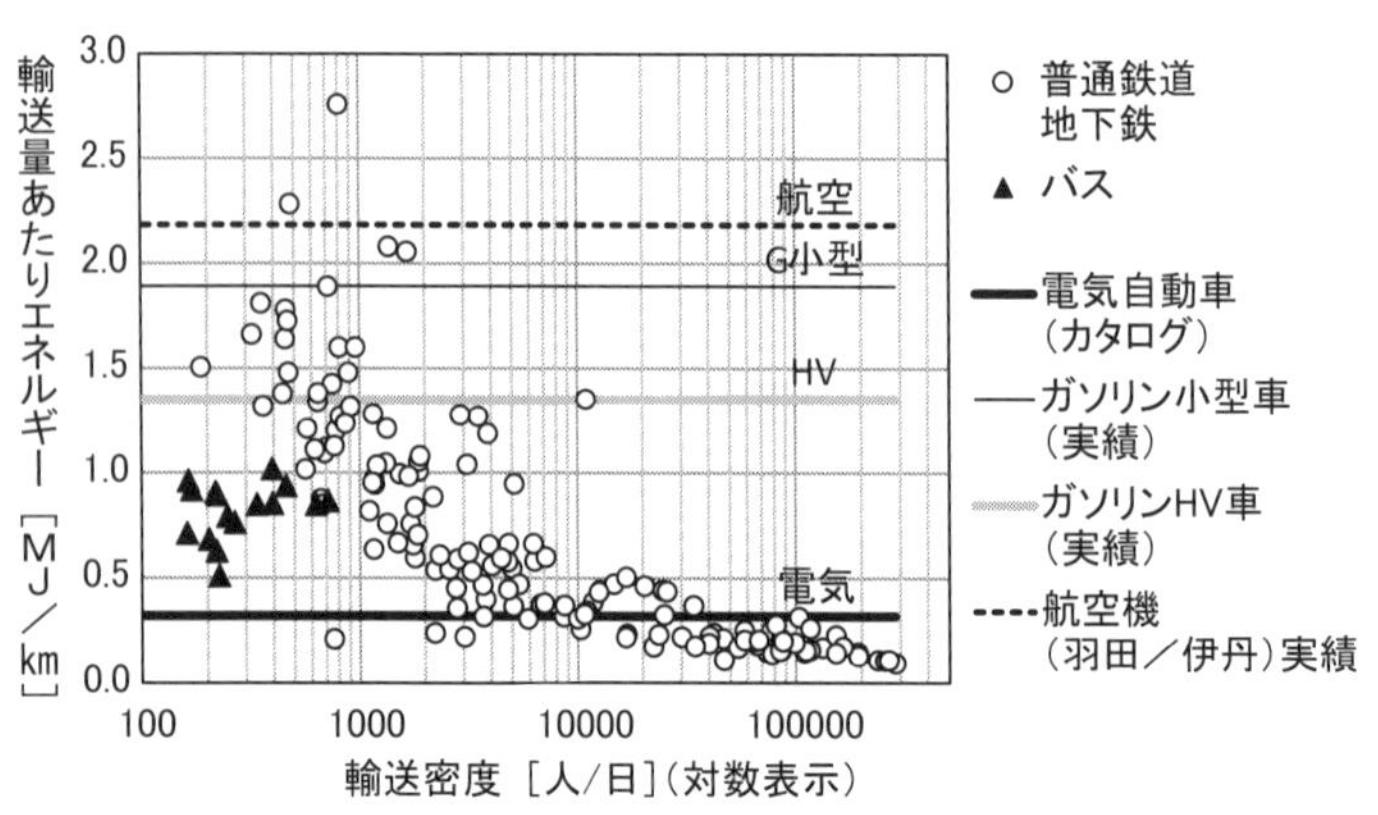

図10－6　輸送密度とエネルギー原単位

人／日程度の数値である。輸送密度が一〇〇〇人／日を割るとローカル線の中でもかなりの閑散路線に相当する。新幹線ではJR東海の東海道新幹線が三〇万人／日、JR東日本の東北新幹線（東京～仙台）が一〇万人／日などである（いずれもコロナ前の平常時）。

参考までにEU圏では最も高いオランダで約一万六〇〇〇人／日、EU圏全体平均では約六〇〇〇人／日である。[注17]これは日本でいえばJR北海道・JR四国なみである。一方、鉄道のエネルギー消費は国交省の統計等より得られるので、これを組み合わせて表示すると**図10－6**の○のようになる。前述のように輸送量あたりのエネルギー消費量（MJ・メガジュール／人・km）で評価すると、輸送密度が低いほど数値が大きくなり左上がりの曲線になる。

バスでは実務的に輸送密度という指標は用いられないが、同じ図上で比較するために換算して表示すると、図の▲のように平均して七〇〇～一〇〇〇人／日であり、鉄道でいえば閑散路線に相当するが、同じ輸送密度であれば鉄道よりバスのほうが輸送量あたりのエネルギー消費は少ない。また航空機はその特性上、離陸時にエンジンの最大出力を使用するが上空での巡航時はその三分の一程度の出力で飛行している。このため飛行距離に比べて離着陸の回数が多くなる短距離便ほど輸送量あたりのエネルギー消費が多くなる。

　航空機は管制状況や気象によって飛行条件が毎回異なるので、輸送量あたりのエネルギー消費は必ずしも一定しないが、概略として東京（羽田）〜大阪（伊丹）で平均搭乗率を仮定して求めた。乗用車については、代表的な普及車のガソリン小型車・ＨＶ車・ＥＶ車について輸送量あたりのエネルギー消費を示す。ＥＶ車はまだ普及が少数で実路走行での実績値が乏しいのでカタログ値を使用したが、実路走行ではエアコンの影響等もありカタログ値より二〜三割の増加が予想される。

　鉄道と乗用車を比較した場合、現状でも輸送密度が一〇〇〇人／日を下回る状況では、エネルギー面で乗用車に対して鉄道の優位性はない。さらにＥＶが普及した状態では、輸送密度が二〜三万人／日なければ乗用車に対して鉄道の優位性は失われる。バスについてはガソリン車・ＨＶ車が大半を占める現状では乗用車に対してエネルギー優位性があるが、ＥＶが普及した状態では全体的に優位性はない。このように鉄道と乗用車の相互間でのエネルギー面の優位性は条件により変化するため、一概に鉄道が乗用車より省エネと評価することは適切でない。一方、鉄道と航空機の比較では全域にわたって鉄道のエネルギー面での優位性は確実である。欧州域内ではフリュグスカム（飛ぶのは恥・Flygskam）のキャンペーン[注18]で知られるように、航空路線の鉄道へのシフトを強力に推進しているが、欧州域内の航空路線は短距離が多い背景もあり、鉄道へのシフトは合理性がある。

　陸上交通でＥＶ普及期において鉄道がエネルギー的に優位性を発揮できる範囲を輸送密度二万人／日以

図10－7　ＥＶ普及時の鉄道の環境優位路線（黒線）

上として、現存の鉄道ネットワークのうち、それ以上を黒線・以下をグレー線で**図10－7**に示す。なお民鉄の路線別の輸送密度は公開されていないため図はＪＲ路線のみ示している。[注19]一九八七年（ＪＲ発足時）と比較して、新幹線と大都市周辺を除くと輸送密度は軒並み低下しており、中には数分の一という厳しい状況もみられる。短期的には新型コロナの影響、中長期的には若年人口の減少により、新幹線と大都市周辺以外での輸送密度はさらに低下する傾向にあるから、鉄道の環境優位性はますます不利になると予想される。

鉄道の位置づけの転換

前述のように環境優位性だけでは鉄道の活用は説明できない。しかし自家用車に依存した社会をこのまま続けるのか、それとも方向転換を真剣にめざすかは別の観点から考える必要がある。鉄道のローカル線をどのように位置づけるかが試金石になる。宇沢は社会的共通資本の議論の中で、工業と比べて農業が軽視されてきた経緯を挙げ、農村を一つの社会的共通資本と考えて、農地など生産基盤だけでなく、生活に必要なインフラ、文化的施設、街路、交通機関など公共的サービスを整備する必要があるとしている。[注20] **図1-6**のように多数のローカル線が廃止されたが、これは工業と比べて農業が軽視されてきた経緯が関連していると考えられる。

大都市の交通に関する議論や研究が多い一方で、小規模都市・人口密度の低い地域の交通に関する議論は少ない。鉄道の経営が成り立たなければバスでよい、それもだめなら乗合タクシーでよい、結局は車に相乗りにすればよいというような、坂道を転げ落ちるような議論しかみられない。一方で車がなければ日常生活が成り立たない地域の構造が作られてしまったため、八〇歳代になっても車を運転せざるをえない状態に陥っている。日本においてコロナ前（二〇一九年）年とコロナ期（二〇二〇年）の「減少率」として比較すると、新幹線と大都市圏・幹線での減少率が大きいのに対して、意外にもローカル線の減少率が少ない。すなわちローカル線ほど代替手段のない利用者が利用しているためと推測される。

鉄道の経営指標に関する基本的な指標である輸送密度（前述・一日一㎞あたり何人の利用者が通過するか）は、ＪＲ本州三社（東・東海・西）ではローカル線まで平均しても約五〇万人／日（コロナ前）である。ＪＲ三島会社（北海道・四国・九州）では約七〇〇〇人／日、中小私鉄で約九〇〇〇人／日である。これに対してＥＵ圏では前述のようにＥＵ圏全体平均で約六〇〇〇人／日である。すなわちＥＵ圏では日本より一けた少ない輸送密度で鉄道ネットワークが維持されている。これは鉄道を社会的共通資本として位置づけているためである。

欧州の鉄道そのほか公共交通全体の政策は基本的に「ＰＳＯ（Public Service Obligation）」の考え方が共有されている。欧州でも一九八〇年代から新自由主義的な規制緩和政策が交通政策の分野にも導入されていることは確かである。地域交通の運行事業者を入札で選定するケースもあるが、その際に運行頻度や料金など一定のサービスレベルを維持する義務を定め、それが合理的な範囲で採算性を満たさない（いわゆる「赤字」）場合には公的補償が行われる。

日本で行われている施策では「上下分離方式」がある。これは施設（軌道・トンネル・橋梁・駅など構造物）の「下」部分を所有・管理する組織と、列車の運行の「上」部分の組織を分ける方式である。「上」の事業者が線路使用料を「下」の事業者に支払って運行する方式である。一般に下が公有・公営で上が民有・民営であるが、日本国内だけでもいくつかパターン[注21]があり使用料の算定方式もさまざまである。分割民営当初の新幹線は施設を「新幹線鉄道保有機構」が保有し、ＪＲ東日本・東海・西日本は同機構に貸付料を払って運行していたが、これも広義の「上下分離方式」である。現在も北海道新幹線・東北新幹線の盛岡以北・北陸新幹線・九州新幹線は貸付方式である。ただし車両はＪＲ各社が保有・管理している。

上下分離方式が提案された背景には道路と鉄道の競争条件を公平にするという考え方（イコールフッティング論）がある。道路交通では一般にインフラが公設・公有で、利用する側は車両の保有と運行を負担するのに対して、鉄道では事業者がみずからインフラも運行も負担する。鉄道でも同様に施設部分を公設・公有とし運行は民営とすれば公平な条件に近づくという考え方である。分離した以上は「オープンアクセス」すなわち「上」は自動車と同じように複数の利用者が自由に参入できる前提であるが、実際には列車を運行するには専門性が必要であり参入できる事業者は限定される。またJR貨物は自前の線路をほとんど持たずJR旅客会社の路線上で貨物列車を運行しているが、上下分離の一類型といえる。

いまJR北海道の経営危機が注目されているが、経営環境が類似したスウェーデンの鉄道政策が参考になるであろう。スウェーデン国鉄（SJ）は人口希薄な国土に広大な路線網を有しており、JR北海道と類似している。SJはJR北海道の約四倍の路線網を保有して年間輸送量は約三倍であり、輸送密度（前出）ではJR北海道の約六割となる。このような状況であるから当然採算性は厳しい。スウェーデンの経済政策には「市場経済領域（ビジネス・エコノミー）」と「社会経済領域（ソシオ・エコノミー）」を区分する考え方があり、鉄道政策にも適用されている。

一九七〇年代の交通政策では、商業的に成り立つ幹線系はビジネス領域としてSJが運営し、それ以外の線区で社会的に必要とされるが財政的支援がなければ成り立たない線区はソシオ領域として区分された。この領域に関して県（に相当する行政単位）がSJから輸送サービスを購入する形で損失を補助する方式が取られた。[注22] ビジネスとソシオの境界はどこかを決めること自体が恣意的であるという批判もみられたが、スウェーデンの鉄道政策は政府が関与して公平性や環境配慮を達成しようとする姿勢を基本としている。これは日本とは全く異なる面である。

次いで一九九八年にはEU発足を控えて大きな転換が実行された。ビジネスとソシオを区分する考え方は堅持されているが、さらに上下分離が実施されて「下」を担当するBV（スウェーデン鉄道庁）と「上」を担当するSJ（スウェーデン国鉄）に分かれると同時にオープンアクセスが導入された。また交通体系の経済的・社会的・文化的・環境的な持続性を基本方針として、自動車から鉄道へのシフトを促す財政的配慮（道路より鉄道へのインフラ投資を重視）を伴っている。黒崎文雄（運輸調査局）は次のように述べている。

例えば、スウェーデンの国鉄改革［注・一九九八年の改革］は、鉄道と道路の競争基盤を平等にするイコール・フッティングの実現を目指して行われた。これに伴い、鉄道事業者が支払う線路使用料は維持管理費用の一二％程度に留まるものの、全国の鉄道路線の輸送密度が二〇〇〇人に満たない厳しい輸送市場であっても、スウェーデンでは十分に快適な鉄道サービスが提供されている。欧州諸国は、低い人口密度と早くから進んだモータリゼーションのため、鉄道事業も非採算の歴史が長く、それを支える運営手法についても豊富な経験を有している。[注23]

社会的に必要なサービスレベル

次に「社会的に必要とされる公共交通のレベル」はどのように設定されるべきかが課題となる。それは単に利便性の議論ではなく、人々の社会参加あるいはその反面としての社会的排除の観点で捉える必要がある。第1章では「交通の格差」について触れたが、それは食糧における「飢饉」がなぜ起きるのかという問題と類似性がある。飢饉は、たとえ食糧の総量が充分に供給されている下でも起こりうるのであって、アマルティア・セン（一九九八年ノーベル経済学賞）が指摘するように、量的な不足が真の原因ではなく配分の問題である。[注24] 交通についても同様であり、道路と自動車には膨大な投資が行われてきた一方で、徒歩・自転車・公共交通への配分は乏しい。センは、人が自分の潜在能力を自分のしたいことに変換できる社会的に保証すべき条件として交通についても言及している。センの「貧困指標」を地域のモビリティ水準に適用して評価した研究もある。[注25]

国土交通省では、市町村が生活交通の確保のためにバス運行計画を策定するに際して①採算性、②生活の質（ＱＯＬ指標・暮らしやすさの満足度）、③顧客満足度（ＣＳ指標・交通サービスに対する満足度）、④平等性（ＥＱ指標・集落間の平等性）をシミュレーションするソフトを提供するなどの試みがある。[注26] サービスレベルの平等性を検討する場合、例えば公共交通の運行頻度は高い方が望ましいとしても、大都市圏において鉄道が数分おきに運行されるのに対して地方都市・農村部でも同じサービスレベルを提供することは現実的ではない。地域の生活実態に対してどこまで許容しうるかの議論が必要となる。

同じく国土交通省は、地域公共交通の「サービスのアクセシビリティ指標」を提示している。[注27] これは全国の自治体について、①空間的アクセシビリティ指標（可住地面積あたりの鉄道あるいはバス路線密度）、②時間的アクセシビリティ指標（鉄道あるいはバスの総走行kmと路線長さから導かれる運行頻度）、③総合アクセシビリティ指標（①と②の積）、④金銭的アクセシビリティ指標（市町村の平均所得指数で基準化したkmあたりの運賃の逆数）により評価した報告である。

各々の自治体について求めた①から④の指標の全国平均値を算出し、各々の自治体が同一類型の自治体に対して公共交通アクセシビリティが平均に対しどのレベルにあるのかを視覚化している。これにより各々の自治体がどのくらい公共交通の改善を行うべきかの政策指標ともなる。また公共交通の供給効率性評価・行政負担の基礎数値を提供し、公共交通アクセシビリティをどのくらい改善するにはどのくらいの行政負担が必要となるかの推定を可能としている。注28

一方で人間の生活には物質的な側面が不可欠であり、「ライフライン」を通じて供給される水・電気・ガスを別とすれば、何らかの有形の物体を取得するか少なくとも届けてもらって入手しなければ最低限の生活を営むことができない。農家といえども現実に完全な自給自足を営む世帯はほとんどなく何らかの「買い物」に依存している。近年は買い物難民注29の問題も注目されるようになった。最近では買い物難民に関する研究は多いが、たとえば西前春伽（岩手大学大学院）らによる盛岡市の買い物難民の調査がある。注30また地方都市・農村部を中心にガソリンスタンドの廃業が急速に進展している。買い物難民の一種ともいえるが、灯油難民・ガソリン難民の問題も指摘される。鈴木雄（秋田大学大学院）らは秋田市において灯油難民の実態調査を行っている。注31すなわちアクセシビリティとは、移動手段の利用可能性だけでなく目的地や移動目的の達成可能性も評価しなければならない。

もとより、大都市・中小都市・中山間地のいずれでも同じアクセシビリティを保障することは現実に無理であろう。しかし車に依存した社会を現状のまま放置すれば、社会的・地域的・経済的条件によるアクセシビリティの格差は広がる一方であり、やがては人々の暮らしそのものが崩壊する。車社会の負の側面をできるだけ緩和し、持続可能な社会を目指すため、地域に応じたアクセシビリティの目標を定めて多様な政策を実行する必要がある。

注

1 経済産業省「二〇三〇年度燃費基準を策定しました」https://www.meti.go.jp/press/2019/03/20200331013/20200331013.html

2 『ベストカー』Web版「二〇二一年春発売『日産+三菱の新型軽EV』は日本のクルマ社会を変えるか」https://bestcarweb.jp/feature/333785

3 『日本経済新聞』「これからの社会は、クルマを選びます」一九九一年五月二五日。

4 小島英俊『鉄道という文化』角川選書四五一、二〇一〇年、三〇頁。

5 原田勝正『鉄道史研究試論』日本経済評論社、一九八九年、三五頁。

6 国土交通省「国土数値情報ダウンロードサービス」。http://nlftp.mlit.go.jp/ksj/index.html
総務省「地図でみる統計（統計GIS）」。http://e-stat.go.jp/SG2/eStatGIS/page/download.html 等より整理。

7 大和物流（株）「用語集（ラストワンマイル）」。https://www.daiwabutsuryu.co.jp/useful/words/last-1-mile

8 金持伸子「特定地方交通線廃止後の沿線住民の生活―北海道の場合（続）」『交通権』第一〇号、一九九二年、二頁。

9 乗本吉郎「過疎山村からの訴え」『脱クルマ21』第一号、生活思想社、一九九六年、四三頁。

10 宇佐美誠史・元田良孝・古関潤「送迎者・被送迎者の心理的関係と公共交通利用による健康への影響」交通工学研究発表会、二〇〇四年一一月。http://p-www.iwate-pu.ac.jp/~s-usami/paper/jste2006.pdf

11 楠田悦子編著『移動貧困社会からの脱却』時事通信社、二〇二〇年、七三頁。

12 湯川利和著・日比野正己編『湯川利和交通・都市著作集』HM研究所、二〇〇〇年、六五頁。
原資料は Frederick Allen, "Suburban Nightmare", The Independent, vol.1, 114, 1925, p.670-72, in The

American City（Caldine, 1968）, p.419.

13　国土交通省「国土数値情報」より筆者作成。

14　冨山和彦『なぜローカル経済から日本は甦るのか』ＰＨＰ新書、№九三二、二〇一四年、二三七頁。

15　阪井清志「環境に優しい公共交通―データで見るフランスのＬＲＴ」『交通工学』四〇巻四号、二〇〇五年、五一頁。

16　南斎規介・森口祐一・東野達『産業連関表による環境負荷原単位データブック』国立環境研究所地球環境研究センター、三二頁、二〇〇二年。

17　EU Statistical Pocketbook 2016 Mobility and Transportation. https://transport.ec.europa.eu/media-corner/publications/statistical-pocketbook-2020_en

18　橋爪智之「欧州で伸びる鉄道利用、理由は［飛ぶのは恥］」『東洋経済オンライン』二〇一九年九月二一日。https://toyokeizai.net/articles/-/303428

19　ＪＲ各社の線区別利用状況は次のとおり。
北海道 https://www.jrhokkaido.co.jp/corporate/mi/senkubetsu/
東日本 https://www.jreast.co.jp/rosen_avr/pdf/2016-2020.pdf
西日本 https://www.westjr.co.jp/company/info/issue/data/
四国 https://www.jr-shikoku.co.jp/04_company/company/kukanheikin.pdf
九州 https://www.jrkyushu.co.jp/company/info/data/pdf/2020senku.pdf
ＪＲ東海は線区別利用状況を公開していないので鉄道統計年報で代用した。

20　宇沢弘文『社会的共通資本』（前出）、六三頁。

21　国土交通省「鉄道ベストプラクティス集」。http://www.mlit.go.jp/tetudo/bestpractice/bestpractice%20toppage.htm

22 堀雅通『現代欧州の交通政策と鉄道改革』税務経理協会、二〇〇〇年、二五頁、堀雅通「スウェーデンにおける交通政策の展開と鉄道改革」『運輸と経済』六六巻一一号、五二頁、二〇〇六年など。

23 黒崎文雄「検証と模索を続ける欧州の鉄道政策」運輸調査局「研究員の視点」二〇一三年。http://www.itej.or.jp/assets/seika/shiten/shiten_144.pdf

24 絵所秀紀・山崎幸治『アマルティア・センの世界』晃洋書房、二〇〇四、八八頁。

25 吉田樹・秋山哲男・竹内伝史「地域モビリティの計測と生活交通サービスの評価」第三三回土木計画学研究発表会・講演集ＣＤ－ＲＯＭ版、二〇〇六年六月。

26 国土交通省「WEBComPASS（コンパス）・ComMASS（コンマス）とは？」https://wwwtb.mlit.go.jp/chugoku/kousei/compassqa.pdf

27 国土交通省総合政策局「地域公共交通の「サービスのアクセシビリティ指標」評価手法について（試算と活用方法）〜第二版〜」二〇一七年四月。http://www.mlit.go.jp/common/001180055.pdf

28 家田仁・今岡和也・白熊良平・井藤俊英・野地寿光「地域公共交通サービスにおける時間的・空間的アクセシビリティ評価の試み（前編・後編）」『運輸と経済』二〇一四年三月、九三頁、同四月、一四九頁。

29 筆者は安易に「難民」の比喩を用いることには賛成していないが、ここでは一般的な用語に従う。

30 西前春伽・平井寛・南正昭「盛岡市における買物困難人口の推計について」第五二回土木計画学研究発表会・講演集ＣＤ－ＲＯＭ版、二〇一五年一一月。

31 鈴木雄・日野智・藤田有佳「「凍える高齢者」の実態把握とその対策の必要性に対する問題提起」第五六回土木計画学研究発表会・講演集ＣＤ－ＲＯＭ版、二〇一七年一一月。

おわりに～カローラが発売されたころ

一九六六年、東京五輪の二年後にトヨタ・カローラが発売された。カローラは爆発的なヒット製品となり、その後も生産を続けて一九九七年には累計販売台数で世界トップとなり、さらに二〇一三年には世界生産台数累計四〇〇〇万台を達成した。エンジン排気量の一〇〇〇ccを境に課税区分が一ランク上がるところ、カローラはあえて一一〇〇ccを採用し「プラス一〇〇ccの余裕」というキャッチコピーが有名になった。これは日産・サニーを意識した広告といわれているが、日産も対抗して大型化を行い「隣の車が小さく見えます」とアピールした。

カローラのカタログは今も印象に残っている。それまでの国産車とは異なり多くの車体色が設定され「アフロディテ・ホワイト」「アポロ・レッド」「ネプチューン・ブルー」などギリシャ神話に因んだイメージカラーが魅力的だった。高度成長期と歩調を合わせ夢にあふれた時代であった。もっともあまりの人気に生産側で対応できず、ユーザーが希望する色で購入することは難しかった。学校の教員も車で登校するようになり中庭は駐車場になった。いすゞ・ベレットＧＴに乗ってくる美術の教員がいて注目の的だった。スバル360で登校する教員もいたが、生徒の目の前でタイヤが外れて立往生し、付近の生徒が集まって皆で車体を持ち上げたことがあった。

その一方で交通事故が激増し、学校のクラスでも「誰それが車に跳ねられた」という知らせを聞くようになった。学校でも交通安全教育が始まった。車が急ブレーキで止まるにはどのくらいの距離が必要か、タクシー会社から車と運転手をチャーターし、校庭に人形を置きブレーキをかける位置をいくつか変えて人形を跳ね飛ばす実演が行われた。すなわち「とび出すな　車は急に　止まれない（第5章）」というアピールである。誰かから「あの車はコロナと言うんだよ」と聞いた。テールがピンと立ったデザイン（二代目コロナ）はよく憶えている。

「トヨタ自動車七五年史」によると、「コロナ」は一九五七年の生産開始から二〇〇一年の生産終了まで累計八二六万台、さらにその後継車種「マークⅡ」が一九六八年の生産開始から二〇〇七年の生産終了まで累計六五二万台生産された。自動車保有台数あたりの交通事故はほぼ比例関係にあるから、各年次での交通事故の発生確率から推計すれば「コロナ」はこれまでに約六〇〇〇人の死者と約三〇万人の負傷者を生じたことになる。

筆者が車あるいは車に依存した社会に疑問を抱いたのは、車が人間の暴力性を誘発する影響に気づいてからである。宇沢著書では、中学生が乗った自転車に車が後ろからぶつかった現場に居合わせたとき、幸い大きな事故ではなかったものの、運転していた若者が降りてきて新しい車に傷をつけてどうしてくれるかと中学生を問い詰めたという。[注1] 筆者にも似たような経験があり、車の問題は物理的・技術的な面からだけではなく社会的な問題として捉えなければならないと気づいた。

また「交通権」の考え方に触れたことがいまも交通研究を続ける動機となった。日本国憲法に記述されている「集会、結社及び言論、表現の自由」「居住、移転及び職業選択の自由」「学問の自由」「健康で文化的な最低限度の生活を営む権利」など多くの基本的人権が実体を持つためには、日常の外出から長距離まで、身体的・社会的・経済的な条件にかかわらず必要な移動ができることが前提である。これは「交通権」としてすでに一九六八年の湯川著書で言及されている。[注2]車は一見便利であるが、その無秩序な利用は他者の交通権を侵害する。こうした問題の研究を目的として一九八六年に「交通権学会」が設立された。本書では交通権には詳しく触れないが、本書の内容の多くは交通権学会の諸賢との議論に負うところが多い。

出版にあたり緑風出版の高須次郎氏・高須ますみ氏・斎藤あかね氏にご尽力いただいた。

また地理情報の分析や地図作成にはフリーGISソフトの「MANDARA」[注3]を活用させていただいた。作者の谷謙二氏（埼玉大学）にもお礼を申し上げたい。

注

1　宇沢弘文『社会的共通資本』（前出）、三三頁。
2　湯川利和『マイカー亡国論』（前出）、二六六頁。
3　https://ktgis.net/mandara/

[編者紹介]

上岡直見（かみおか　なおみ）

1953年 東京都生まれ
環境経済研究所 代表
1977年 早稲田大学大学院修士課程修了
技術士（化学部門）
1977年～ 2000年 化学プラントの設計・安全性評価に従事
2002年より法政大学非常勤講師（環境政策）
著書
『乗客の書いた交通論』（北斗出版、1994年）、『クルマの不経済学』（北斗出版、1996年）、『地球はクルマに耐えられるか』（北斗出版、2000年）、『自動車にいくらかかっているか』（コモンズ、2002年）、『持続可能な交通へ――シナリオ・政策・運動』（緑風出版、2003年）、『市民のための道路学』（緑風出版、2004年）、『脱・道路の時代』（コモンズ、2007年）、『道草のできるまちづくり（仙田満・上岡直見編）』（学芸出版社、2009年）、『高速無料化が日本を壊す』（コモンズ、2010年）、『脱原発の市民戦略（共著）』（緑風出版、2012年）、『原発避難計画の検証』（合同出版、2014年）、『走る原発、エコカー――危ない水素社会』（コモンズ、2015年）、『鉄道は誰のものか』（緑風出版、2016 年）、『JR に未来はあるか』（同、2017年）、『Ｊアラートとは何か』（同、2018年）、『日本を潰すアベ政治』（同、2019年）、『自動運転の幻想』（同、2019年）『原発避難はできるか』『新型コロナ禍の交通』（同、2020年）など。

自動車の社会的費用・再考

2022年5月30日　初版第1刷発行　　　　定価2,700円+税

著　者　上岡直見©

発行者　高須次郎
発行所　緑風出版
〒113-0033　東京都文京区本郷2-17-5　ツイン壱岐坂
[電話] 03-3812-9420　[FAX] 03-3812-7262
[E-mail] info@ryokufu.com
[郵便振替] 00100-9-30776
[URL] http://www.ryokufu.com/

装　幀　斉藤あかね
制　作　i-Media　　　印　刷　中央精版印刷・巣鴨美術印刷
製　本　中央精版印刷　　　用　紙　中央精版印刷・巣鴨美術印刷　　　E1200

ISBN978-4-8461-2208-9　C0036

◎緑風出版の本

■全国どの書店でもご購入いただけます。
■店頭にない場合は、なるべく書店を通じてご注文ください。
■表示価格には消費税が転嫁されます

自動運転の幻想

上岡直見著

四六判上製
二三二頁
2500円

自動運転は自動車や交通に関わる諸問題を解決できると期待が高まっている。自動車メーカーの開発も急ピッチだ。本当にそうなのか？ 本書は自動運転の技術問題と交通問題を多角的な視点から分析、自動運転の限界と幻想を指摘。

ＪＲに未来はあるか

上岡直見著

四六判上製
二六四頁
2500円

国鉄民営化から三十年、ＪＲは赤字を解消して安全で地域格差のない「利用者本位の鉄道」「利用者のニーズを反映する鉄道」に生まれ変わったか？ ＪＲの三十年を総括、様々な角度から問題点を洗いだし、ＪＲの未来に警鐘！

鉄道は誰のものか

上岡直見著

四六判上製
二二八頁
2500円

日本の鉄道の混雑は、異常である。混雑解消に必要なことは、鉄道事業者の姿勢の問い直しと交通政策、政治の転換である。混雑の本質的な原因の指摘と、存在価値を再確認する共に、リニア新幹線の負の側面についても言及する。

Ｊアラートとは何か

上岡直見著

四六判上製
二七二頁
2500円

今にもミサイルが飛んでくるかのようにＪアラートが鳴らされ、国民保護訓練がなされた。そんなことで国民を護れるのか。朝鮮半島の緊張緩和に向けた模索が続く今、社会的・経済的・技術的な事実に基づく保護政策が求められる。